应用型本科产教融合系列教材

Practical Training Guide for Applied Statistics

应用统计学实训指导

主　编　胡长深
副主编　郝会兵　曹玲玲

苏州大学出版社
Soochow University Press

图书在版编目(CIP)数据

应用统计学实训指导 / 胡长深主编. -- 苏州：苏州大学出版社, 2023.11
ISBN 978-7-5672-4433-7

Ⅰ. ①应… Ⅱ. ①胡… Ⅲ. ①应用统计学－高等学校－教学参考资料 Ⅳ. ①C8

中国国家版本馆 CIP 数据核字(2023)第 246466 号

应用统计学实训指导
Yingyong Tongjixue Shixun Zhidao
主　编　胡长深
责任编辑　肖　荣

苏州大学出版社出版发行
(地址：苏州市十梓街 1 号　邮编：215006)
苏州市越洋印刷有限公司印装
(地址：苏州市吴中区南官渡路 20 号　邮编：215104)

开本 787 mm×1 092 mm　1/16　印张 13.75　字数 327 千
2023 年 11 月第 1 版　2023 年 11 月第 1 次印刷
ISBN 978-7-5672-4433-7　定价：48.00 元

图书若有印装错误，本社负责调换
苏州大学出版社营销部　电话：0512-67481020
苏州大学出版社网址　http://www.sudapress.com
苏州大学出版社邮箱　sdcbs@suda.edu.cn

前言
Preface

我们生活在一个数据驱动的世界，无论是在学术研究还是在商业决策中，统计学都扮演着至关重要的角色。然而，对于许多人来说，统计学可能是一门既神秘又令人困惑的学科。在这个日新月异的时代，我们需要一种实用的工具来帮助我们理解和应用统计学。《应用统计学实训指导》正是这样一本书，它以简洁明了的语言、系统实用的方法，为我们打开了一扇通往统计学世界的大门。

本书实用性强，重点突出统计思想的内涵与应用；尽量采用通俗易懂的语言介绍统计知识，避免使用复杂烦琐的数学推导；强调案例分析，通过对数据的统计分析，充分利用图表分析和阐述统计思想，介绍统计方法，得出统计结论；针对每一个案例都总结了关键概念，便于读者复习并提高。书中每个项目均安排了许多学习小技巧和注解、对比使用与滥用的例子，以及数据处理软件 Excel 的使用方法等内容，强调动手能力的培养，使读者能深入领会统计的应用价值。

本书语言通俗、流畅，既适合作为经济学、管理学、心理学等专业的统计学教材，也适合从事商务活动和经济分析的各类人员参考或自学。

参加本书编写的有：胡长深（项目一、项目二、项目三、项目四、项目九、项目十）、郝会兵（项目五、项目六）、曹玲玲（项目七、项目八），吴英晶、王经政、胡居东、张海彬、许雅峰为本书提供了部分案例、习题，并承担了部分文字校对工作。全书由胡长深统稿。

由于编者水平有限，书中难免有疏漏之处，敬请有关专家和读者不吝赐教，以便今后进一步修订完善。

编　者
2023 年 5 月

目 录

项目一　走进应用统计学　1

    任务一　统计知识　/3

    任务二　统计实验　/7

    任务三　统计实训　/12

项目二　统计资料的收集、整理和显示　17

    任务一　统计知识　/19

    任务二　统计实验　/22

    任务三　统计实训　/33

项目三　数据分析特征描述　43

    任务一　统计知识　/46

    任务二　统计实验　/54

    任务三　统计实训　/60

项目四　概率和抽样分布　74

    任务一　统计知识　/75

    任务二　统计实验　/79

    任务三　统计实训　/85

项目五　参数估计　90

    任务一　统计知识　/91

    任务二　统计实验　/94

    任务三　统计实训　/99

项目六　假设检验　　106

  任务一　统计知识　/108
  任务二　统计实验　/110
  任务三　统计实训　/114

项目七　方差分析　　120

  任务一　统计知识　/125
  任务二　统计实验　/127
  任务三　统计实训　/132

项目八　相关分析与回归分析　　139

  任务一　统计知识　/143
  任务二　统计实验　/146
  任务三　统计实训　/154

项目九　时间序列分析　　162

  任务一　统计知识　/170
  任务二　统计实验　/176
  任务三　统计实训　/185

项目十　统计指数　　195

  任务一　统计知识　/199
  任务二　统计实验　/204
  任务三　统计实训　/207

项目一 走进应用统计学

■ 知识目标

1. 了解统计活动的产生与发展历程,提升人文素养。
2. 了解统计学的主要学派及统计学发展的新动向,激发创新意识。
3. 掌握统计的含义、特点和作用,端正科学态度。
4. 掌握统计学的基本概念。

■ 技能目标

1. 能够理解并掌握经济和社会发展中的相关数据。
2. 熟悉 Excel 2019 界面,掌握 Excel 的一些基本操作。
3. 熟练掌握 Excel 数据处理软件。

■ 课程思政目标

统计学中有众多统计学者的事迹及统计故事,借助这些资料对学生进行思想政治教育,引导学生正确做事做人,陶冶他们的情操,使其心灵得到净化,形成正确的价值取向。细细品味统计学者的励志故事及思想,可以感受他们的伟大人格和高尚情操,从而使学生树立追求科学真理的坚定信念,以及正确的人生观和世界观。

■ 案例引入

中华人民共和国2022年国民经济和社会发展统计公报(节选)

国家统计局

2023年2月28日

2022年是党和国家历史上极为重要的一年。党的二十大胜利召开,擘画了全面建设社会主义现代化国家、以中国式现代化全面推进中华民族伟大复兴的宏伟蓝图。面对风高浪急的国际环境和艰巨繁重的国内改革发展稳定任务,在以习近平同志为核心的党中央坚强领导下,各地区各部门坚持以习近平新时代中国特色社会主义思想为指导,按照党中央、国务院决策部署,统筹国内国际两个大局,统筹疫情防控和经济社会发展,统筹发展和安全,坚持稳中求进工作总基调,完整、准确、全面贯彻新发展理念,加快构建新发展格局,着力推动高质量发展,加大宏观调控力度,应对超预期因素冲击,经济保持增长,发展质量稳步提升,创新驱动深入推进,改革开放蹄疾步稳,就业物价总体平稳,粮食安全、能源安全和人民生活得到有效保障,经济社会大局保持稳定,全面建设社会主义现代化国家新征程迈出坚实步伐。

初步核算,全年国内生产总值 1 210 207 亿元,比上年增长 3.0%。其中,第一产业增加值 88 345 亿元,比上年增长 4.1%;第二产业增加值 483 164 亿元,增长 3.8%;第三产业增加值 638 698 亿元,增长 2.3%。第一产业增加值占国内生产总值比重为 7.3%,第二产业增加值比重为 39.9%,第三产业增加值比重为 52.8%。全年最终消费支出拉动国内生产总值增长 1.0 个百分点,资本形成总额拉动国内生产总值增长 1.5 个百分点,货物和服务净出口拉动国内生产总值增长 0.5 个百分点。全年人均国内生产总值 85 698 元,比上年增长 3.0%。国民总收入 1 197 215 亿元,比上年增长 2.8%。全员劳动生产率为 152 977 元/人,比上年提高 4.2%。

年末全国人口 141 175 万人,比上年末减少 85 万人,其中城镇常住人口 92 071 万人。全年出生人口 956 万人,出生率为 6.77‰;死亡人口 1 041 万人,死亡率为 7.37‰;自然增长率为 -0.60‰(表 1-1)。

表 1-1　2022 年年末人口数及其构成

指标	年末数/万人	比重/%
全国人口	141 175	100
其中:城镇	92 071	65.2
乡村	49 104	34.8
其中:男性	72 206	51.1
女性	68 969	48.9
其中:0~15 岁(含不满 16 周岁)	25 615	18.1
16~59 岁(含不满 60 周岁)	87 556	62.0
60 周岁及以上	28 004	19.8
其中:65 周岁及以上	20 978	14.9

年末全国就业人员 73 351 万人,其中城镇就业人员 45 931 万人,占全国就业人员比重为 62.6%。全年城镇新增就业 1 206 万人,比上年少增 63 万人。全年全国城镇调查失业率平均值为 5.6%。年末全国城镇调查失业率为 5.5%。全国农民工总量 29 562 万人,比上年增长 1.1%。其中,外出农民工 17 190 万人,增长 0.1%;本地农民工 12 372 万人,增长 2.4%。

全年居民消费价格比上年上涨 2.0%。工业生产者出厂价格上涨 4.1%。工业生产者购进价格上涨 6.1%。农产品生产者价格上涨 0.4%。12 月份,70 个大中城市中,新建商品住宅销售价格同比上涨的城市个数为 16 个,持平的为 1 个,下降的为 53 个;二手住宅销售价格同比上涨的城市个数为 6 个,下降的为 64 个。

年末国家外汇储备 31 277 亿美元,比上年末减少 1 225 亿美元。全年人民币平均汇率为 1 美元兑 6.726 1 元人民币,比上年贬值 4.1%。

新产业新业态新模式较快成长。全年规模以上工业中,高技术制造业增加值比上年增长 7.4%,占规模以上工业增加值的比重为 15.5%;装备制造业增加值增长 5.6%,占规模以上工业增加值的比重为31.8%。全年规模以上服务业中,战略性新兴服务业企业营业收入比上年增长4.8%。全年高技术产业投资比上年增长18.9%。全年新能源汽车产量700.3万辆,比上年增长90.5%;太阳能电池(光伏电池)产量3.4亿千瓦,增长46.8%。全年电子商务交易额438 299亿元,按可比口径计算,比上年增长3.5%。全年网上零售额137 853亿元,按可比口径计算,比上年增长4.0%。全年新登记市场主体2 908万户,日均新登记企业2.4万户,年末市场主体总数近1.7亿户。

城乡区域协调发展稳步推进。年末全国常住人口城镇化率为65.22%,比上年末提高0.50个百分点。分区域看,全年东部地区生产总值622 018亿元,比上年增长2.5%;中部地区生产总值266 513亿元,增长4.0%;西部地区生产总值256 985亿元,增长3.2%;东北地区生产总值57 946亿元,增长1.3%。全年京津冀地区生产总值100 293亿元,比上年增长2.0%;长江经济带地区生产总值559 766亿元,增长3.0%;长江三角洲地区生产总值290 289亿元,增长2.5%。粤港澳大湾区建设、黄河流域生态保护和高质量发展等区域重大战略扎实推进。

绿色转型发展迈出新步伐。全年全国万元国内生产总值能耗比上年下降0.1%。全年水电、核电、风电、太阳能发电等清洁能源发电量29 599亿千瓦时,比上年增长8.5%。在监测的339个地级及以上城市中,全年空气质量达标的城市占62.8%,未达标的城市占37.2%;细颗粒物($PM_{2.5}$)年平均浓度29微克每立方米,比上年下降3.3%。3 641个国家地表水考核断面中,全年水质优良(Ⅰ~Ⅲ类)断面比例为87.9%,Ⅳ类断面比例为9.7%,Ⅴ类断面比例为1.7%,劣Ⅴ类断面比例为0.7%。

(数据来源:https://www.gov.cn/xinwen/2023-02/28/content_5743623.htm)

思考题

上述各项经济、社会的指标数据均来源于统计活动。那么,什么是统计?它有什么特点和作用?

课程任务

任务一　统计知识

一、统计的含义

抽象的"统计"包含统计工作、统计资料和统计学三个内涵,具体的"统计"只有其中某一个特定含义。统计工作是统计人员对社会、经济、自然等现象的数量进行搜集、整理和分析工作的总称。统计资料又叫统计信息、统计数据,是指统计工作各个阶段取得的成果,包括原始资料、综合资料和分析报告。统计学是指系统阐述统计理论和方法的学科。统计工作是基础,统计工作与统计资料之间是实践活动与成果的关系;统计工作与统计学之间是实践活动与理论研究的关系。

二、统计的研究对象及特点

1. 统计工作的研究对象

统计工作的研究对象是社会、经济及自然等现象的数量及数量关系。统计工作的研究对象具有以下四个特点。

（1）数量性。它包括三个层次：① 数量多少；② 现象之间的数量关系；③ 现象由量变到质变的界限。

（2）总体性。统计是研究总体现象的数量，不以研究个别事物为目的。

（3）具体性。统计研究的数量是客观存在的，不是抽象的。

（4）变异性。变异是指个别事物之间的差异，变异是统计研究的前提条件。

2. 统计学的研究对象

统计学是研究社会、经济及自然等现象数量方面的方法论科学。统计工作的研究对象与统计学的研究对象既有区别也有联系。

三、统计学研究的基本方法

统计学作为一门方法论科学，具有完善的方法体系。统计研究的具体方法有很多。从大的方面看，其基本研究方法有以下五种，各种方法之间是相互联系、互相配合的，共同组成了统计学方法体系。

1. 大量观察法

这是统计活动过程中搜集数据资料阶段（统计调查阶段）的基本方法，即要对所研究现象总体中足够多的个体进行观察和研究，以期认识具有规律性的总体数量特征。大量观察法的数理依据是大数定律。大数定律是指虽然每个个体受偶然因素的影响作用不同而在数量上存有差异，但对总体而言可以相互抵消而呈现出稳定的规律性，因此只有对足够多的个体进行观察，观察值的综合结果才会趋于稳定，建立在大量观察法基础上的数据资料才会给出一般的结论。统计学的各种调查方法都属于大量观察法。

2. 统计分组法

所研究现象本身的复杂性、差异性及多层次性，要求我们对所研究现象进行分组或分类研究，以期在同质的基础上探求不同组或类之间的差异性。统计分组在整个统计活动过程中都占有重要地位，在统计调查阶段可通过统计分组法来收集不同类的资料，并可提高抽样调查的样本代表性（分层抽样方式）；在统计整理阶段可以通过统计分组法使各种数据资料被分门别类地加工处理和储存，并为编制分布数列提供基础；在统计分析阶段则可以通过统计分组法来划分现象类型、研究总体内在结构、比较不同类或组之间的差异（显著性检验）和分析不同变量之间的相关关系。统计学中的统计分组法有传统分组法、判别分析法和聚类分析法等。

3. 综合指标法

统计研究现象数量方面的特征是通过统计综合指标来反映的。所谓综合指标，是指用来从总体上反映所研究现象数量特征和数量关系的范畴及其数值。常见的有总量指标、相对指标、平均指标和标志变异指标等。综合指标法在统计学，尤其是社会经济统计学中占有十分重要的地位，是描述统计学的核心内容。如何最真实客观地记录、描述和反映所研究现象的数量特征和数量关系，是统计指标理论研究的一大课题。

4. 统计模型法

在以统计指标来反映所研究现象的数量特征的同时,我们还经常需要对相关现象之间的数量变动关系进行定量研究,以了解某一(些)现象数量变动与另一(些)现象数量变动之间的关系及变动的影响程度。在研究这种数量变动关系时,需要根据具体的研究对象和一定的假定条件,用合适的数学方程来进行模拟,这种方法就叫作统计模型法。

5. 统计推断法

在统计认识活动中,我们所观察的往往只是研究现象总体中的一部分单位,掌握的只是具有随机性的样本观察数据,而认识总体数量特征是统计研究的目的,这就需要我们根据概率论和样本分布理论,运用参数估计或假设检验的方法,由样本观测数据来推断总体的数量特征。这种由样本来推断总体的方法就叫作统计推断法。统计推断法已在统计研究的许多领域得到应用,除了最常见的总体指标推断外,统计模型参数的估计和检验、统计预测中原时间序列的估计和检验等,也属于统计推断的范畴,都存在误差和置信水平的问题。在实践中统计推断法是一种既有效又经济的方法,其应用范围很广,发展很快,已成为现代统计学的基本方法。

四、统计学的产生与发展

1. 古典统计学时期(17世纪中期至18世纪中期)

(1) 国势学派。其主要代表人物是赫尔曼·康令、哥特弗莱德·阿亨瓦尔。阿亨瓦尔首次提出了"统计学"这一名称。该学派"有统计学之名,无统计学之实"。

(2) "政治算术"学派。其主要代表人物是威廉·配第和约翰·格朗特。威廉·配第开创了以数量研究社会经济问题的方法。该学派"有统计之实,无统计学之名"。

2. 近代统计学时期(18世纪末至19世纪末)

(1) 数理统计学派。其主要代表人物是拉普拉斯和凯特勒。凯特勒对统计学的发展做出了重大贡献,被称为"近代统计学之父"。

(2) 社会统计学派。其主要代表人物是恩格尔和梅尔。该学派不强调以数量研究社会经济问题,未成为统计学的主流。

3. 现代统计学时期(20世纪初至今)

统计学受计算机、信息论等现代科学技术的影响,新的研究领域层出不穷,如多元统计分析、随机过程、非参数统计、时间序列分析,等等。这一时期的统计学进一步完善,新的研究分支不断增多,统计应用领域不断扩展。统计方法在各学科领域的应用又进一步促进了统计方法研究的深入和发展。

五、统计学中的基本概念

1. 统计总体、总体单位与样本

(1) 统计总体与总体单位。总体是统计研究对象的全体,它是由许多具有相同性质的个别事物组成的集合体。构成总体的个别事物叫总体单位。在一定的条件下,总体和总体单位之间可以相互转化。总体可以分为有限总体和无限总体两类。根据统计研究的具体目的不同,总体单位可以是人、事物、机构组织、行为、事件、时间等。统计总体具有客观性、同质性、大量性和变异性四个特征。

(2) 样本。从总体中随机抽出的一部分总体单位组成的整体叫样本。样本具有不确定性、随机性,而总体具有确定性、唯一性。

2. 标志与标志表现

(1) 标志。标志是说明总体单位特征或属性的名称。标志按其表现形式不同,可分为品质标志与数量标志;按其在所有总体单位上的表现是否一致,可以分为不变标志和可变标志两类。

(2) 标志表现。总体单位在任意标志上表现出来的结果叫标志表现。品质标志的标志表现是文字,即分类计量和顺序计量;数量标志的标志表现是数值,即间距计量和比率计量。通常把数量标志的标志表现称作标志值。

3. 变异与变量

(1) 变异。变异是指总体单位之间的差异,统计上所指的变异是一种普遍现象。变异是统计研究的前提条件。

(2) 变量。可变的数量标志叫变量。变量按取值不同分为连续型变量和离散型变量。总体单位在某一变量上表现出来的结果叫变量值,变量值必须是标志表现,也一定是标志值。

4. 统计指标

(1) 统计指标的概念。

说明总体数量特征的概念(指标名称)和具体数值(指标数值)叫指标。完整的统计指标应包括时间、空间范围、指标名称、指标数值、计量单位五个基本要素。推断统计中,说明总体的统计指标称为参数,比如总体均值、总体标准差、总体比例等;说明样本的指标称为统计量,比如样本均值、样本标准差、样本比例等。

(2) 统计指标的分类。

统计指标按其性质不同,分为数量指标和质量指标;按其表现形式不同,分为总量指标、相对指标和平均指标;按其在管理上所起的作用不同,分为考核指标与非考核指标。数量指标以总量的形式表现,质量指标以相对数和平均数的形式表现。

(3) 统计指标与标志的区别和联系。

区别:① 二者说明的对象不同,标志是说明总体单位特征的,而统计指标是说明总体数量特征的;② 二者的表现形式不同,标志既有不能用数值表示的品质标志,也有能用数值表示的数量标志,而统计指标必须用数值表示。

联系:① 指标名称与数量标志之间可以相互转化;② 基本的统计指标数值是通过总体各单位的标志表现进行汇总而获得的。

学习上述基本概念时,一定要把握好概念之间的相互关系。上述概念关系中,标志处于最核心的位置,其他概念都直接或间接地与标志产生联系。

六、统计计量的层次

统计计量就是指标志表现,又称为统计资料。统计数据可按计量尺度、收集方法、时间状况进行分类。

1. 按计量尺度可分为分类数据、顺序数据、数值型数据

分类数据如人口,按照性别分为男、女两类。顺序数据如考试成绩,可分为优、良、中、差。现实中处理的数据大多是数值型数据。分类数据和顺序数据描述事物的品质特征,通

常用文字表现,其结果表示为类别。分类数据的类别是并列的,顺序数据的类别是有序的。数值型数据描述事物的数量特征,通常用数值表现,又可分为离散型数据和连续型数据。

2. 按收集方法可分为观测数据和实验数据

观测数据如社会经济现象的统计数据,实验数据如自然科学的实验数据。观测数据通过调查或观测得到,没有人为控制的条件。实验数据通过人为控制实验对象得到。

3. 按时间状况可分为截面数据、时间序列数据

截面数据如 2022 年我国各地区的国内生产总值。时间序列数据如 2018—2022 年我国的国内生产总值。截面数据在相同或相近的时间点上收集,用来描述现象在某一时刻的变化情况。时间序列数据在不同时间收集,用来描述现象随时间变化的情况。

任务二　统计实验

一、实验目的

熟悉 Excel 2019 工作界面,掌握 Excel 的一些基本操作。

二、实验内容

(1) 通过观察和试验操作,熟悉 Excel 2019 工作界面。

(2) 通过典型案例实操,掌握 Excel 的一些基本操作。

(3) 通过典型案例实操,掌握 Excel 的一些常用函数。

三、实验操作

(一) 熟悉 Excel 2019 的工作界面

随着 Excel 软件版本的不断更新,其数据处理功能越来越强大,操作越来越简易。Excel 除了可以做一些一般的计算工作外,还可以利用多种函数来做统计、财务、工程等方面的分析与计算。Excel 系统有许多不同格式的图表可供选用,用户只需简单操作就可以制作精美的图表。Excel 2019 的工作界面如图 1-1 所示。

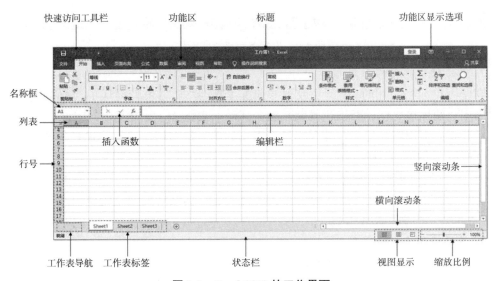

图 1-1　Excel 2019 的工作界面

单击功能区菜单名称,打开相应的工具栏,熟悉这些常用工具能大大提高工作效率。获得更多工具的方式是单击工具栏上各工具模块右下角的箭头。单击不同的工作表标签可在工作表之间进行切换。右击工作表标签,在弹出的对话框中选择"重命名",可对默认的工作表标签名"Sheet1、Sheet2……"逐一更名。也可以根据需要添加或删除工作表。

(二)掌握一些基本操作

1. 设置单元格格式

在"开始"工具栏的"数字"工具模块,有设定好的常用格式,比如数值、货币、百分数、日期、分数、文本等,默认为"常规"。直接单击"常规"显示框右边的向下箭头,即可选择常用的格式定义。也可以单击"数字"模块右下角的小箭头,在弹出的对话框中根据提示完成更特殊的单元格格式定义(图1-2)。

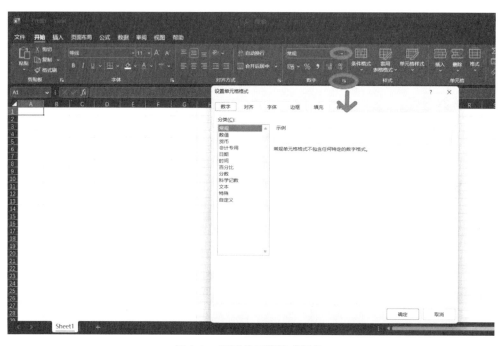

图 1-2　设置单元格格式操作

2. 灵活使用单元格引用

在使用单元格引用时,在行号或列号前加上符号"$",可使对应的行号或列号成为绝对引用。使用单元格相对引用复制粘贴公式时(或通过拖曳填充柄的方式填充公式),粘贴后公式的引用将被更新。而采用绝对引用的单元格引用位置在公式复制时是不会改变的。所以,如果希望在横向填充公式时某些列号引用不变,只需在相应的列号字母前加上符号"$";如果希望在纵向填充公式时某些行号引用不变,只需在相应的行号数字前加上符号"$"。当剪切粘贴(移动)公式时,公式中的单元格无论是绝对引用还是相对引用,移动后公式的内容均不改变。

3. 灵活使用选择性粘贴

(1)实现区域内容行列互换(转置)。

首先复制需要转置的区域,然后右击目标单元格,在弹出的快捷菜单中单击"选择性粘贴",在弹出的对话框中选中"转置",如果只想粘贴数值(不是公式,也不含单元格格式等),则只需选择"数值",最后单击"确定"即可。

(2)通过数据复制进行数据运算。

例如,将原来以"万元"为单位的数据全部转换为以"亿元"为单位,只需在空白单元格 E1 输入 10 000(图 1-3),复制该单元格,选中要进行转换的目标区域后右击,在弹出的快捷菜单中单击"选择性粘贴",在弹出的对话框中选中"除",如果不想改变目标区域的格式,则同时选择"数值",最后单击"确定"即可。

图 1-3 通过选择性粘贴转换数据单位

4. 名称引用

使用名称更容易辨识对应单元格的内容和含义。定义名称的规则:① 名称中只能包含汉字、A—Z、0—9、小数点和下划线等字符;② 名称的第一个字符必须是字母、汉字或小数点;③ 名称中不能有空格,小数点和下划线可以用作分字符,如"First.Q1"或"班级_123";④ 名称可以包含大小写字符,但 Excel 在名称中不区分大小写;⑤ 名称不能与单元格引用相同,如不能用 A2、\$B\$1、C3D5 等作为名称;⑥ 避免使用 Excel 中的固定词汇。

主要操作有:

(1)为单元格或单元格区域定义名称:① 选定单元格或单元格区域;② 单击编辑栏左侧的名称框;③ 为单元格键入名称;④ 按"回车键"确认。

(2)使用已有的行列标志为单元格定义名称:① 选定需要命名的区域,包括行列标志;② 在"公式"菜单中,单击"根据所选内容创建";③ 在弹出的对话框中,通过选定"首行"、"最左列"、"末行"或"最右列"复选框来指定标志名称的位置,具体参见图 1-4。

(3)编辑修改名称:① 在"公式"菜单中,单击"名称管理器";② 在弹出的"名称管理器"对话框中,选中需要编辑的名称;③ 单击"编辑"或"删除"按钮,根据提示即可完成名称的修改、删除等操作。

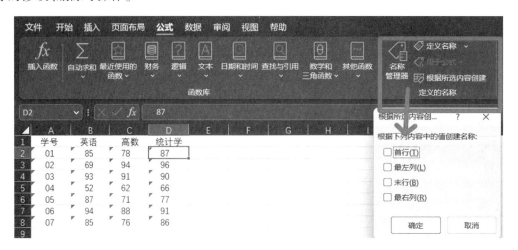

图 1-4 使用已有的行列标志为单元格定义名称

（4）引用名称：在公式插入点直接键入欲引用的单元格或单元格范围的名称，或者单击"公式"菜单中的"用于公式"工具，从中选择已经定义好的名称，如"=AVERAGE(统计学)"。

（三）熟悉一些常用的函数

Excel 中一些使用频率高的函数见表 1-2。

表 1-2 Excel 中一些使用频率高的函数

函数名	功能	示例	说明
ABS	求出相应数字的绝对值	=ABS(A2)	返回 A2 单元格中数字的绝对值
SQRT	开平方，返回正平方根	=SQRT(16)	返回 16 的平方根(4)
LN	返回一个数的自然对数，是 EXP 函数的反函数	=LN(EXP(3))	e 的 3 次幂的自然对数(3)
LOG	按所指定的底数，返回一个数的对数	=LOG(8,2)	以 2 为底时 8 的对数(3)
ROUND	将某个数字四舍五入为指定的位数	=ROUND(-1.475,2)	将 -1.475 四舍五入为两位小数(-1.48)
INT	将数值向下取整为最接近的整数	=A2-INT(A2)	返回单元格 A2 中正实数的小数部分
MAX	求出一组数中的最大值	=MAX(A2:A6)	返回 A2 到 A6 数字中的最大值
MIN	求出一组数中的最小值	=MIN(A2:A7)	返回 A2 到 A7 数字中的最小值

四、实验实践

(1) 表1-2是调查得到的12名同学的成绩。

表1-2 12名同学的成绩

编号	性别	语文/分	数学/分
1	男	87	74
2	男	77	67
3	女	92	82
4	男	95	87
5	女	98	83
6	女	99	84
7	男	68	59
8	女	88	78
9	男	94	81
10	男	79	91
11	女	83	78
12	女	73	71

① 用Excel统计男生、女生的人数。

② 用Excel统计男生中语文成绩在80分以上的人数。

③ 用Excel统计数学成绩在80~90分的人数。

(2) 对第(1)题的资料,定义名称"性别""语文""数学",通过名称引用而不是单元格引用来完成有关统计。

(3) 某学院4个专业二年级学生政治面貌统计资料见表1-3,试在Excel中只编写一个公式,通过填充计算各种政治面貌的学生占本专业总人数的比例(计算结果显示为带两位小数的百分比格式)。

表1-3 某学院4个专业二年级学生政治面貌统计资料   单位:人

政治面貌	会计学	工商管理	人力资源管理	市场营销
党员	82	57	42	61
团员	156	80	71	64
群众	22	12	10	15

任务三 统计实训

一、单项选择题

1. 统计工作的研究对象是(　　)。
   A. 抽象的数量特征和数量关系　　B. 客观现象的规律性
   C. 客观现象的数量特征和数量关系　　D. 社会现象变动的原因及规律性
2. 有同学说"我之前还没有学过统计",这里的"统计"是指(　　)。
   A. 统计工作　　B. 统计资料　　C. 统计学　　D. 统计标志
3. 构成统计总体的个别事物称为(　　)。
   A. 调查单位　　B. 标志值　　C. 品质标志　　D. 总体单位
4. 对某地区高新技术企业进行设备普查,总体单位是(　　)。
   A. 高新技术企业全部设备　　B. 高新技术企业每一台(套)设备
   C. 每个高新技术企业的设备　　D. 每一户高新技术企业
5. 提出"统计学"名称的学派是(　　)。
   A. "政治算术"学派　　B. 国势学派
   C. 社会统计学派　　D. 数理统计学派
6. 关于标志表现,以下说法正确的是(　　)。
   A. 它有品质标志值和数量标志值两类　　B. 品质标志具有标志值
   C. 数量标志具有标志值　　D. 品质标志和数量标志都具有标志值
7. "有统计学之名,无统计学之实"的学派是(　　)。
   A. 国势学派　　B. "政治算术"学派
   C. 数理统计学派　　D. 社会统计学派
8. 统计所指的"变异"是(　　)。
   A. 总体之间有差异
   B. 总体单位之间在某一标志表现上有差异
   C. 总体随时间变化而变化
   D. 总体单位在不同时间上的表现有差异
9. 工业企业的设备台数、产品产值(　　)。
   A. 都是连续型变量
   B. 都是离散型变量
   C. 前者是连续型变量,后者是离散型变量
   D. 前者是离散型变量,后者是连续型变量
10. 几位同学的统计学考试成绩分别是 78 分、88 分、89 分、96 分,则"考试成绩"可以称为(　　)。
    A. 品质标志　　B. 数量标志　　C. 标志值　　D. 数量指标

11. 约翰·格朗特、威廉·配第属(   )。
   A. 国势学派　　　　　　　　　　B. "政治算术"学派
   C. 数理统计学派　　　　　　　　D. 社会统计学派

12. 在全国人口普查中(   )。
   A. "男性"是品质标志　　　　　　B. 人的"年龄"是变量
   C. 人的"平均寿命"是数量标志　　D. "全国人口"是统计指标

13. 下列指标中,属于相对指标的是(   )。
   A. 产品合格率　　B. 平均月工资　　C. 产品总成本　　D. 人口总数

14. 以下属于比率计量的是(   )。
   A. 性别　　　　　B. 学历　　　　　C. 学号　　　　　D. 销售收入

15. 指标是说明总体特征的,标志是说明总体单位特征的,因此(   )。
   A. 标志和指标之间的关系是固定不变的
   B. 标志和指标都必须用数值表示
   C. 数量标志和指标名称之间可以相互转化
   D. 只有指标才可以用数值表示

16. 统计指标按所反映的数量特点不同,可以分为数量指标和质量指标两种。其中数量指标的表现形式为(   )。
   A. 平均数　　　　B. 相对数　　　　C. 绝对数　　　　D. 百分数

17. 取值"0",表示"具有某种水平"的计量层次是(   )。
   A. 分类计量　　　B. 顺序计量　　　C. 间距计量　　　D. 比率计量

18. 某地区有 2 670 家工业企业,要研究这些企业的产销情况,总体是(   )。
   A. 每家工业企业　　　　　　　　B. 2 670 家工业企业
   C. 所有工业企业　　　　　　　　D. 全部工业品

二、多项选择题

1. 要了解某地区的就业情况,(   )。
   A. 全部成年人是研究的总体　　　B. 成年人口总数是统计指标
   C. 成年人口就业率是数量标志　　D. 每个成年人的"年龄"是变量
   E. 某人职业"教师"是标志表现

2. 统计学研究的基本方法包括(   )。
   A. 大量观察法　　B. 实验设计法　　C. 描述统计法　　D. 推断统计法
   E. 对比分析法

3. 抽象的"统计"一词包含(   )。
   A. 统计工作　　　B. 统计指标　　　C. 统计学　　　　D. 统计表
   E. 统计资料

4. 在全国人口普查中,(   )。
   A. 全国人口总数是统计总体　　　B. "男"是品质标志表现
   C. "年龄"是变量　　　　　　　　D. 每一户是填报单位
   E. 人口的平均年龄是统计指标

5. 统计工作的研究对象的性质有（　　）。
   A. 数量性　　　　B. 总体性　　　　C. 随机性　　　　D. 具体性
   E. 变异性

6. 在工业普查中,（　　）。
   A. 所有工业企业是统计总体
   B. 每家工业企业的"销售收入"是连续型变量
   C. 所有工业企业的"资产总额"是统计指标
   D. 每家工业企业既是调查单位,又是填报单位
   E. 每家工业企业的"职工人数"是离散型变量

7. 描述统计方法主要包括（　　）。
   A. 统计分组法　　B. 实验设计法　　C. 统计模型法　　D. 综合指标法
   E. 大量观察法

8. 推断统计方法主要包括（　　）。
   A. 统计分组法　　B. 参数估计　　　C. 统计模型法　　D. 假设检验
   E. 综合指标法

9. 下列统计指标中,属于质量指标的有（　　）。
   A. 营业收入发展速度　　　　　　B. 单位产品成本
   C. 男女性别比例　　　　　　　　D. 人口密度
   E. 合格品率

10. 下列各项中,属于连续型变量的有（　　）。
    A. 基本建设投资额　　　　　　B. 岛屿数量
    C. 国内生产总值　　　　　　　D. 居民消费价格指数
    E. 就业人口数

11. 统计学的发展大致经历的阶段有（　　）。
    A. 古典统计学时期　B. 近代统计学时期　C. 中期统计学时期　D. 现代统计学时期

12. 下列名称属于数量标志的有（　　）。
    A. 销售额　　　　B. 工种　　　　　C. 月工资　　　　D. 民族
    E. 职工年龄

13. 某班统计学期末考试成绩的前3名分别为94分、90分、87分,则94、90、87可以称为（　　）。
    A. 标志表现　　　B. 指标数值　　　C. 标志值　　　　D. 变量
    E. 变量值

14. 根据研究的对象不同,总体单位可以是（　　）。
    A. 人　　　　　　B. 物　　　　　　C. 基层单位　　　D. 事件
    E. 行为

15. 统计计量按计量功能不同,可以分为（　　）。
    A. 分类计量　　　B. 顺序计量　　　C. 定性计量　　　D. 间距计量
    E. 比率计量

16. 下列关于总体和总体单位的描述正确的是(　　)。
　　A. 构成总体的总体单位必须具有相同的特征,即所谓的同质性
　　B. 构成总体的各总体单位之间在诸多方面存在差异,即所谓的变异性
　　C. 总体不能脱离总体单位而独立存在
　　D. 统计研究的对象是总体单位
　　E. 总体和总体单位之间在一定的条件下可以相互转化
17. 某班统计学期末考试成绩的前3名分别为94分、91分、90分,则"考试成绩"可以称为(　　)。
　　A. 标志　　　　　B. 数量标志　　　　C. 可变标志　　　　D. 变量
　　E. 连续型变量
18. 关于统计指标与标志,以下说法正确的是(　　)。
　　A. 统计指标只能用数值表示,不能用文字表示
　　B. 标志既有用文字表示的品质标志,也有用数值表示的数量标志
　　C. 数量标志与指标名称可以相互转化
　　D. 对品质标志表现和标志值进行汇总,可以得到指标数值
　　E. 因为总体与总体单位可以相互转化,所以统计指标与标志也可以相互转化

三、判断题

1. 统计学是研究客观现象数量方面的一门方法论科学。　　　　　　　　(　　)
2. 运用大量观察法,必须对研究对象的所有单位进行观察、研究。　　　(　　)
3. 统计学是对统计实践活动的经验进行总结和理论概括的结果。　　　　(　　)
4. 一般而言,指标总是依附在总体上,而总体单位则是标志的直接承担者。(　　)
5. 在任何情况下,"统计"一词都包含统计工作、统计资料与统计学三个含义。
　　　　　　　　　　　　　　　　　　　　　　　　　　　　　　　　(　　)
6. 统计资料就是统计调查、整理以及分析过程中获得的各种信息,它的主要特征是数量性。　　　　　　　　　　　　　　　　　　　　　　　　　　　　(　　)
7. 统计工作与统计资料之间是实践活动与成果的关系。　　　　　　　　(　　)
8. 统计研究事物的数量特征和数量关系,其最终目标是用数量揭示事物的本质特征。
　　　　　　　　　　　　　　　　　　　　　　　　　　　　　　　　(　　)
9. 质量指标是反映工作质量等内容的,所以一般不能用数值来表示。　　(　　)
10. 总体和总体单位可能随着研究目的变化而相互转化。　　　　　　　　(　　)
11. 威廉·配第被称为"近代统计学之父"。　　　　　　　　　　　　　　(　　)
12. 以绝对数形式表示的指标都是数量指标,以相对数或平均数表示的指标都是质量指标。　　　　　　　　　　　　　　　　　　　　　　　　　　　　(　　)
13. 构成统计总体的条件是总体各单位之间的差异性,构成统计研究的前提条件是总体各单位之间的同质性。　　　　　　　　　　　　　　　　　　　(　　)
14. 变异是指各种标志或各种指标之间名称上的差异。　　　　　　　　　(　　)
15. "教授"是品质标志。　　　　　　　　　　　　　　　　　　　　　　(　　)
16. 数量指标可以由数量标志值汇总得到,质量指标是由品质标志表现汇总得到。
　　　　　　　　　　　　　　　　　　　　　　　　　　　　　　　　(　　)

17. 统计学和统计工作的研究对象是完全一致的。（　　）

四、简答题

1. 统计工作、统计资料与统计学三者之间是什么关系？
2. 数理统计学派与"政治算术"学派的主要特点分别是什么？
3. 统计标志与统计指标有何区别与联系？
4. 统计资料有哪些类型？

五、综合思考题

统计是研究社会、经济及自然现象的数量和数量关系的，而数学、会计等学科也研究数量，统计研究的数量与数学、会计等学科研究的数量有什么关系？

统计资料的收集、整理和显示

■ 知识目标

1. 了解统计调查的意义、基本原则和种类。
2. 掌握统计调查的方式、方法。
3. 了解统计调查方案的内容、问卷设计的方法,提升专业素养。
4. 掌握统计数据整理的内容和步骤,以及变量数列编制方法。
5. 掌握统计资料的显示方法,能熟练制作统计图表,强化实践能力,养成耐心细致的习惯,树立高度的社会责任感。

■ 技能目标

1. 能够设计统计调查方案和编制变量数列。
2. 能够选用合适的统计图和统计表显示数据。

■ 课程思政目标

数据是统计学的基本元素,也是后续统计描述和统计推断的基础,统计调查是获得数据的主要途径之一。习近平总书记非常重视调查研究,他曾形象地比喻道:"调查研究就像'十月怀胎',决策就像'一朝分娩'。调查研究的过程就是科学决策的过程,千万省略不得、马虎不得。"党的十八大以来,习近平总书记在不同场合反复强调用好调查研究这一"传家宝",做好调查研究这一"基本功",推动全党大兴调查研究之风。

■ 案例引入

某市造纸行业产品产量与结构分析

某市造纸业在"十三五"期间的产品产量、原材料消耗量、专用设备技术状况以及调查预测的 2021 年各类产品的需求量等资料见表 2-1 至表 2-3。

表 2-1 "十三五"期间某市造纸业各类产品产量　　　　单位:万吨

产品名称	产量		预测的 2021 年需求量
	2016 年	2020 年	
印刷用纸	6.5	10.5	13.39
书写用纸	5.0	4.9	6.86
技术配套用纸	0.7	1.1	1.33

续表

产品名称	产量		预测的2021年需求量
	2016年	2020年	
包装用纸	5.9	8.2	10.12
其他用纸	1.1	2.0	3.33
生活用纸	7.5	13.0	31.56
纸板	6.2	11.4	28.78
合计	32.9	51.1	95.37

表2-2 "十三五"期间某市造纸业主要原材料消耗量　　　　单位：万吨

原材料	原材料消耗量	
	2016年	2020年
木浆	5.5	6.7
苇浆	2.8	3.6
蔗渣浆	0.9	1.2
竹浆	0.4	0.5
废纸浆	4.1	8.6
麻、布、棉浆	1.8	3.2
禾草浆	9.9	15.6
其他浆	0.7	1.0
合计	26.1	40.4

表2-3 "十三五"期间某市造纸业专用设备技术状况　　　　单位：台

专用设备	合计	国际水平	国内先进水平	国内一般水平	国内落后水平
磨木机	5	—	1	3	1
蒸球	190	—	—	116	74
蒸锅	5	—	1	2	2
造纸设备	170	—	3	43	124

思考题

1. 在研究过程中，要结合本地区或本企业的实际情况，如原材料供应、设备状况、技术力量、企业管理水平等，进行多因素的对比分析，找出调整产品结构与提高产品产量的突破口，并提出切实可行的措施。

2. 基于上述资料，对该市造纸行业的产品产量和结构进行分析。

项目二　统计资料的收集、整理和显示

课程任务

任务一　统计知识

一、统计调查

1. 统计调查的概念

统计调查是统计工作的第一阶段,以收集资料为目的。统计调查收集的资料分原始资料和次级资料两种。统计调查的基本要求是准确、及时、全面。

2. 统计调查的分类

(1) 统计调查按调查对象的范围不同分为全面调查和非全面调查。全面调查需要调查所有总体单位,而非全面调查只需要调查一部分总体单位。

(2) 统计调查按调查时间是否连续分为经常性调查和一次性调查。经常性调查是连续、不间断的调查,收集时期数据;一次性调查是间断、不连续的调查,收集时点数据。

(3) 统计调查按其组织形式不同分为统计报表和专门调查,专门调查又包括普查、重点调查、典型调查和抽样调查四种。

统计报表主要用于政府统计工作中,为各级政府了解基本信息,进行日常管理和决策提供资料。企业内部也大量使用统计报表。统计报表一般属于经常性、全面调查。

普查主要用来收集重大国情、国力以及资源情况等全面资料,为最高决策机构进行重大决策提供资料。普查属于一次性全面调查。

重点调查的前提是所研究的数据高度集中在极少数总体单位上,通过选取重点单位进行调查能够了解事物的主要情况,而不是全貌。重点调查能够使决策机构付出较少的调查成本,抓住主要矛盾和主要问题,迅速做出决策。重点调查属于非全面调查,根据需要可经常开展,也可一次性调查。经常性重点调查往往结合统计报表一起使用。

典型调查适合研究社会生活中具有一定影响且人们较为关注的某些特殊的社会经济问题,如留守儿童问题、校园贷问题等。通过选择一些较为典型的事物进行深入研究,较为全面地揭示其可能的危害,为相关各方正确面对问题、解决问题提供有益的参考。典型调查属于非全面调查,根据需要可经常开展,也可一次性调查。

(4) 统计调查按收集资料的方法不同分为直接观察法、报告法、访问法、问卷法和实验设计法五种。

3. 抽样调查

(1) 抽样调查的概念。

抽样调查是从总体中随机抽选一部分总体单位形成样本,在对样本进行全面调查的基础上以样本数据研究总体的数量特征。抽样调查在现实中的应用非常广泛。

(2) 抽样调查的特征。

随机抽选调查单位,不同于重点调查和典型调查;用样本数据研究总体数据;存在抽样误差,但误差可以计算并控制。

(3) 抽样调查的有关概念。

① 总体和样本。总体具有确定性、唯一性,样本具有随机性、不确定性。

② 总体参数和样本统计量。常用的总体参数一般有：总体均值（μ）、总体标准差（σ）、总体方差（σ^2）、总体比率（π）、总体比率的标准差（σ_π）和总体比率的方差（σ_π^2）。总体参数是确定的、唯一的。常用的样本统计量一般有：样本均值（$\bar{X}$）、样本标准差（S）、样本方差（S^2）、样本比率（P）、样本比率的标准差（σ_p）和样本比率的方差（σ_p^2）。样本统计量是随机的、不确定的。

③ 重复抽样和不重复抽样。

④ 样本容量和样本数目。

⑤ 抽样组织形式：简单随机抽样（纯随机抽样）、等距抽样（机械抽样）、类型抽样（分层抽样）、整群抽样（集团抽样）。

二、统计调查方案

统计调查方案主要涉及以下六个方面的内容：

（1）明确统计调查目的和任务。调查目的是要清楚为什么而展开调查，调查任务需要搞清楚为达到预定目的需要获取哪些资料。

（2）确定统计调查对象、调查单位和报告单位。调查对象、调查单位和报告单位三者既有区别又有联系。

（3）确定调查项目，拟定调查提纲或调查表。

（4）确定调查时间和调查工作期限。

（5）确定调查地点和调查方法。

（6）制订调查工作的组织实施计划。

三、统计资料的整理

1. 统计整理的概念

统计整理是将调查取得的反映个体的原始资料和经过一定程度加工、整理的次级资料，按照科学的方法进行审核、分组、汇总，使之条理化、系统化，以说明现象总体数量特征的工作阶段。

2. 统计整理的内容和步骤

（1）设计统计整理方案。

（2）对原始资料进行审核。

（3）统计分组，这是统计整理的关键。

（4）统计汇总。

（5）制作统计图表。

（6）发布统计数据，积累统计资料。

3. 统计分组

（1）统计分组的含义。

统计分组同时具有"分"与"合"两层含义。统计分组后，每一组内的总体单位具有同质性，各组之间的总体单位具有差异性。

（2）统计分组的作用。

① 划分总体现象的类型。

② 研究总体现象的内部结构。

③ 揭示现象之间的相互依存关系。

（3）统计分组的原则。

科学的统计分组应遵循穷尽原则和互斥原则。穷尽原则就是使总体中的每一个单位都有组可归，或者说各分组的空间足以容纳总体的所有单位。互斥原则即总体中任一单位都只能归属于某一组，而不能同时或可能归属于几个组。

（4）统计分组的种类。

① 按选择分组标志的性质不同分为品质分组和变量分组。

② 按选择分组标志的多少及排列方式不同分为简单分组、平行分组与复合分组。

（5）统计分组的方法。

科学的统计分组是统计整理的前提条件，而正确选择分组标志是统计分组的关键。

① 正确选择分组标志的原则。

Ⅰ．根据研究的目的选择分组标志。

Ⅱ．选择最能反映事物本质特征的标志作为分组标志。

Ⅲ．考虑现象所处的具体历史条件选择分组标志。

② 统计分组的方法。

Ⅰ．品质标志分组的方法。

品质标志分组是指选择反映事物属性差异的品质标志作为分组标志进行分组。按品质标志分组能直接反映事物间质的差别，给人以明确、具体的概念。因为事物的属性差异是客观存在的，有些品质标志分组，由于界限清晰，分组标志有几种具体表现，就分成几组。有些复杂的品质标志分组可根据统一规定的划分标准和分类目录进行。

Ⅱ．数量标志分组的方法。

数量标志分组有单项式分组和组距式分组两种方法。组距式分组涉及以下概念：组限、上限、下限、组距、等距分组、异距分组、组中值、开口组与闭口组、同限分组和异限分组等。开口组的组距等于相邻组的组距。同限分组时，应遵循"上限不在内"的原则。

四、分布数列

1. 分布数列的概念及分类

分布数列有两个构成要素：一是总体按照某一个或几个标志分组后形成的各组；二是各组的频数或频率。

分布数列有品质数列和变量数列两种类型。变量数列又分为单项式变量数列和组距式变量数列两类，组距式变量数列又分为等距数列和异距数列两类。

2. 变量数列的编制

（1）单项式变量数列的编制。

单项式变量数列亦称单项数列、分组数列，是指按每个变量值分别列组形成的变量数列。单项式变量数列适用于变动范围很小且变量值高度集中的离散变量。对一组原始数据编制单项式变量数列，需要经过以下四个步骤：

① 对所有个体对应的变量值进行排序。

② 确定各组变量值和组数。

③ 汇总各变量值出现的频数或次数。

④ 将结果以分布数列形式呈现。

（2）组距式变量数列的编制。

组距式变量数列适用于变动范围较大的离散型变量以及所有的连续型变量。一组原始数据,如果编制组距式变量数列,需要经过以下四个步骤:

① 将所有原始数据按大小顺序排列,并计算全距。

② 确定组数和组距。

③ 确定各组组限,代表质变的变量值必须作为组限。

④ 汇总各组总体单位数量,计算各组频率,形成组距式变量数列。

（3）累计频数和频率。

在累计频数和频率的过程中,有向上累计和向下累计两种方式。

3. 频数分布的类型

社会经济现象的频数分布特征主要有三种类型:钟形分布、U形分布和J形分布。钟形分布又有正态分布、左偏分布和右偏分布三种情形。

五、统计表

1. 统计表的含义及结构

从形式上看,统计表是由纵横交叉的线条组成的一种表格,包括总标题、纵栏标题、横行标题和指标数值四个部分。从内容上看,统计表由主词栏和宾词栏两个部分组成。

2. 统计表的分类

（1）统计表按主词栏分组的情况不同分为简单表、简单分组表和复合分组表三类。

（2）统计表按用途不同分为调查表、整理表和分析表。

3. 统计表宾词栏的设计

宾词栏设计主要是关于统计表指标体系的设计,一般有平行排列和层叠排列两种。

4. 统计表设计的要求

统计表的设计必须目的明确、内容具体、美观简洁、清晰明了、科学实用。

六、统计图

（1）品质数列的图示方法。分类数据分布数列的图示方法主要有条形图、柱形图、帕累托图及饼图;而顺序数据除了可以使用分类数据的图示方法外,还可以使用累计频数（频率）分布图、环形图等。

（2）数值型数据的图示方法。数值型数据的图示方法主要有散点图、直方图、折线图、曲线图、线图、气泡图、雷达图等类型。

任务二　统计实验

一、实验目的

掌握数据的收集方法,能够借助 Excel 进行随机抽样。掌握对不同类型的调查资料进行整理的方法,学会使用软件完成数据分组频数的统计。能够使用恰当的图形表现数据,并能对所绘制的图形做进一步修饰和编辑。

二、实验内容

（1）使用 Excel 产生满足一定要求的随机数。
（2）借助 Excel 完成随机抽样。
（3）使用软件完成数据分组频数的统计，获得频数分布表。
（4）制作和修饰统计图。
（5）结合统计图表，对数据的分布特征做出初步分析。

三、实验操作

1. 借助 Excel 进行随机抽样

抽样调查是常用的统计调查形式，这里介绍一下如何借助 Excel 进行抽样。

【例 2.1】 假设总体有 300 个单位，如何在这 300 个单位中随机抽取 20 个单位组成随机样本？

【分析】 借助 Excel 进行抽样，首先需要将各总体单位进行编号，得到抽样框。编号可以按随机原则，也可以按有关标志或无关标志排序。此例假定已经从 1~300 进行编号，接下来就可以借助 Excel 产生 20 个 1~300 范围内的随机整数，这些整数对应的编号单位就是被抽中的单位。

【操作步骤】

【方式一】 产生随机数方式。这种方式适用于连续编号的情况。

（1）使用函数产生随机数。借助 Excel 函数"RANDBETWEEN(a,b)"生成[a,b]区间范围内的随机整数。在 Excel 单元格中输入"=RANDBETWEEN(1,300)"，按回车键后可以获得一个随机整数，然后通过"填充"（使用单元格填充柄即可）得到等于样本容量个数的随机数，这些随机数对应编号的个体即被抽出。注意：Excel 有可能产生重复的编号，这可以理解为重复抽样，如果需要不重复抽样，则要剔除重复的编号。

如果函数"RANDBETWEEN"不可用，并返回错误值"#NAME?"，则需要加载"数据分析"工具，加载方法及有关注意事项见提示 2.1。

提示 2.1：

1. Excel 加载"数据分析"工具的方法是：单击 Excel 工作表左上角的"文件"，选择"选项"，在弹出的对话框中单击"加载项"→"分析工具库"→"转到"，在弹出的对话框中勾选"分析工具库"，然后单击"确定"。如果您的 Excel 未安装完整，可能会提示插入 Office 安装光盘。

2. 在 Excel 中，函数"RAND()"产生 0 到 1 范围内的随机实数，所以使用"RAND()*(b-a)+a"可以得到 a 到 b 之间的随机实数，再四舍五入也可以得到这个范围内的随机整数：ROUND(RAND()*(b-a)+a,0)，其中"ROUND"函数的调用方法可参见提示 2.2。

3. 在 Excel 工作表的每次操作中，用函数产生的随机数会被自动重新生成。如果不希望这些随机数再发生变化，可以复制后选择空白区域，单击"开始"菜单中"粘贴"工具下的小三角形，选择"粘贴数值"中的"值"，这样粘贴出来的数值就不会再改变了。另外，如果在"公式"菜单的"计算选项"中选择"手动"计算，则随机数函数也将会与其他函数一起不被自动重算，只在单击"开始计算"或"计算工作表"工具时才重新计算。

（2）使用宏工具产生随机数。单击"数据"菜单中"数据分析"工具(如果"数据"菜单中没有"数据分析"工具,需加载"分析工具库"宏,方法见提示 2.1),从中选择"随机数发生器",在弹出的对话框的"变量个数"框中输入"1"(相当于 1 列,Excel 通常把一列数据视为一个变量的取值),在"随机数个数"框中输入"20"(相当于 20 行),在"参数"栏填入介于"1"与"300","随机数基数"可以不用指定,"输出选项"指定"输出区域"从"A1"单元格开始(图 2-1),单击"确定"后即可获得 1~300 范围内的 20 个随机实数,再四舍五入获得随机整数。将随机实数近似为整数的方法见提示 2.2。

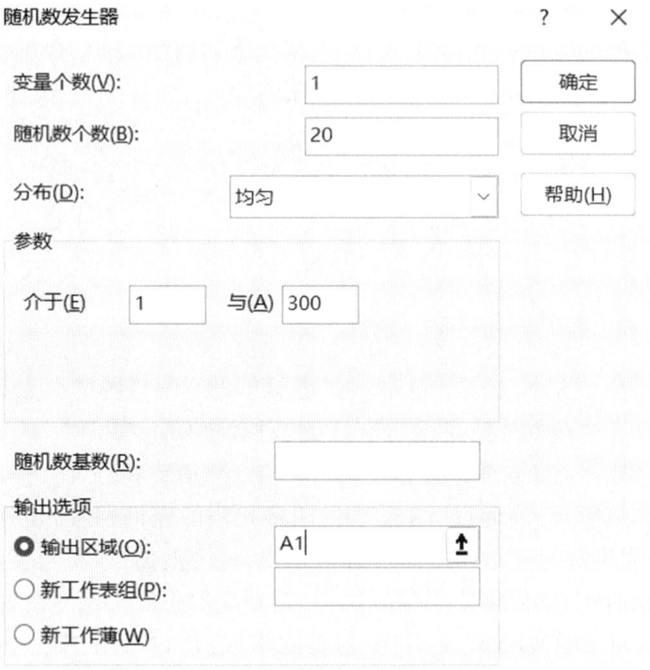

图 2-1　随机数发生器

> 提示 2.2：
> 将随机实数按四舍五入法近似为随机整数的方法有以下两种。
> 方法 1:选中需要操作的数据,重复单击工具栏中"减少小数位数"按钮" ",直至显示整数。注意:这种方式只是 Excel 的一种自动进行四舍五入后的数据显示形式,数据本身没有改变,以后依然可以通过逆向操作"增加小数位数"还原到原来的实数显示形式。
> 方法 2:使用四舍五入函数"ROUND(A1,0)",对已有数据进行舍入计算。其中,"A1"是原实数所在单元格的引用,"0"是指保留 0 位小数。

【方式二】　随机抽样方式。这种方式既适用于连续编号的情况,也适用于非连续的任意号码的情况。

（1）录入编号。将各总体单位的编号输入工作表时,如果编号是无规律的非连续编号,则需要手工逐个输入;如果是等差或者等比例的连续编号,则可以使用"填充"功能快捷输入。例如,将1~300输入A1:A300,首先在A1单元格输入1,选中A1单元格,单击"开始"菜单中的"填充"工具,选择"序列",如图2-2所示。在弹出的"序列"对话框中,"序列产生在"选择"列","类型"选择"等差序列",在"步长值"框中输入"1",在"终止值"框中输入"300",最后单击"确定"即可。

图2-2　填充等差序列

（2）抽样。单击"数据"菜单中的"数据分析"工具,在弹出的"分析工具"对话框中选择"抽样",弹出"抽样"对话框,如图2-3所示。在"输入区域"框中输入总体单位编号所在的单元格区域,本例是A1:A300。如果输入区域的第一行或第一列为标志项(纵栏标题或横行标题),要注意勾选"标志"复选框。在"抽样方法"中选择"随机",在"样本数"框中输入样本容量"20"。最后指定"输出选项",这里指定"输出区域"从"B1"单元格开始,单击"确定"后即得到抽样编号。

图2-3　"抽样"对话框

2. 借助Excel进行统计分组

借助Excel统计变量分组数列各组的频数,主要有两种方法:一是利用数组函数FREQUENCY;二是利用"数据分析"中的"直方图"工具。

【例2.2】　某公司120名职工的月工资数据见表2-4,请编制变量数列予以分析。

表 2-4　某公司 120 名职工的月工资　　　　　　　　　　　　　　　　　单位：元

序号	金额	序号	金额	序号	金额	序号	金额	序号	金额	序号	金额	序号	金额	序号	金额	序号	金额	序号	金额	序号	金额
1	4 300	12	4 800	23	2 500	34	4 400	45	2 200	56	3 500	67	3 500	78	4 400	89	4 200	100	3 800	111	3 600
2	4 460	13	3 500	24	3 500	35	2 800	46	4 500	57	3 400	68	3 200	79	5 200	90	4 610	101	4 300	112	5 000
3	3 840	14	4 400	25	4 650	36	4 800	47	4 600	58	4 670	69	5 800	80	4 700	91	3 300	102	4 710	113	4 100
4	4 200	15	3 500	26	3 800	37	4 700	48	6 100	59	3 900	70	4 000	81	4 500	92	3 900	103	4 720	114	4 600
5	2 900	16	5 100	27	3 200	38	3 800	49	4 100	60	5 300	71	4 400	82	3 800	93	4 700	104	5 700	115	2 600
6	4 000	17	4 700	28	4 780	39	5 600	50	4 500	61	6 000	72	5 800	83	4 500	94	4 200	105	5 600	116	5 200
7	4 100	18	5 200	29	3 900	40	4 800	51	2 300	62	3 200	73	4 810	84	3 700	95	5 500	106	4 200	117	3 700
8	2 900	19	3 100	30	4 000	41	4 830	52	3 000	63	5 200	74	3 600	85	4 850	96	4 050	107	5 100	118	4 700
9	4 300	20	4 880	31	5 400	42	5 700	53	4 600	64	4 900	75	5 100	86	4 800	97	3 400	108	5 500	119	5 300
10	4 910	21	4 500	32	5 000	43	4 700	54	4 400	65	4 700	76	3 700	87	4 800	98	4 940	109	5 400	120	3 000
11	4 000	22	5 300	33	5 500	44	4 970	55	5 300	66	2 000	77	6 500	88	6 300	99	5 400	110	5 900		

【分析】　这组数据属于数值型数据,取值较多,应视为连续型变量进行等距分组(对一组数据应当如何分组,如何确定组数、组限等问题,请参见《统计学》教材)。Excel 可以在明确了各组的上限值之后,完成频数统计等复杂工作。此例最小值为 2 000,最大值为 6 500,这里采用的分组组限是(当然可以尝试其他组限划分方式):

2 000~2 750;2 750~3 500;3 500~4 250;4 250~5 000;5 000~5 750;5 750 以上。

接下来就可以借助 Excel 统计各组的频数,获得频数分布表,或进一步作出直方图观察这些数据的分布特征。

【操作步骤】
【方法一】　利用 FREQUENCY 函数。

(1) 录入原始数据和分组上限。把原始数据录入 A1:K11 单元格,将分组上限"2 749、3 499、4 249、4 999、5 749、6 500"逐个输入 A14:A19 单元格,输入上限时应注意的问题见提示 2.3。为便于阅读,可在 A13 到 E13 单元格输入相应的列标题文字(图 2-4)。

图 2-4　利用 FREQUENCY 函数汇总频数

项目二 统计资料的收集、整理和显示

> 提示 2.3：
> 分组的上限值在 Excel 中应当按升序排列。对于数值型数据，Excel 在统计时把"上限值"包含在该组内，是按(a,b]区间模式计数的，这与统计学中的习惯规定"上组限不在内"不同。因此，针对这个例题，建议输入的分组上限值是：2 749、3 499、4 249、4 999、5 749、6 500。注意：此例分组的末组为开口组，在 Excel 中输入该组的上限值时应该输入一个大于或等于这些数据最大值的值。

(2) 调用函数统计频数。首先选中输出区域 B14:B19，然后插入函数"FREQUENCY"，在"Data_array"位置输入原始数据所在区域的单元格引用"A1:K11"，在"Bins-array"位置输入分组上限值所在区域的单元格引用"A14:A19"，最后按组合键"Ctrl+Shift+Enter"，即返回频数统计结果。

数组函数的操作比较特殊，请仔细阅读提示 2.4。

> 提示 2.4：
> 对于像 FREQUENCY 这样的数组函数的操作需特别注意以下问题。
> 1. 应先选中输出区域后再输入函数。
> 2. 函数输入后不能直接按回车键，而必须按组合键"Ctrl+Shift+Enter"才能得出正确的结果。具体操作时可左手按下"Ctrl"和"Shift"键，右手再去按回车键。
> 3. Excel 不允许对数组函数输出结果的一部分进行修改，如果想删除数组函数的输出结果，须选中该函数的整个输出区域后按"Delete"键。若进入数组函数的部分修改状态，Excel 会弹出"不能更改数组的某一部分"的提示，这时需要单击公式编辑栏左边的"×"符号取消编辑，退出该状态。
> 4. 如果改变分组上限值，Excel 将自动重新统计各组频数。

(3) 计算频率和累计频数。在 C14 单元格编写公式"=B14/sum(B$14:B$19)"计算频率（注意恰当使用单元格的绝对引用符号"$"），按回车键后得到该组的频率，然后向下填充得到其余各组的频率。如果要把频率显示为百分数形式，选中输出结果后单击"开始"菜单中的"%"工具即可。在 D14 单元格编写公式"=sum(B$14:B14)"计算向上累计频数，然后向下填充得到其余各组的向上累计频数。在 E14 单元格编写公式"=sum(B14:B$19)"计算向下累计频数，并向下填充得到其余各组的向下累计频数。

【方法二】 利用"直方图"工具。

(1) 录入原始数据和分组上限。这一步与用数组函数的操作一致，也是先把原始数据录入 A1:K11 区域，并在 A14:A19 分别输入分组的上限"2 749、3 499、4 249、4 999、5 749、6 500"。

(2) 调用"直方图"工具。在"数据"菜单中单击"数据分析"工具，从弹出的"分析工具"列表中选择"直方图"，打开"直方图"对话框(图 2-5)。在"输入区域"框中输入需要分组的原始数据所在的区域"A1:K11"，在"接收区域"框中输入定义接收区域的边界值(分组的上限)的单元格引用"A14：A19"。输出选项选择"输出区域",键入"G13"作为起始输出位置,勾选"图表输出",可以得到直方图。如果勾选"柏拉图",可得到按降序排列的柱形图——帕累托图;勾选"累积百分率",将在直方图上添加累积频率折线。单击"确定"后返回的结果如图 2-6 所示,返回结果中的"频率"实际是统计学中的"频数"。

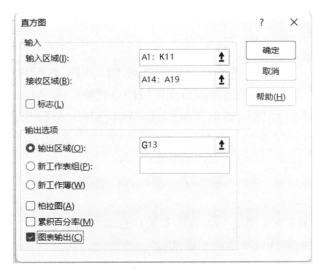

图 2-5　"直方图"对话框

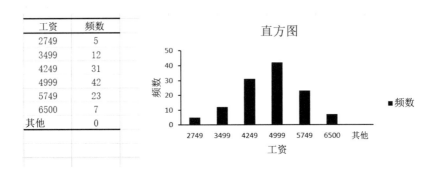

图 2-6　直方图

(3)图形修饰。在图 2-6 中,Excel 输出的图形实际上是一个"柱形图"的形式,若要把它变成"直方图"的形式,需要进行如下操作:右击任一长方形柱条,在弹出的快捷菜单中选择"设置数据系列格式",在"系列选项"标签中把"间隙宽度"改为"0%"(图 2-7),单击"关闭"即可。选中得到的直方图后,单击"图表工具"中的"格式"菜单,选择自己喜欢的"形状样式"可以进行快速修饰。

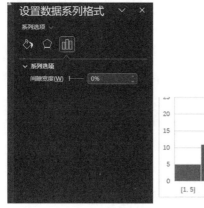

图2-7 无间距直方图

从直方图可以看出,本例120名职工的月工资在4 250~5 000范围的人数最多,占总人数的35%,高工资与低工资的人数都相对较少,人数分布基本呈现中间多、两头少的钟形对称分布特征。

3. 借助Excel作统计图

Excel提供的统计图有很多种,包括柱形图、条形图、折线图、饼图、散点图、面积图、环形图、雷达图、曲面图、气泡图、股价图、圆柱图、圆锥图等,各种图形的作法大同小异。

【例2.3】 某地区企业的所有制分组情况见表2-5,请使用恰当的图形表现这些数据。

表2-5 某地区企业的所有制情况

按所有制分组	企业数/家
全民	3 204
集体	1 286
私营	152
中外合资	212
外商独资	102
其他	44
合计	5 000

【分析】 该例数据是针对分类数据进行统计分组得到的频数分布数列。如果想把各种类型的企业进行数量上的对比,则可以使用柱形图;如果想说明该地区企业的所有制结构特征,说明各类型企业的占比情况,则使用饼图更好。下面给出饼图的绘制方法。

【操作步骤】

(1)绘制基本图形。把表2-5的分组名称及数据输入A1:B7区域,然后选中这个区域,单击"插入"菜单中饼图工具" "旁边的小三角形,选择"三维饼图"(选择其他类型将得到对应的其他类型图形),则得到基本图形(图2-8)。

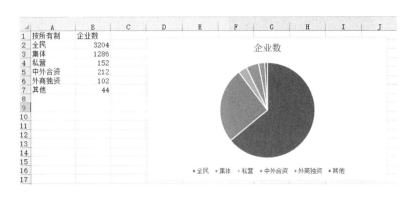

图 2-8　按所有制划分的企业数饼图(基本图形)

(2) 添加数据标签。右击饼图的任一扇形区域,弹出如图 2-9 所示的快捷菜单,选择"添加数据标签",则 Excel 会在各个扇形区域标明具体企业数。如果需要显示为占比,则再右击任一扇形区域,在弹出的快捷菜单中选择"设置数据标签格式",在对话框中不选中"值",勾选"百分比"后关闭对话框即可。另外,还可以尝试在"设置数据标签格式"及"设置数据点格式"(单击两次后选中指定的扇形区域,再右击弹出快捷菜单)对话框中选择其他相应选项,对图形做更加个性化的修饰。这些操作也可以在选中图形后,通过"图表工具"中的"设计"、"布局"或"格式"菜单下的相应工具来完成。

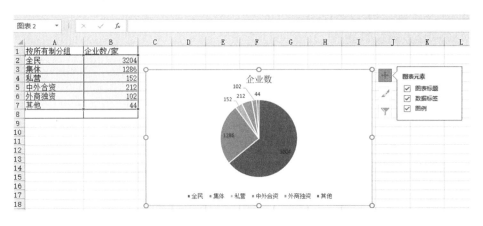

图 2-9　添加数据标签

从已经绘制的图形可以看出,后面 4 种类型的企业占比都很小,单一饼图的表现不够细腻、充分,所以可以考虑绘制复合饼图,将占比较小的若干类提取到第二个子图。操作方法是:

(1) 绘制基本图形。选中分组名称及数据所在的区域 A1:B7 后,单击"插入"菜单中饼图工具"🥧▼"旁的小三角形,选择"二维饼图"中的"复合饼图"(第三个图标),得到基本图形。

(2) 图形编辑。在所得基本图形中右击任意扇形,弹出快捷菜单,选择"设置数据系列格式",在"系列选项"中把"第二个绘图区包含最后一个"的类别数目改为"4"(图 2-10),然后单击"关闭"即可。

项目二　统计资料的收集、整理和显示

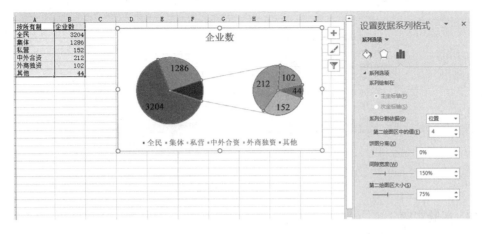

图 2-10　系列设置对话框

【例 2.4】　在 Excel 中绘制左、右两个不同坐标轴的图形来表现表 2-6 中的数据。

表 2-6　2010—2015 年我国 GDP 及 GDP 增长率

年份	GDP/亿元	增长率/%
2010	413 030	10.6
2011	489 301	9.5
2012	540 367	7.9
2013	595 244	7.8
2014	643 974	7.3
2015	689 052	6.9

【分析】　GDP 水平数值和增长率数值差异较大,要在一个图形中同时表现两个变量的动态变化,需要使用双轴图形。

【操作步骤】

(1) 绘制基本图形。把变量名及数据输入 A1:C7 区域,选中整个区域 A1:C7,单击"插入"菜单中"柱形图"下方的小三角形,选择二维"簇状柱形图"(第一个图标),得到基本图形。

(2) 设置次坐标轴。在得到的基本图形中选中表示"增长率"的柱条后右击,在弹出的快捷菜单中选择"设置数据系列格式",在"系列选项"中的"系列绘制"栏选择"次坐标轴",最后单击"关闭",这样就在图表右边又添加了一个坐标轴。

(3) 更改图表类型。在得到的二维柱形图中,选中"增长率"类别的柱形后右击,在弹出的快捷菜单中选择"更改系列图表类型",选择折线图中的"带数据标记的折线图",单击"确定"后得到所需图形。最后对图形稍作修饰,选中"增长率"图形后右击弹出快捷菜单,选择"添加数据标签"在图中标出数值;选中"图例"后右击弹出快捷菜单,选择"设置图例格式",在弹出的对话框中选择图例位置"靠上",把图例位置从图形右边调整到图形上边,即可得到如图 2-11 所示的图形。

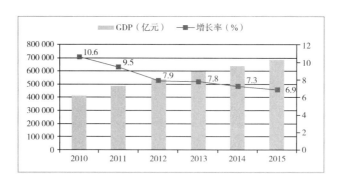

图 2-11 双轴图形

四、实验实践

（1）对 A、B 两城市进行住房满意度抽样调查，结果见下表，试结合统计图分析该结果。

表 2-7　A、B 两城市住房满意度抽样调查表

回答类别	A 城市户数/户	B 城市户数/户
非常不满意	24	8
不满意	108	38
一般	93	90
满意	45	50
非常满意	30	14
合计	300	200

（2）现调查了某种作物在六个地区的产量情况，试用恰当的图形显示该作物单位面积产量与地区降雨量、温度之间的关系。

表 2-8　某种作物在六个地区的产量情况

地区编号	温度/℃	降雨量/mm	产量/(kg/hm²)
1	6	25	2 250
2	8	40	3 450
3	10	50	4 600
4	13	62	5 700
5	14	95	7 400
6	16	100	5 900

（3）（计算机模拟问题）用计算机模拟从一个总体中随机抽取一定数量的单位进行调查，并对所得样本数据进行整理分析，验证抽样方法与数据整理分析方法的有效性。

提示：可以执行以下操作。

① 获得样本数据。借助 Excel"工具"菜单下"数据分析"中的"随机数发生器"产生

300 个服从正态分布的数据。比如,设定均值为 168,标准差为 5,可以把它理解为某地区成年男子的身高服从正态分布 $N(168,5)$,300 个随机数相当于随机抽取 300 人进行调查的结果。

② 数据整理。对样本数据进行适当的统计分组,并统计出各组的频数,绘制出直方图。

③ 数据分析。观察直方图,看它是否反映了总体的分布特征。注意:图形是呈钟形对称形态吗?对称中心大致在什么位置?图形体现了"3σ 规则"吗?如果改变分组的组数(或组限),从直方图看到的数据分布特征是否出现明显不同?原因是什么?

任务三 统计实训

一、单项选择题

1. 调查某乡镇年末生猪存栏头数,一般宜采用(　　)。
   A. 经常性调查　　B. 一次性调查　　C. 典型调查　　D. 连续性调查
2. 调查资料的承担者是(　　)。
   A. 调查单位　　B. 调查对象　　C. 标志表现　　D. 指标值
3. 全面调查与非全面调查的主要区别在于(　　)。
   A. 调查单位的多少　　　　　　B. 是否需要得到总体的全面资料
   C. 调查单位和报告单位是否一致　　D. 是否包括所有总体单位
4. 统计调查资料指的是(　　)。
   A. 统计指标　　B. 标志　　C. 标志表现　　D. 变量值
5. 某市拟对占全市储蓄总额 80% 的几大金融机构进行调查,以了解全市储蓄存款的大概情况,这种调查形式属于(　　)。
   A. 普查　　B. 典型调查　　C. 抽样调查　　D. 重点调查
6. 对某市外来农民工的素质进行全面调查,调查单位是该市(　　)。
   A. 全部外来农民工　　　　　　B. 每个外来农民工
   C. 所有用人单位　　　　　　　D. 每个用人单位
7. 经常性调查一般用来收集(　　)。
   A. 时点资料　　B. 时期资料　　C. 文字资料　　D. 数字资料
8. 重点调查的目的是(　　)。
   A. 了解现象总体的基本情况　　B. 以样本数据推算总体数据
   C. 研究现象的发展规律与趋势　　D. 研究调查单位的具体、详细资料
9. 反映事物的内部结构,最合适的统计图形是(　　)。
   A. 条形图或柱形图　　　　　　B. 环形图
   C. 饼图　　　　　　　　　　　D. 散点图
10. 在全国人口普查中,(　　)。
    A. 全国人口总数是统计总体　　B. 每一个人是调查单位
    C. 每一个人是报告单位　　　　D. 性别是不变标志

11. 重点调查中的重点单位是( )。
   A. 随机选取的
   B. 按照标志值所占比重的最高值依次选取的
   C. 根据总体单位的代表性选取的
   D. 直接选取的所有总体单位

12. 在组距数列中,用组中值代表组内变量值的一般水平,是假定( )。
   A. 组中值比组平均数准确   B. 组中值就是组内各变量值的平均数
   C. 组内变量值是均匀分布的   D. 不容易得到组平均数

13. 了解农村留守儿童的现状特别是存在的突出问题,宜采用( )。
   A. 抽样调查   B. 普查   C. 重点调查   D. 典型调查

14. 我国在2010年11月1日0时进行第六次人口普查,要求所有调查单位的材料在2010年11月10日登记完成,则普查的标准时点是( )。
   A. 2010年11月1日0时   B. 2010年7月10日24时
   C. 2010年11月1日24时   D. 2010年11月10日0时

15. 统计资料整理的关键是( )。
   A. 统计分组   B. 统计汇总
   C. 统计资料审核   D. 填制统计表

16. 对某企业1 000名职工按文化程度分组编制的分配数列,属于( )。
   A. 品质数列   B. 单项数列   C. 变量数列   D. 组距数列

17. 抽样调查必须遵循的原则是( )。
   A. 准确性原则   B. 及时性原则   C. 随机性原则   D. 保密性原则

18. 下列调查中,调查单位与填报单位一致的是( )。
   A. 企业设备调查   B. 人口普查
   C. 农村耕地调查   D. 工业普查

19. 向上累计频数的数值表示( )。
   A. 对应组下限以上的累计次数   B. 对应组上限以下的累计次数
   C. 对应组下限以下的累计次数   D. 对应组上限以上的累计次数

20. 变量数列的两个组成要素是( )。
   A. 各组总体单位数和各组指标数值
   B. 各组指标值和各组频数
   C. 变量所分各组和各组频数
   D. 各组总体单位总量和各组总体标志总量

21. 某自行车生产企业对其产品质量进行调查,调查单位是( )。
   A. 随机抽选的每一辆自行车   B. 每一辆自行车的质量
   C. 该厂生产的每一辆自行车   D. 该自行车生产企业

22. 确定连续型变量的组限时,相邻组的组限必须( )。
   A. 相差1   B. 不等   C. 相等   D. 重叠

23. 变量数列中各组频率的总和应该(   )。
    A. 小于1   B. 等于1   C. 大于1   D. 不等于1
24. 某连续型变量分为五个组,依次为40~50,50~60,60~70,70~80,80以上。按规定(   )。
    A. 50在第一组,70在第四组   B. 60在第二组,80在第五组
    C. 70在第四组,80在第五组   D. 50在第二组,80在第四组
25. 将统计总体按某一标志分组的结果,表现出(   )。
    A. 组内同质性,组间差异性   B. 组内差异性,组间差异性
    C. 组间同质性,组内差异性   D. 组内同质性,组间同质性
26. 填写统计表时,当某项不应该有数字时,应填写(   )。
    A. …   B. —   C. 0   D. 空白
27. 对某市中小企业按销售收入分组编制而成的变量数列中,变量是(   )。
    A. 企业数   B. 各组企业数所占比例
    C. 销售收入   D. 各组销售收入所占比例
28. 统计表按主词栏是否分组,可分为(   )。
    A. 分组表和复合表   B. 简单表和复合表
    C. 简单表和分组表   D. 单一表和一览表
29. 等距分组适合于(   )。
    A. 变量值变化比较均匀的情形
    B. 变量值呈比例变化的情形
    C. 变量值呈急剧变动的情形
    D. 变量值在不同区间代表特定含义的情形
30. 某连续型变量编制的等距数列,其末组为6 000以上。如果其邻近组的组中值为5 600,那么末组的组中值为(   )。
    A. 6 200   B. 6 400   C. 6 600   D. 6 800
31. 编制变量数列时,若遇特大或特小的标志值,应采用(   )。
    A. 闭口组   B. 开口组   C. 单项分组   D. 组距式分组
32. 在同限分组中,若恰有标志值等于组限,应(   )。
    A. 将其归入上限所在组
    B. 将该标志值舍去
    C. 将其归入上限或下限所在组均可
    D. 将其归入下限所在组
33. 20个工人看管的机器台数资料如下:2、5、4、2、3、4、3、4、2、2、4、3、4、6、3、4、4。将上述资料进行统计分组,宜采用(   )。
    A. 单项分组   B. 等距分组   C. 异距分组   D. 组距分组
34. 在某市医疗卫生设备普查中,该市每家医院是(   )。
    A. 调查对象   B. 调查单位   C. 填报单位   D. 总体单位

35. 某市工业企业2022年生产经营情况年报呈报时间规定在2023年1月31日,则调查期限为( )。
   A. 一日　　　　B. 一个月　　　　C. 一年　　　　D. 一年零一个月
36. 统计分组的关键是( )。
   A. 正确选择分组标志　　　　　　B. 合理划分组数
   C. 合理确定组中值　　　　　　　D. 合理确定组距
37. 单项分组适合于( )。
   A. 变量值变动范围较大且取值较为分散的离散型变量
   B. 变量值变动范围小且取值较为集中的离散型变量
   C. 变量值变动范围较小的连续型变量
   D. 变量值变动范围较大的连续型变量
38. 关于统计分组的"互斥性"原则,以下说法正确的是( )。
   A. 一个总体单位只能分在某一个组内
   B. 一个总体单位可以同时分在不同的组
   C. 各组的组限允许重叠
   D. 只能采用异限分组
39. 现实生活中应用最为广泛的非全面调查组织形式是( )。
   A. 普查　　　　B. 重点调查　　　　C. 抽样调查　　　　D. 典型调查
40. 对几个大型化工企业进行调查,以了解污染排放的基本情况,属于( )。
   A. 统计报表　　B. 抽样调查　　　　C. 重点调查　　　　D. 典型调查

二、多项选择题
1. 对连续型变量和离散型变量进行组距式分组,组限的划分在技术上有不同要求。企业按职工人数分组,正确的分组方法应是( )。
   A. 300以下,300~500,…
   B. 300以下,300~500(不含500),…
   C. 300以下,301~500,…
   D. 300以下,310~500,…
   E. 299以下,300~499,…
2. 典型调查属于( )。
   A. 全面调查　　B. 统计报表　　　　C. 专门调查　　　　D. 非全面调查
3. 数值型数据的图示方法主要有( )。
   A. 散点图　　　B. 直方图　　　　　C. 折线图　　　　　D. 气泡图
   E. 雷达图
4. 下列各调查项目宜采用经常性调查的有( )。
   A. 耕地面积　　　　　　　　　　B. 新生婴儿数量
   C. 商品销售数量　　　　　　　　D. 居民消费支出
5. 统计调查按组织形式不同可分为( )。
   A. 专门调查　　B. 全面调查　　　　C. 经常性调查　　　D. 统计报表

6. 编制组距式变量数列主要的步骤有(　　)。
A. 将所有变量值按升序或降序排列,计算全距
B. 确定变量数列的组数,并参考全距和组数确定组距
C. 依次确定各组的组限
D. 汇总各组频数,计算频率,形成组距式变量数列

7. 某市准备对全市民营高科技企业进行一次全面调查,则(　　)。
A. 每个民营高科技企业"拥有的专利数量"是调查项目
B. 每个民营高科技企业既是总体单位,又是调查单位,还是填报单位
C. 全市民营高科技企业总数量是统计指标
D. 全市所有民营高科技企业是调查对象

8. 下列各项中,属于统计指标的有(　　)。
A. 我国 2022 年国内生产总值　　　　B. 某台设备的使用年限
C. 某同学该学期平均成绩　　　　　　D. 某地区原煤总产量
E. 某市年供水总量

9. 普查是(　　)。
A. 专门调查　　　　　　　　　　　　B. 经常调查
C. 一次性调查　　　　　　　　　　　D. 全面调查
E. 获取时点资料

10. 简单分组与复合分组的区别在于(　　)。
A. 总体的复杂程度不同　　　　　　　B. 组数的多少不同
C. 选择分组标志的性质不同　　　　　D. 选择分组标志的数量不同
E. 分组状态的排列形式不同

11. 某班统计学考试成绩资料见表 2-9。

表 2-9　某班统计学考试成绩资料

考试成绩/分	人数	比例/%
60 以下	2	5.88
60~70	8	23.53
70~80	11	32.35
80~90	9	26.47
90 以上	4	11.76
合计	34	100

上表资料可以称为(　　)。
A. 分布数列　　B. 变量数列　　C. 组距数列　　D. 等距数列
E. 异距数列

12. 抽样调查的方法主要有(　　)。
A. 重复抽样　　B. 简单随机抽样　　C. 等距抽样　　D. 不重复抽样

13. 统计分组的作用有( )。
   A. 说明总体的分布情况   B. 划分事物的类型
   C. 研究现象内部结构   D. 研究现象之间的依存关系
14. 常见的抽样组织形式有( )。
   A. 简单随机抽样   B. 等距抽样
   C. 分层抽样   D. 重复抽样
   E. 整群抽样
15. 对原始资料审核的主要内容有( )。
   A. 资料的及时性   B. 资料的准确性
   C. 资料的代表性   D. 资料的完整性
16. 变量数列的构成要素有( )。
   A. 变量所分的各组   B. 频数或频率
   C. 品质标志分组   D. 指标名称
17. 统计调查按收集资料的方法分主要有( )。
   A. 采访法   B. 实验设计法
   C. 直接观察法   D. 问卷调查法
   E. 报告法
18. 组中值的计算方法有( )。
   A. 组中值 = $\dfrac{上限+下限}{2}$ B. 组中值 = 上限 − $\dfrac{组距}{2}$
   C. 组中值 = 上限 + $\dfrac{组距}{2}$ D. 组中值 = 下限 + $\dfrac{组距}{2}$
19. 非全面调查包括( )。
   A. 重点调查   B. 抽样调查   C. 快速普查   D. 典型调查
   E. 统计报表
20. 统计表按主词栏分组的情况不同分为( )。
   A. 简单表   B. 统计报表   C. 简单分组表   D. 整理表
   E. 复合分组表
21. 离散型变量( )。
   A. 分组时,相邻两组的组限必须断开
   B. 分组时,只能编成单项数列
   C. 分组时,既可以编成单项数列,也可以编成组距数列
   D. 按组距式分组时,组距必须相等
   E. 按组距式分组时,相邻两组的组限既可以断开,也可以重叠
22. 下列说法不正确的有( )。
   A. 重点调查是一种非全面调查,既可用于经常性调查,也可用于一次性调查
   B. 抽样调查是非全面调查中最有科学根据的调查方法,因此,它适用于完成任何调查任务
   C. 在非全面调查中,抽样调查最重要,重点调查次之,典型调查最不重要

D. 如果典型调查的目的是近似地估计总体的数值,则可以选择若干中等典型单位进行调查

E. 普查是取得全面统计资料的唯一调查形式

23. 原始资料的最小值可用作最小组的(　　)。

A. 下限　　　　　　B. 上限　　　　　　C. 组中值　　　　　　D. 组距

E. 开口组的上限

24. 已知某车间同工种的 40 名工人完成个人生产定额百分数的情况见表 2-10。

表 2-10　某车间同工种的 40 名工人完成个人生产定额百分数的情况

序号	百分数	序号	百分数	序号	百分数	序号	百分数	序号	百分数	序号	百分数	序号	百分数	序号	百分数
1	97	6	107	11	117	16	105	21	158	26	127	31	92	36	103
2	110	7	114	12	108	17	119	22	125	27	100	32	118	37	105
3	115	8	107	13	115	18	136	23	138	28	108	33	119	38	87
4	126	9	123	14	120	19	129	24	127	29	146	34	103	39	113
5	88	10	137	15	124	20	119	25	112	30	142	35	95	40	104

若据以上资料进行统计分组,则可以采用(　　)。

A. 同限等距分组　　　　　　　　　　B. 异限等距分组

C. 同限异距分组　　　　　　　　　　D. 异限异距分组

E. ABCD 均可

25. 某地区将工业企业进行如下分组。

国有企业:固定资产 5 000 万元以下,固定资产 5 000 万 ~ 50 000 万元,固定资产 50 000 万元以上。

非国有企业:固定资产 2 000 万元以下,固定资产 2 000 万 ~ 10 000 万元,固定资产 10 000 万元以上。

上述分组属于(　　)。

A. 选择两个标志进行的复合分组

B. 选择两个标志进行的平行分组

C. 选择一个品质标志和一个数量标志进行的复合分组

D. 按两个可变标志进行的复合分组

26. 对某行业所属企业利润计划完成情况资料进行如下分组。

第一种:100%以下,100% ~ 110%,110%以上。

第二种:80%以下,80.1% ~ 90%,90.1% ~ 100%,100.1% ~ 110%,110.1%以上。

第三种:80%以下,80% ~ 90%,90% ~ 100%,100% ~ 110%,110%以上。

第四种:85%以下,85% ~ 95%,95% ~ 105%,105% ~ 115%,115%以上。

这四种分组中(　　)。

A. 第一种是正确的　　　　　　　　　B. 第二种是错误的

C. 第三种是错误的　　　　　　　　　D. 第四种是错误的

E. 都是错误的

27. 抽样调查与重点调查的主要区别有( )。
   A. 选取调查单位的多少不同
   B. 选取调查单位的方法不同
   C. 取得资料的方法不同
   D. 使用调查资料所要达到的目的不同

28. 调查居民消费心理,宜采用( )。
   A. 全面调查　　　B. 非全面调查　　　C. 抽样调查　　　D. 一次性调查
   E. 专门调查

29. 全国工业普查中( )。
   A. 每一个工业企业都是调查单位　　　B. "企业增加值"是调查项目
   C. 每一个工业企业都是报告单位　　　D. 所有工业企业是统计总体
   E. 每一个工业企业都是总体单位

30. 异限分组的情况下,组距的计算方法有( )。
   A. 本组上限减去相邻上一组上限　　　B. 本组上限减去相邻下一组上限
   C. 本组上限减去本组下限再加 1 　　　D. 本组上限减去本组下限

31. 统计表的主词栏可以是( )。
   A. 总体各单位的名称　　　　　　　B. 总体按若干标志所分的各组
   C. 计量单位栏　　　　　　　　　　D. 指标数值
   E. 现象所处的不同时间

32. 不同社会经济现象都有其特定的分布类型。常见的频数分布类型主要有( )。
   A. 钟形分布　　　B. S 型分布　　　C. 双曲线分布　　　D. J 型分布
   E. U 型分布

三、判断题

1. 调查单位、填报单位就是总体单位。　　　　　　　　　　　　　　　　　　( )
2. 统计调查的目的就是获取反映总体特征的指标数值。　　　　　　　　　　　( )
3. 第六次全国人口普查的标准时点是 2010 年 11 月 1 日 0 时,11 月 5 日到某户登记时得知该户 11 月 2 日死去 1 人,死去的人应该登记。　　　　　　　　　　　　( )
4. 向上累计频数是对频数由变量值低的组向变量值高的组依次进行累加。　　( )
5. 统计分组是统计整理的关键,正确选择分组标志又是统计分组的关键。　　( )
6. 样本容量也叫抽样数目,是指抽样过程中可能产生的样本组合数。　　　　( )
7. 重点调查中的重点单位是指总体单位的标志值在所研究的标志值总和中占有绝对比重。　　　　　　　　　　　　　　　　　　　　　　　　　　　　　　( )
8. 在编制变量数列时,若资料中有特大或特小的极端数值,宜采用开口组。　( )
9. 抽样调查必须遵循的基本原则是准确性原则。　　　　　　　　　　　　　( )
10. 组距式分组时,开口组的组距等于相邻组。　　　　　　　　　　　　　　( )
11. 一次性调查是指在时间上可以间断的统计调查,一般用来收集时点资料。
　　　　　　　　　　　　　　　　　　　　　　　　　　　　　　　　　　( )

12. 组距式分组时,代表质变的数据必须作为组限。 （　　）
13. 同限分组,需遵循"上限不在内"的原则。 （　　）
14. 抽样调查中的总体是确定的、唯一的,而样本带有随机性、不确定性。 （　　）
15. 统计分组是在某一标志下,把性质相同或相近的总体单位合在一个组内,而把性质不同的总体单位分在不同的组内。 （　　）
16. 普查是一种经常性的全面调查。 （　　）
17. 统计报表和普查都属于全面调查,它们之间有时可以相互替代。 （　　）
18. 统计分组的"互斥性"就是要保证任何一个总体单位都不能分在两个或更多的组里。 （　　）
19. 抽样调查的数据可以用来检查和修正全面调查特别是普查的数据。 （　　）
20. 向下累计频数的结果表示对应组上限以上的累计次数。 （　　）
21. 调查单位是调查资料的承担者。 （　　）
22. 用两个不同标志对同一个总体加以分组,称为复合分组。 （　　）
23. 与普查相比,抽样调查的规模小,组织方便,省时省力,所以调查项目可以多一些。 （　　）
24. 调查项目就是指标的名称。 （　　）
25. 统计调查的任务是收集所有总体单位的原始资料。 （　　）
26. 抽样方法不重复的情况下,每一次抽样时的总体单位数量始终保持不变。 （　　）
27. 一次性调查主要用来收集时期性资料。 （　　）
28. 洛伦兹曲线实际上就是累计频率分布曲线。 （　　）
29. 确定统计调查对象就是为统计调查划定一个合理范围。 （　　）
30. 组距数列的组数一般为5~8个,特殊情况下也可以小于5个组或大于8个组。 （　　）

四、简答题

1. 什么叫统计调查？统计调查怎样分类？
2. 什么叫抽样调查？抽样调查有何特征？
3. 抽样调查适用于什么情况？
4. 常用的参数和统计量分别有哪些？
5. 统计调查方案包括哪些内容？
6. 统计整理的内容和步骤包括哪些内容？
7. 什么叫统计分组？统计分组有何作用？
8. 正确选择分组标志应遵循哪些原则？
9. 编制组距数列有哪几个步骤？
10. 设计统计图应注意哪些问题？
11. 设计统计表有哪些要求？

五、综合应用题

某企业 120 个工人 3 月份生产某种产品的数量见表 2-11。

表 2-11　某企业 120 个工人 3 月份生产某种产品的数量　　　　　　　　单位：件

序号	数量	序号	数量	序号	数量	序号	数量	序号	数量	序号	数量	序号	数量	序号	数量
1	103	16	114	31	90	46	129	61	85	76	105	91	134	106	124
2	114	17	114	32	106	47	115	62	117	77	118	92	108	107	106
3	104	18	125	33	125	48	90	63	129	78	121	93	97	108	85
4	138	19	113	34	118	49	107	64	104	79	101	94	114	109	71
5	104	20	94	35	87	50	98	65	114	80	90	95	118	110	118
6	118	21	104	36	110	51	124	66	114	81	112	96	117	111	104
7	117	22	118	37	108	52	98	67	95	82	98	97	113	112	115
8	108	23	105	38	113	53	85	68	134	83	99	98	124	113	112
9	86	24	123	39	124	54	106	69	103	84	108	99	104	114	116
10	110	25	108	40	138	55	85	70	84	85	120	100	126	115	75
11	70	26	98	41	100	56	104	71	88	86	116	101	99	116	100
12	108	27	113	42	95	57	109	72	106	87	126	102	115	117	104
13	97	28	106	43	126	58	103	73	94	88	115	103	134	118	128
14	110	29	91	44	97	59	114	74	110	89	125	104	107	119	102
15	100	30	86	45	89	60	105	75	124	90	133	105	131	120	98

（1）根据以上资料，采用等距分组把产量分成 6 组。

（2）在等距分组的基础上，编制变量数列表。

（3）在变量数列基础上，计算向上、向下累计频数以及向上、向下累计频率。

（4）绘制工人月产量分布的直方图、折线图和饼图，并绘制累计频数和累计频率分布图。

数据分析特征描述

知识目标

1. 理解总量指标的概念、作用及种类。
2. 掌握6种相对指标的概念和计算方法。
3. 掌握数值平均数和位置平均数的计算方法。
4. 了解平均差的含义,掌握标准差、方差的计算方法和运用方法。
5. 掌握标志变异系数的计算方法。

技能目标

1. 能用相对指标解读社会经济发展报告、企业年报等数据分析报告。
2. 能用指标对社会经济现象进行简单分析。
3. 能用Excel对数据分析特征进行描述分析。

课程思政目标

让学生了解数据的特点、类型、来源和可靠性等方面的知识,培养他们的数据意识和数据素养,提高分析数据的能力,以便在日常生活和工作中能够更好地利用数据解决问题。通过对社会经济热点问题中的数据进行分析和特征描述,树立爱国主义情怀和社会主义制度自信。

案例引入

从数据看十年来江苏人民生活新变化

党的十八大以来,江苏坚持以习近平新时代中国特色社会主义思想为指导,深入贯彻习近平总书记对江苏工作重要指示精神,完整、准确、全面贯彻新发展理念,坚定践行以人民为中心的发展思想,积极应对复杂严峻的宏观经济环境和前所未有的风险挑战,扎实推动共同富裕,出台一系列惠民、利民、富民政策,切实解决群众急难愁盼问题,让高质量发展成果更多更公平惠及全省人民,高水平全面建成小康社会,人民生活水平持续提升,基本公共服务体系更加完善,民生福祉不断增进,人民群众的获得感、幸福感、安全感显著增强。

一、居民收入较快增长,收入分配状况持续改善

居民收入迈上新台阶。多措并举推动富民增收,居民分享到更多改革发展的红利,居民收入增长与经济增长基本同步。全省居民人均可支配收入从2012年的2.24万元提升

至2016年的3.21万元、2019年的4.14万元,再提升至2021年的4.75万元,十年累计增长1.12倍,年均增长8.7%。居民收入水平位居全国前列,2021年居民人均可支配收入比全国平均水平高12 370元,在全国各省(区)中列第2位。

居民收入来源更加多元。居民收入渠道不断拓宽,收入结构逐步优化。2021年,全省居民人均工资性收入26 721元,占人均可支配收入的比重为56.3%,比2012年下降1.5个百分点;人均经营净收入6 215元,占比为13.1%,下降3.2个百分点。随着投资渠道多样化和转移性支付力度的加大,居民财产性和转移性收入较快增长、占比扩大。2021年人均财产净收入5 316元,占比为11.2%,提高2.7个百分点;人均转移净收入9 247元,占比为19.5%,提高2个百分点;居民财产净收入和转移净收入对居民增收的贡献率分别为14.1%和23.2%,较2012年分别提升10.2个和5.9个百分点。

居民收入差距持续缩小。全面实施乡村振兴战略,进一步巩固脱贫攻坚成果,扎实推进新型城镇化建设,有力促进了农民收入的较快增长,城乡居民收入差距不断缩小。全省城镇居民人均可支配收入由2012年的2.88万元提升至2021年的5.77万元,年均增长8%;农村居民人均可支配收入由1.21万元提升至2.68万元,年均增长9.2%,高于城镇居民1.2个百分点;城乡居民收入比由2012年的2.37∶1缩小至2021年的2.16∶1,是全国城乡收入差距较小的地区之一。区域收入结构改善,苏南、苏中、苏北城镇居民收入比由2012年的1.80∶1.33∶1下降到2021年的1.74∶1.32∶1,农村居民收入比由1.68∶1.23∶1下降到1.60∶1.21∶1。中低收入群体收入较快增长。按照收入五等份分组的最低收入组家庭人均可支配收入年均增长11.1%,高于最高收入组家庭3.4个百分点。高、低收入组居民收入之比逐步缩小。2020年年底,254.9万农村建档立卡低收入人口全部实现不愁吃不愁穿,全面实现义务教育、基本医疗、住房安全和饮水安全保障,年人均收入达6 000元以上。

二、居民消费结构优化,人民生活质量持续提升

居民消费支出较快增长。全省居民人均生活消费支出由2012年的1.65万元增加至2021年的3.15万元,累计增长90.6%,年均增长7.4%。其中城镇居民人均消费支出由2.06万元增加至3.66万元,累计增长77.7%,年均增长6.6%;农村居民人均消费支出由0.99万元增加至2.11万元,累计增长1.13倍,年均增长8.8%,高于城镇居民2.2个百分点。居民恩格尔系数由2012年的30%下降至2021年的27.5%,按照联合国标准,江苏居民生活总体上进入殷实富足阶段。

消费结构优化升级。食品消费品质提升。2021年,全省居民人均消费粮食126.8千克,比2013年下降2.0千克;消费油脂类10.1千克,比2013年下降4.4千克。人均消费蔬菜及制品121.6千克,消费肉类及制品33.9千克,消费水产品22.1千克,消费蛋类及制品14.1千克,分别比2013年增加7.9千克、6.7千克、5.2千克及4.6千克。随着居民收入水平提高和服务消费市场供给的增加,居民服务性消费较快增长,发展享受型消费比重提高。2021年,居民人均服务性消费支出14 008元,占居民消费支出比重达56.1%。2013—2021年,江苏居民人均交通通信支出、医疗保健支出年均分别增长8.1%、9.7%,占人均消费支出的比重分别比2012年提升0.8个、1.3个百分点。

消费品市场繁荣稳定。2021年全省社会消费品零售总额迈上4万亿元新台阶,达

42 703亿元,2013—2021年年均增长9.4%。网络消费快速增长,2021年网上零售额突破万亿元大关,达10 871亿元,2016—2021年年均增长22%;其中实物商品网上零售额9 527亿元,2016—2021年年均增长23%。新兴消费需求快速发展,绿色低碳正逐渐融入百姓生活,节能家电、新能源汽车成为热门产品,全省新能源汽车保有量由2012的0.4万辆增加至2021年的50.5万辆。

三、居民生活条件大为改观,人居环境日新月异

生活家电全面普及,耐用消费品升级换代。2021年,全省居民家庭平均每百户拥有空调217.6台,电冰箱111.8台,彩电160.4台,热水器100.3台,洗衣机104.1台,比2013年分别增加69.6台、16.5台、3.9台、6.4台、9.7台。2021年,全省城镇、农村每百户家庭拥有家用汽车分别为54.5辆、33.3辆,比2013年分别增长76.8%、360%。

城乡基础设施日臻完善,服务功能更加完备。加快现代综合交通运输体系建设,运输服务供给能力不断增强,居民出行需求得到有效满足。截至2021年年底,全省综合交通网(不含管道)总规模达到18.7万千米,网络密度达182千米/百平方千米。全省13个设区市全部通动车,高铁里程由2012年年底的627千米增至2 212千米。2012年以来建成过江通道8条。2021年年末高速公路里程5 023千米,城乡公交乡镇、行政村全通达。2021年年末城市轨道交通运营线路长度953千米,是2012年年末的8.7倍。随着网络消费的蓬勃发展,全省移动电话用户数突破1亿户,比2012年净增2 708万户。

美丽江苏建设成效明显,人居环境得到改善。打好污染防治攻坚战,推动节能减排,大气、水质等生态环境质量持续改善,"环境美"的底色更加靓丽。2012—2021年,全省$PM_{2.5}$平均浓度下降54.8%,降至33微克每立方米,首次以省为单位达到国家空气质量二级标准。空气优良天数比率提高22.1个百分点,达82.4%;国考断面优Ⅲ比例提升43.7个百分点,达87.1%,劣Ⅴ类断面全面消除。江苏天更蓝、地更绿、水更清,人民群众对生态环境获得感日益增强,2021年度社会公众生态环境满意率达93.6%。市政基础设施现代化水平显著提升。公共供水服务实现城乡人口全覆盖,自来水深度处理率达98.7%,建成城镇污水处理厂908座。全面实施苏北农房改造工程,累计30余万户农民群众住房条件得到改善。

四、基本公共服务加快完善,民生实事扎实推进

教育现代化加快推进。2021年年末,全省拥有普通高等学校168所;普通中学达到2 895所,比2012年增加235所;拥有105万名各类专任教师,比2012年增加25.5万人。全省15岁及以上人口的平均受教育年限由2010年的9.3年上升至2020年的10.2年,每10万人中拥有大学文化程度人口由10 820人增加到18 663人。

就业质量不断提升。全省从业人数由2012年年末的4 771万人增加到2021年的4 863万人,净增就业92.3万人。就业渠道拓宽,服务业吸纳就业能力提高,2021年一、二、三产业从业人员占比分别为13.0%、40.2%、46.8%。城镇就业总体稳定,城镇调查失业率保持在较低水平。

医疗服务体系更趋完善。持续推进健康江苏建设,公共卫生服务体系全面加强,应对突发公共卫生事件的能力大幅提高,有力保障了人民群众的身体健康。2021年年末,全省卫生机构达3.6万个,比2012年增加5 394个。每万人拥有医师数由2012年的19.5人

增加到2021年末的32.1人,增长64.6%。2020年,人口平均预期寿命达79.3岁,比2010年提高2.7岁,比全国平均水平高出1.4岁。

养老托育服务明显提升。截至2021年年底,全省共建成在业养老机构2 240家,养老床位74.3万张,每千名老年人拥有养老床位近40张。建成居家社区养老服务中心(站)近2万个,已有290万老年人享受居家养老上门服务。截至2021年年底,全省共有幼儿园8 116所,比2012年增加3 724所,普惠性幼儿园覆盖率超过90%。

社会保障网织密扎牢。实施全民参保计划,2021年年末,参加城乡基本养老保险人数5 965万人,比2012年年末增长25%;参加基本医疗保险人数8 063.8万人,比2012年增长9.4%;参加生育保险人数2 095万人,比2012年增长64.1%。社会保障兜底网更加牢固有力,全省城乡低保统一标准从每人每月不低于240元提高到803元,年均增速达到14.4%。

(案例来源:http://tj.jiangsu.gov.cn/art/2022/9/1/art_87595_10687924.html)

思考题

1. 针对居民收入差距问题,你能否提出一些对策与建议?
2. 上述资料可以用哪几种相对指标进行分析?分析时应该注意哪些问题?
3. 选择合适的方法,分别对上述指标进行几种平均数的计算,并就结果进行比较。
4. 上述资料可以用标志变异指标来分析吗?
5. 你认为除了你所选用的静态分析方法以外,还有更好的方法吗?为什么?

课程任务

任务一　统计知识

本任务主要涉及总量指标、相对指标、平均指标、变异指标以及偏度和峰度指标等内容。

一、总量指标

1. 总量指标的概念及作用

总量指标又称为数量指标、绝对指标、绝对数,是说明事物在特定条件下达到的总规模、总水平或工作总量的统计指标,如GDP、销售收入、净利润等。

2. 总量指标的分类

(1) 总量指标按说明总体的内容不同,分为总体单位总量和总体标志总量。

(2) 总量指标按说明总体的时间状况不同,分为时期指标和时点指标。

时期指标与时点指标的区别:① 时期指标的原始资料需要连续登记;而时点指标的原始资料不需要连续登记。② 时期指标数值的大小与时间间隔长短有直接关系;时点指标数值的大小与时间间隔长短无直接关系。③ 时期指标数值既可以纵向相加,也可以横向相加;时点指标数值不能纵向相加,但可以横向相加。④ 时期指标数值随时间变化只增加不减少,而时点指标数值随时间变化既有增加也有减少。

3. 总量指标的计算方法

(1) 直接计算方法。

在统计整理阶段,通过汇总总体单位数、标志值获得有关总量指标。

(2) 推算和估算法。

推算和估算法都是基于已知数据或信息进行推断或估计的方法。推算是指根据原来已知的事物数量来推理估计现在的事物和数量是多少,是用依据来推断的。估算是根据主观经验或观察来推断未知量或因素,比如对某个地区的经济总量、人口数量等进行大致的估算。推算和估算法都是基于一定的依据或经验来进行推断或估计的方法,可以用于数据分析、预测、决策等领域。根据其依据的推理估计方式不同,推算法又分为平衡推算法、因素推算法、抽样推算法和插值推算法。

平衡推算法:根据相互依存的平衡关系来推算所缺的有关指标的方法。例如,利用海因里希关于重伤死亡、轻伤和无伤害事故的比例为1∶29∶300的规律,在已知重伤死亡事故数据的情况下,可推算出轻伤和无伤害事故数据。

因素推算法:根据客观现象内部各因素之间的联系,从已知因素的统计信息来推算未知因素指标的方法。

抽样推算法:在抽样调查中,用样本指标数估计或推算总体总量指标的方法。它是统计推断的一个重要内容。

插值推算法:在离散数据的基础上补插连续函数,使得这条连续曲线通过全部给定的离散数据点。插值是离散函数逼近的重要方法。通过函数在有限个点处的取值情况,用插值法估算函数在其他点处的近似值。

这些方法在数学建模、统计分析等领域都有广泛的应用。需要注意的是,这些方法的运用需要一定的数学和统计基础,同时还需要对所研究的现象有深入的理解。

4. 总量指标的计量单位

(1) 实物单位:自然单位、度量衡单位、双重单位和标准实物单位。

(2) 劳动时间单位。

(3) 价值单位。

二、相对指标

1. 相对指标的概念

(1) 相对指标的概念及基本公式。

相对指标亦称"统计相对数",两个有联系的现象数值相比得到的比率,反映现象的发展程度、结构、强度、普遍程度或比例关系。相对指标分为结构相对数、强度相对数、比较相对数、比例相对数、动态相对数、计划完成相对数等。

$$相对指标(相对数) = \frac{比数(子项)}{基数(母项)} \times 100\%$$

(2) 相对指标的表现形式。

相对指标有无名数和有名数两种具体表现形式。无名数有系数、倍数、百分数或千分数等;有名数是将相对指标中比数与基数指标的计量单位同时保留,是一种复合单位。

2. 相对指标的计算

(1) 计划完成程度相对指标。

① 计划完成程度相对指标的概念及基本公式。

计划完成程度相对指标简称"计划完成程度指标""计划完成百分比",是社会经济现象在某时期内实际完成数值与计划任务数值对比的结果,一般用百分数来表示。计划完成程度相对指标是用来检查、监督计划执行情况的相对指标。它通过现象在某一段时间内的实际完成数与计划数的对比来观察计划完成程度。

$$计划完成程度相对指标 = \frac{实际完成数}{计划完成数} \times 100\%$$

当计划完成数为绝对数或平均数时,可以直接使用上述公式计算计划完成程度相对指标。

② 计划完成数为增减百分数。

如果计划完成数是以上一年为基数,在上一年基础上提高或降低相应的百分数,计划完成程度相对指标应调整为按如下公式计算。

$$计划完成程度相对指数 = \frac{实际达到上一年的百分数}{计划达到上一年的百分数} \times 100\% = \frac{1 \pm 实际\frac{提高}{降低}百分数}{1 \pm 计划\frac{提高}{降低}百分数} \times 100\%$$

③ 百分点。

百分点是指不同时期以百分数的形式表示的相对指标(如速度、指数、构成等)的变动幅度,是用以表达不同百分数之间的"算术差距"(差)的单位。

计划完成程度相对指标的评价标准。产出成果类指标:该类指标的计划完成数代表最低控制数,以实际完成数大于计划完成数为好,计划完成程度相对指标大于100%为好,超出100%的部分为超额完成任务的部分。消耗成本类指标:该类指标的计划完成数代表最高控制数,以实际完成数低于计划完成数为好,计划完成程度相对指标小于100%为好,不足100%的部分为节约部分。

④ 计划完成进度的计算。

$$计划完成进度 = \frac{期初至检查之日止累计实际完成数}{全期计划数} \times 100\%$$

⑤ 中长期计划的检查。

(i) 水平法

$$中长期计划完成程度 = \frac{中长期计划最后一年实际完成数}{中长期计划数} \times 100\%$$

注意:提前确定时间。

(ii) 累计法

$$中长期计划完成程度 = \frac{中长期计划各年累计实际完成数}{中长期计划数}$$

注意:提前确定时间。

水平法一般应用于较为稳定且增减变动较为确定的指标;而累计法应用于增减变动

不确定的指标。

(2) 结构相对指标：部分与全体对比的结果，其值小于100%。

$$结构相对指标 = \frac{总体某一组的数量}{总体的总数量} \times 100\%$$

(3) 比例相对指标：总体内各部分之间的比值。

$$比例相对指标 = \frac{总体某一组的数量}{总体另一组的总数量}$$

(4) 比较相对指标：

$$比较相对指标 = \frac{某一总体的指标数值}{同一时间下另一总体的同类指标数值}$$

比较相对指标属于横向比较。

(5) 强度相对指标：

$$强度相对指标 = \frac{某一总体的总量}{另一性质不同而又有联系的总体的总量}$$

强度相对指标有时用无名数表示，有时用有名数表示。此外，强度相对指标还有正指标和逆指标之分。

(6) 动态相对指标：

$$动态相对指标 = \frac{现象在报告期的指标数值}{现象在基期的指标数值} \times 100\%$$

动态相对指标属于纵向比较。

注意：理解各种相对指标的关键在于正确把握各指标子项、母项之间的关系。子项与母项属于同一总体的有计划完成程度相对指标、结构相对指标、比例相对指标、动态相对指标；子项与母项可以交换位置的有比例相对指标、比较相对指标和强度相对指标。

3. 计算和运用相对指标应注意的问题

正确选择基数；注意比数、基数之间的可比性；相对指标与总量指标结合运用；相对指标与相对指标结合运用。

三、平均指标

1. 平均指标的概念及特征

平均指标亦称"平均数"，反映同质总体内各单位某一数量标志的一般水平。

平均指标具有以下两个特征：① 表明变量值的一般水平或集中趋势，是一个代表值；② 把总体单位之间的差异抽象化了。

平均指标可用来比较不同时间、地点或部门之间同类现象水平的高低，分析现象间的相互联系，估计和推算其他有关指标，如用样本平均每亩产量乘收获面积估算农作物总产量。现象的同质性是计算平均数的前提条件，只有在同质总体内才能计算平均数。

2. 平均指标的分类

(1) 平均指标按计算方法不同，分为算术平均数、调和平均数、几何平均数、中位数和众数。

(2) 平均指标按反映的时间状况不同，分为静态平均数和动态平均数。

3. 算术平均数

$$\text{算术平均数} = \frac{\text{总体标志总量}}{\text{总体单位总量}}$$

算术平均数与强度相对指标的区别和联系如下：

区别：① 算术平均数是同一总体的标志总量除以总体单位总量的结果；而强度相对指标是两个性质不同总体的总量指标进行对比的结果。② 算术平均数的分子、分母之间存在一一对应关系；而强度相对指标的分子、分母之间不存在一一对应关系。

联系：某些强度相对指标带有平均的意思。

（1）简单算术平均数：

$$\bar{x} = \frac{x_1 + x_2 + x_3 + \cdots + x_n}{n} = \frac{\sum_{i=1}^{n} x_i}{n} = \frac{\sum x}{n}$$

注意：$\sum_{i=1}^{n} x_i$ 往往简单记为 $\sum x$，后文类似符号不再特别说明。

（2）加权算术平均数：

$$\bar{x} = \frac{x_1 f_1 + x_2 f_2 + x_3 f_3 + \cdots + x_n f_n}{f_1 + f_2 + f_3 + \cdots + f_n} = \frac{\sum_{i=1}^{n} x_i f_i}{\sum_{i=1}^{n} f_i} = \frac{\sum xf}{\sum f}$$

加强算术平均数的变形：

$$\bar{x} = \frac{x_1 f_1 + x_2 f_2 + x_3 f_3 + \cdots + x_n f_n}{f_1 + f_2 + f_3 + \cdots + f_n}$$

$$= x_1 \cdot \frac{f_1}{\sum f} + x_2 \cdot \frac{f_2}{\sum f} + x_3 \cdot \frac{f_3}{\sum f} + \cdots + x_n \cdot \frac{f_n}{\sum f}$$

$$= \sum \left(x \cdot \frac{f}{\sum f} \right)$$

从变形公式可以看出，加权算术平均数的影响因素有两个：各组变量值和各组频率。

4. 调和平均数

（1）简单调和平均数：

$$\bar{x}_H = \frac{1}{\dfrac{\dfrac{1}{x_1} + \dfrac{1}{x_2} + \dfrac{1}{x_3} + \cdots + \dfrac{1}{x_n}}{n}} = \frac{n}{\sum \dfrac{1}{x}}$$

（2）加权调和平均数：

$$\bar{x}_H = \frac{1}{\dfrac{\dfrac{1}{x_1} \cdot m_1 + \dfrac{1}{x_2} \cdot m_2 + \dfrac{1}{x_3} \cdot m_3 + \cdots + \dfrac{1}{x_n} \cdot m_n}{m_1 + m_2 + m_3 + \cdots + m_n}} = \frac{\sum m}{\sum \dfrac{m}{x}} \quad (m = xf)$$

注意:算术平均数与调和平均数都是用总体标志总量除以总体单位总量。所不同的是,二者的表现形式不同,即它们的具体运用条件不一样。

算术平均数与调和平均数的运用条件:① 已知变量值 x 及其对应的频数 f,计算算术平均数。如果频数 f 完全相等,采用简单算术平均法;如果频数 f 不完全相等,采用加权算术平均法。由此得出推论:简单算术平均数是加权算术平均数的特殊形式。② 已知变量值 x 及其对应的标志总量 $m(m=xf)$,计算调和平均数。如果标志总量 $m(m=xf)$ 完全相等,采用简单调和平均法;如果标志总量 $m(m=xf)$ 不完全相等,采用加权调和平均法。由此得出推论:简单调和平均数是加权调和平均数的特殊形式。

5. 几何平均数

(1) 简单几何平均数:

$$\bar{x}_G = \sqrt[n]{x_1 \cdot x_2 \cdot x_3 \cdots x_n} = \sqrt[n]{\prod x_i}$$

(2) 加权几何平均数:

$$\bar{x}_G = \sqrt[\Sigma f]{x_1^{f_1} \cdot x_2^{f_2} \cdot x_3^{f_3} \cdots x_n^{f_n}} = \sqrt[\Sigma f]{\prod x_i^{f_i}}$$

几何平均数的运用条件:若干连续比率的连乘积等于某个总比率,求平均比率须采用几何平均数。几何平均数主要用来计算平均发展速度、连续作业车间(工序)的平均合格率以及按复利计算利息的平均利率等。

6. 位置平均数

(1) 中位数。

① 根据未经分组的原始数据确定中位数。

② 根据变量数列确定中位数。

对于单项式变量数列,中位数正好是累计频数刚好超过 $\dfrac{\Sigma f}{2}$ 的那一组的变量值。

对于组距式变量数列,用插值推算法按比例计算中位数的近似值。

下限公式:

$$M_e = L + \dfrac{\dfrac{\Sigma f}{2} - S_{M_e-1}}{f_{M_e}} \times d$$

式中:中位数所在组下限是 L,S_{M_e-1} 表示中位数所在组的前一组的累计频数,d 表示组距。

上限公式:

$$M_e = U - \dfrac{\dfrac{\Sigma f}{2} - S_{M_e+1}}{f_{M_e}} \times d$$

式中:中位数所在组上限是 U,S_{M_e+1} 表示中位数所在组的后一组的累计频数,d 表示组距。

(2) 众数。

单项式变量数列中,频数最多或频率最高的变量值即众数。

对于组距式变量数列,用相应的公式近似地确定众数。

下限公式：

$$M_o = L + \frac{f_{M_e} - f_{M_e-1}}{(f_{M_e} - f_{M_e-1}) + (f_{M_e} - f_{M_e+1})} \times d$$

上限公式：

$$M_o = U + \frac{f_{M_e} - f_{M_e+1}}{(f_{M_e} - f_{M_e-1}) + (f_{M_e} - f_{M_e+1})} \times d$$

式中：中位数所在组下限是 L，上限是 U，f_{M_e} 表示中位数所在组的频数，f_{M_e-1} 表示中位数所在组的前一组的频数，f_{M_e+1} 表示中位数所在组的后一组的频数。

7. 几种平均数之间的关系

（1）算术平均数、调和平均数、几何平均数习惯称为计算平均数。三种计算平均数均有特定的应用条件，掌握资料的特点不同，计算平均数的方法是有差异的。

（2）三种计算平均数均受极端变量值的影响，在无明显极端值的情况下更适合用计算平均数。位置平均数不受极端变量值的影响，在有明显极端值的情况下更适合用位置平均数。其中，集中趋势很明显的用众数，集中趋势不明显的用中位数。

（3）有人认为根据同一资料计算的算术平均数、调和平均数和几何平均数之间存在如下关系：算术平均数最大，几何平均数次之，调和平均数最小。这一结论在数学上有效，但在统计上无效。

（4）众数、中位数和算术平均数的关系。在对称的正态分布条件下，算术平均数、中位数和众数三者完全相等，即 $\bar{x} = M_e = M_o$。在非对称分布的情况下，众数、中位数和算术平均数三者的差别取决于分布的偏斜程度，分布偏斜的程度越大，它们之间的差别越大。当频数分布呈右偏（正偏）时，算术平均数受极大值的影响而最大，众数最小，此时有 $\bar{x} > M_e > M_o$；当频数分布呈左偏（负偏）时，算术平均数受极小值的影响而最小，众数最大，此时有 $\bar{x} < M_e < M_o$。但无论是哪种分布特征，中位数始终介于众数和平均数之间。

四、变异指标

1. 变异指标的概念及作用

变异指标是反映总体各单位标志值的差异程度或离散程度的指标，是总体数量特征的另一种数学描述。要进一步掌握和描述变量分布的数量特征就需要计算变量的离中趋势的代表值（变异指标），它是与变量分布集中趋势的代表值（平均指标）相辅相成、共同反映变量分布规律的一对对立统一的数量代表值。

变异指标的作用主要有：① 衡量和比较平均数的代表性；② 反映现象活动过程的均衡性、节奏性或稳定性；③ 研究变量值分布偏离正态的状况；④ 为统计推断提供依据。

2. 极差

$$R = x_{\max} - x_{\min}$$

3. 平均差

（1）简单算术平均差：

$$A.D. = \frac{\sum |x - \bar{x}|}{n}$$

(2) 加权算术平均差:

$$A.D. = \frac{\sum |x - \bar{x}|f}{\sum f}$$

4. 方差与标准差

简单算术方差:

$$\sigma^2 = \frac{\sum (x - \bar{x})^2}{n}$$

简单算术标准差:

$$\sigma = \sqrt{\frac{\sum (x - \bar{x})^2}{n}}$$

加权算术方差:

$$\sigma^2 = \frac{\sum (x - \bar{x})^2 f}{\sum f}$$

加权算术标准差:

$$\sigma = \sqrt{\frac{\sum (x - \bar{x})^2 f}{\sum f}}$$

注意:根据样本数据计算方差和标准差时,分母应该是 $n-1$ 或 $\sum f - 1$,即样本方差和标准差的自由度为 $n-1$ 或 $\sum f - 1$,但当 n 或 $\sum f$ 很大时,可以忽略 n 或 $\sum f$ 与自由度 $n-1$ 或 $\sum f - 1$ 之间的差异。

两个简法计算公式(适用于手工计算具有一定特殊性的数据,实质上与前面所说的加权算术平均数、加权算术标准差一致)。

适用于组距数列的加权算术平均数的简法计算公式:

$$\bar{x} = \frac{\sum \left(\frac{x-A}{d}\right)f}{\sum f} \times d + A$$

适用于组距数列的加权算术标准差的简法计算公式:

$$\sigma = \sqrt{\frac{\sum \left(\frac{x-A}{d}\right)^2 f}{\sum f} - \left[\frac{\sum \left(\frac{x-A}{d}\right)f}{\sum f}\right]^2} \times d$$

式中:A 代表最接近平均水平的组中值,d 代表组距。

5. 变异系数

$$V_\sigma = \frac{\sigma}{\bar{x}} \times 100\%$$

计算变异系数或标准差系数是基于以下两个理由：① 对于不同性质的现象，绝对变异指标(标准差)不能直接比较总体内部的差异程度及平均指标对总体的代表性大小(可能量纲都完全不同)；② 对于性质相同的现象，在平均水平不一致的情况下，绝对变异指标(标准差)也不能比较总体内部的差异程度及平均指标对总体的代表性大小。

五、变量分布的偏度和峰度

1. 偏度指标

$$K_\alpha = \frac{U_3}{\sigma_3} = \frac{\sum (x-\bar{x})^3 f}{\sigma^3 \sum f}$$

$K_\alpha > 0$，表示变量分布呈正偏形态；$K_\alpha = 0$，表示变量分布呈对称形态；$K_\alpha < 0$，表示变量分布呈负偏形态。

2. 峰度指标

$$K_\beta = \frac{U_4}{\sigma_4} = \frac{\sum (x-\bar{x})^4 f}{\sigma^4 \sum f}$$

峰度系数的标准值为3。如果峰度系数大于3，频数分布接近于尖峰形态，变量值分布很集中；如果峰度系数等于3，频数分布呈正态分布；如果峰度系数小于3，频数分布接近于平顶形态，变量值分布很分散。

任务二 统计实验

一、实验目的

掌握借助 Excel 计算平均指标、变异指标等描述统计分析指标的方法，能够通过这些指标对一组数据的基本特征做出定量分析。

二、实验内容

(1) 使用 Excel 函数计算一组数据的统计指标，包括算术平均数、调和平均数、几何平均数、众数、中位数、标准差、方差、偏度、峰度等。

(2) 使用描述统计工具获得一组数据的常用统计指标。

(3) 正确理解各指标的含义，借助统计指标分析数据的分布特征。

三、实验操作

1. 计算未分组资料的描述统计指标

对未分组数据资料进行描述统计指标计算，有两种方法：函数方法和描述统计工具方法。

(1) 函数方法。

常用于描述统计指标计算的 Excel 函数见表3-1。其中，样本标准差和总体标准差的计算说明见提示3.1。

表 3-1　常用于描述统计指标计算的 Excel 函数

分类	指标名称	Excel 函数	说明
平均指标	算术平均数	AVERAGE	返回一组数据的算术平均值
	调和平均数	HARMEAN	返回数据集合的调和平均值
	几何平均数	GEOMEAN	返回正数数组或区域的几何平均值
	切尾平均数	TRIMMEAN	返回数据集的内部平均值
	条件平均数	AVERAGEIF	返回某个区域内满足给定条件的所有单元格的算术平均值
	多条件平均数	AVERAGEIFS	返回满足多重条件的所有单元格的算术平均值
	众数	MODE	求一组数据的众数
	中位数	MEDIAN	返回给定数值集合的中位数
	四分位数	QUARTILE.EXC	计算数据集的四分位数
变异指标	平均差	AVEDEV	求一组数据与其均值的平均离差
	样本标准差	STDEV.S	计算基于给定样本的标准差
	总体标准差	STDEV.P	计算总体的标准差
	样本方差	VAR	计算基于给定样本的方差
	总体方差	VARP	计算总体的方差
形态指标	峰度系数	KURT	返回数据集的峰度值
	偏态系数	SKEW	返回分布的偏斜度

提示 3.1：

在 Excel 中，函数 STDEV.P 用于计算总体标准差，即把所有数据视为一个总体的观测值，使用公式 $\sigma = \sqrt{\dfrac{1}{n}\sum_{i=1}^{n}(x_i - \overline{x})^2}$ 进行计算；而函数 STDEV.S 用于计算样本标准差，即把所有数据视为一个样本的观测值，使用公式 $S = \sqrt{\dfrac{1}{n}\sum_{i=1}^{n}(x_i - \overline{x})^2}$ 进行计算。

【例 3.1】　现调查了某地区 30 名高中男生的身高，测得身高情况见表 3-2。试做描述统计分析。

表 3-2　某地区 30 名高中男生的身高情况　　　　单位：cm

序号	身高	序号	身高	序号	身高	序号	身高	序号	身高	序号	身高	序号	身高
1	171	5	168	9	165	13	171	17	171	21	166	25	166	29	165
2	173	6	166	10	171	14	162	18	164	22	171	26	172	30	170
3	166	7	163	11	169	15	172	19	167	23	168	27	170		
4	168	8	165	12	171	16	163	20	167	24	167	28	166		

【分析】　这是一组数值型数据,平均数、中位数和标准差是最常用的描述统计分析指标,在 Excel 中调用相应的函数即可完成计算。Excel 函数的调用有两种常用方式:① 在"="号后直接输入函数名;② 插入函数。

【操作一】　用函数计算。首先将这 30 名男生的身高数据录入 A1:J3 单元格,然后按表 3-3 所示输入函数命令。

表 3-3　Excel 中计算描述统计分析指标的函数输入示例

计算指标	输入命令	返回结果
算术平均数	=AVERAGE(A1:J3)	167.8
170 cm 以上的平均数	=AVERAGEIF(A1:J3,">170"F)	171.44
中位数	=MEDIAN(A1:J3)	167.5
众数	=MODE(A1:J3)	171
标准差	=STDEV.P(A1:J3)	3.004 4
偏度	=SKEW(A1:J3)	-0.076 8
峰度	=KURT(A1:J3)	-1.064 7

计算结果中,偏度值小于 0,说明这些数据呈负偏态分布,但该值很接近 0,所以偏斜程度很小,基本可以认为呈对称分布。峰度值小于 0,说明这些数据的分布比标准正态分布更分散;峰度值接近-1.2,说明分布曲线比较平坦,接近一条水平线。

【操作二】　单击"公式"菜单中的"插入函数"工具,在弹出的对话框中,单击"选择类别"框右边的向下符号,在下拉菜单中选择"统计",然后在"选择函数"框中找到相应的函数命令,如果对相应函数不熟悉,注意观察下方对函数的说明,单击"确定"后将弹出函数对话框,只需在其中输入函数计算所需的单元格区域即可。

(2) 描述统计工具方法。

下面仍然使用例 3.1 中 30 名高中男生的身高数据来说明如何用描述统计工具计算有关描述统计指标。

【分析】　在使用描述统计工具时,需要把一个样本的所有观测数据调整放置在一列(或一行)。这是因为 Excel 会把每一列(或每一行)作为一个样本的观察值进行统计指标的计算。

【操作步骤】

(1) 录入数据。如果数据已经像例 3.1 那样录入 Excel 的 A1:J3 区域,那么可以把后两行数据逐行"剪切"后"粘贴"在第一行后面,使所有数据位于 A1:A30 区域;也可以进一步复制该行数据后,使用"选择性粘贴"中的"转置",将数据转置为一列。如果这些数据是在 Word 表格中以表 3-2 的形式存在,那么可以把鼠标移到第一行左边(鼠标呈空心箭头形式)单击,首先选中第一行,然后按住"Ctrl"键,把鼠标移到第二行左边单击,选中第二行,用同样的方法选中其余各行之后单击"复制",在 Excel 中直接"粘贴"就能得到一列数据。这里假设已经把例 3.1 中的 30 个观测数据录入 A1:A30 单元格。

(2) 指标计算。单击"数据"菜单中的"数据分析"工具,从弹出的对话框中选择"描述统计",单击"确定"后打开"描述统计"对话框,如图 3-1 所示。在"输入区域"中输入数据所在的区域"A1:A30",在"输出区域"中输入"B1"(指从 B1 单元格位置开始放置输出结果)。其他复选框可根据需要选定:勾选"汇总统计",可给出一系列描述统计量;勾选"平均数置信度",会给出用样本平均数估计总体平均数的置信区间;"第 K 大值"和"第 K 小值"会分别给出样本中第 K 个大值和第 K 个小值。最后单击"确定"即可。

图 3-1　描述统计对话框

在 Excel 的输出结果中,"平均"是指样本均值 $\overline{X}$,"标准误差"是指样本平均数的抽样平均误差 $S/\sqrt{n}$(作为 $\sigma/\sqrt{n}$ 的近似值),"中位数""众数""标准差"分别指样本数据的中位数 M_e、众数 M_o、标准差 S(自由度为 $n-1$),"峰度"即峰度系数,"偏度"即偏度系数,"区域"实际上是极差(全距),"置信度(95%)"是在总体正态、方差未知的情形计算的总体均值区间估计的边际误差 $t_{\frac{\alpha}{2}}(n-1) \cdot \frac{S}{\sqrt{n}}$ 的值(参见统计学区间估计部分内容)。

2. 计算分组资料的描述统计指标

计算分组数据资料的描述统计分析指标,只能借助 Excel 工作表自行编写算式。

【例 3.2】　某班同学某次考试成绩分组统计资料见表 3-4。试计算平均数、标准差、中位数和众数等指标。

表 3-4　某班同学某次考试成绩分组统计资料

成绩/分	60 以下	60~70	70~80	80~90	90 以上	合计
学生数	4	12	24	6	4	50

【分析】　该例数据为组距分组数列,在确定各组的组中值后,计算加权算术平均数

和按加权形式计算标准差。加权算术平均数的计算公式为 $\bar{x} = \dfrac{\sum_{i=1}^{n} x_i f_i}{\sum_{i=1}^{n} f_i}$，(总体)标准差的

计算公式为 $\sigma = \sqrt{\dfrac{\sum_{i=1}^{n}(x_i - \bar{x})^2 f_i}{\sum_{i=1}^{n} f_i}}$。向上累计频数首次超过 $\dfrac{\sum_{i=1}^{n} f_i}{2}$ 的组为中位数组，计算

中位数的下限公式为 $M_e = L + \dfrac{\dfrac{\sum f}{2} - S_{M_e-1}}{f_{M_e}} \times d$。频数最大的组为众数组，计算众数的下

限公式为 $M_o = L + \dfrac{f_{M_e} - f_{M_e-1}}{(f_{M_e} - f_{M_e-1}) + (f_{M_e} - f_{M_e+1})} \times d$。在 Excel 中没有针对组距分组数列直接计算的函数或工具，需要自己输入公式逐步完成。

【操作步骤】

（1）计算准备。在工作表中录入成绩分组的上、下限和学生人数资料，在 E2 单元格输入"=(C2+D2)/2"，计算该组组中值，向下填充得到其余各组组中值。在 F2 单元格输入"=B2*E2"，计算 $x_i \cdot f_i$，然后向下填充至 F6 单元格；在 G2 单元格输入"=(E2-B\$9)^2*B2"后向下填充，分别在 B7、F7 和 G7 单元格单击"开始"菜单中的"自动求和"工具得到对应列数据的总和。

（2）指标计算。如图 3-2 所示，图中上部分是计算结果，下部分是用"Ctrl+~"键切换后看到的公式形式。

算术平均数：在 B9 单元格输入"=F7/B7"计算出加权算术平均数。如果对数组函数操作熟练，也可以不计算 F 列数据，直接利用组中值和频数进行计算。在 C9 单元格输入"=SUM(B2:B6*E2:E6)/SUM(B2:B6)"并按"Ctrl+Shift+Enter"键，以数组方式计算出加权算术平均数。

方差：在 B10 单元格输入"=G7/B7"，按加权公式计算出方差。也可以不计算 G 列数据，利用数组函数方式直接进行计算，在 C10 单元格输入"=SUM(B2:B6*(E2:E6-B\$9)^2)/SUM(B2:B6)"并按"Ctrl+Shift+Enter"键。

标准差：在 B11 单元格对 B10 单元格中的方差开方，输入"=SQRT(B10)"得到标准差。

中位数：由于 70~80 组的向上累计频数为 40，超过了总频数 50 的一半，因而 70~80 这组是中位数组。对照中位数计算公式，在 B12 单元格输入"=C4+(B7/2-SUM(B2:B3))/B4*(D4-C4)"计算出中位数。

众数：70~80 组的频数 24 大于其他各组，所以 70~80 组是众数组。对照众数的计算公式，在 B13 单元格输入"=C4+(B4-B3)/(B4-B3+B4-B5)*(D4-C4)"计算出众数。

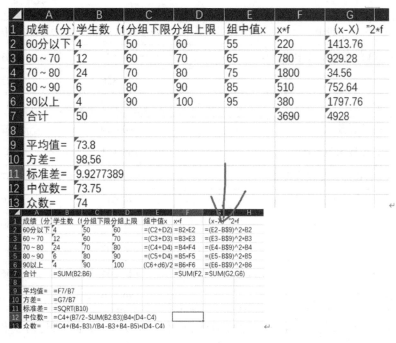

图 3-2 对分组数据的描述统计

四、实验实践

（1）根据 2022 年江苏省城镇单位就业人员年平均工资情况（表 3-5），分析 2022 年江苏省城镇单位分行业就业人员工资的平均水平及非私营单位与私营单位的工资差异情况。

根据年度统计调查结果，2022 年，江苏省城镇非私营单位就业人员年平均工资为 121 724 元。其中，城镇非私营单位在岗职工年平均工资为 124 175 元。2022 年，城镇私营单位就业人员年平均工资为 71 835 元。2022 年全省分行业就业人员年平均工资详见表 3-5。

表 3-5 2022 年江苏省城镇单位分行业就业人员年平均工资   单位：元

行业	城镇非私营单位	城镇私营单位
年平均	121 724	71 835
（一）农、林、牧、渔业	56 987	52 085
（二）采矿业	135 650	92 940
（三）制造业	109 342	77 996
（四）电力、热力、燃气及水生产和供应业	171 424	83 474
（五）建筑业	80 995	66 365
（六）批发和零售业	111 417	64 458
（七）交通运输、仓储和邮政业	118 261	69 360
（八）住宿和餐饮业	56 336	52 441

续表

行业	城镇非私营单位	城镇私营单位
(九)信息传输、软件和信息技术服务业	194 303	101 730
(十)金融业	191 836	121 601
(十一)房地产业	95 399	61 962
(十二)租赁和商务服务业	90 749	72 291
(十三)科学研究和技术服务业	166 161	83 805
(十四)水利、环境和公共设施管理业	89 487	47 051
(十五)居民服务、修理和其他服务业	86 041	50 006
(十六)教育	157 248	69 576
(十七)卫生和社会工作	158 503	81 666
(十八)文化、体育和娱乐业	123 565	66 341
(十九)公共管理、社会保障和社会组织	180 350	—

(2)请查阅洋河股份(股票代码002304)自2010年以来的净利润,对其做描述统计分析,并与五粮液(股票代码000858)、贵州茅台(股票代码600519)做对比分析。

(3)(计算机模拟问题)用计算机模拟从一个总体中随机抽取一定数量的单位进行调查,并对所得样本数据进行描述统计分析。

【提示】 可以执行以下操作:① 获得样本数据。借助Excel的"随机数发生器"产生100个服从正态分布的数据(注意:尝试设定不同的均值和标准差)。② 计算样本数据的描述统计指标,并与设定的(总体)参数值做对比,看看它们的差异,想想为什么会存在差异？③ 将总体的分布类型改为二项分布或均匀分布,自行设定有关参数,再对所得数据做分析,注意样本与总体数字特征(均值、标准差等)的差异。

任务三 统 计 实 训

一、单项选择题

1. 表明现象总规模、总水平以及工作总量的统计指标叫( )。
   A. 质量指标　　　B. 相对指标　　　C. 平均指标　　　D. 总量指标
2. 在相对指标中,指标值一定小于100%的是( )。
   A. 比较相对数　　B. 比例相对数　　C. 结构相对数　　D. 强度相对数
3. 总量指标按其反映的时间状况不同,分为( )。
   A. 数量指标和质量指标　　　　　B. 时期指标和时点指标
   C. 总体单位总量和总体标志总量　D. 实物指标和价值指标
4. 某企业单位能源消耗量计划比上一年降低6%,实际比上一年降低3%,则单位能源消耗量计划完成程度指标的计算公式为( )。
   A. $\dfrac{3\%}{6\%}$　　B. $1-\dfrac{3\%}{6\%}$　　C. $\dfrac{1+3\%}{1+6\%}$　　D. $\dfrac{1-3\%}{1-6\%}$

5. 某企业利润增加值计划比上一年增长 10%，实际比上一年增长 15%，则该企业利润增加值计划超额完成（　　）。
   A. 4.55%　　　　B. 5%　　　　C. 9.44%　　　　D. 20%

6. 已知不同蔬菜的销售额及其对应的销售单价，计算蔬菜平均售价，应采用（　　）方法计算。
   A. 算术平均数　　　　　　　　B. 调和平均数
   C. 加权算术平均数　　　　　　D. 几何平均数

7. 某公司 2021 年实际完成销售收入 1 500 万元，2022 年计划比 2021 年增长 10%，实际达到 2 310 万元，超额（　　）完成 2022 年的销售收入计划。
   A. 10%　　　　B. 40%　　　　C. 54%　　　　D. 140%

8. 总体各单位标志值与算术平均数离差之和（　　）。
   A. 等于 0　　　　　　　　　　B. 等于 1
   C. 等于各标志值之和　　　　　D. 最小

9. 已知甲、乙两个变量数列的平均数分别为 200 个单位和 180 个单位，其标准差相等，则两个数列平均数的代表性（　　）。
   A. 甲大于乙　　B. 甲小于乙　　C. 甲、乙相等　　D. 不能确定

10. 反映不同总体在同一时间下同类指标数值对比的相对指标属于（　　）。
    A. 结构相对指标　　　　　　　B. 强度相对指标
    C. 比较相对指标　　　　　　　D. 计划完成程度相对指标

11. 总体各单位标志值与算术平均数离差平方之和（　　）。
    A. 等于 0　　　　　　　　　　B. 等于 1
    C. 等于各标志值之和　　　　　D. 最小

12. 下列相对数中，属于不同时期对比的指标有（　　）。
    A. 动态相对数　　　　　　　　B. 结构相对数
    C. 比较相对数　　　　　　　　D. 强度相对数

13. 成本计划完成百分数（　　）100%，表明没有完成计划。
    A. 大于　　　　B. 小于　　　　C. 等于　　　　D. 不大于

14. 某商场 2022 年自行车销售量为 8 000 辆，年末库存量为 200 辆，这两个指标（　　）。
    A. 都是时点指标　　　　　　　　B. 前者是时点指标，后者是时期指标
    C. 前者是时期指标，后者是时点指标　　D. 都是时期指标

15. "职工总人数"指标既可以用来说明"职工"总体，也可以用来说明"企业"总体。在说明这两个总体时，"职工总人数"指标（　　）。
    A. 都是总体单位总量
    B. 前者是总体单位总量，后者是总体标志总量
    C. 都是总体标志总量
    D. 前者是总体标志总量，后者是总体单位总量

16. 平均指标将总体各单位标志值之间的数量差异( )。
   A. 具体化　　　　B. 明显化　　　　C. 扩大化　　　　D. 抽象化
17. 平均指标说明( )。
   A. 不同总体各单位某一指标数值的一般水平
   B. 两种社会经济现象各单位在一定条件下的平均水平
   C. 同质总体各单位某一数量标志值的一般水平
   D. 大量社会经济现象各单位在一定条件下的一般水平
18. 某学校评优考核制度规定,出勤率在 90%～95% 的,出勤项目得分为 80～90 分。考核得知某班 3 月份的出勤率为 94.5%,则该班的出勤项目得分为( )。
   A. 80 分　　　　B. 84.5 分　　　　C. 89 分　　　　D. 90 分
19. 某企业产值计划完成 103%,实际比上一年增长 5%,则计划规定比上一年增长( )。
   A. 98%　　　　B. 1.94%　　　　C. 2%　　　　D. 3%
20. 某地区男女人口的性别比为 106∶100,这属于( )。
   A. 比例相对指标　　　　　　　　B. 比较相对指标
   C. 强度相对指标　　　　　　　　D. 平均指标
21. 在正偏(右偏)分布的情况下,算术平均数、中位数以及众数三者之间的数量关系为( )。
   A. $\bar{x} > M_e > M_o$　　B. $\bar{x} < M_e < M_o$　　C. $\bar{x} > M_o > M_e$　　D. $\bar{x} < M_o < M_e$
22. 某公司"十三五"计划规定,A 产品最后一年的产量应达到 45 万吨,各年实际完成情况见表 3-6。

表 3-6　A 产品各年实际产量

时间	2016 年	2017 年	2018 年		2019 年				2020 年			
			上半年	下半年	一季度	二季度	三季度	四季度	一季度	二季度	三季度	四季度
产量/万吨	30	32	17	19	10	10	11	12	12	12	13	13

该产品提前完成"十三五"计划的时间为( )。
   A. 一个季度　　　　B. 半年　　　　C. 三个季度　　　　D. 一年
23. 某企业本月共生产 3 批次产品,3 批产品的废品率分别为 1%、1.5%、2%,前 2 批送检产品占全月产量的比例分别为 25%、30%,则全月平均废品率为( )。
   A. 1.5%　　　　B. 1.6%　　　　C. 4.5%　　　　D. 2.7%
24. 设有如表 3-7 所示的资料,其中位数为( )。

表 3-7　第 24 题资料

工人日产量/件	4	5	6	7	8	9
工人数	20	25	35	30	15	5

A. 65　　　　B. 35　　　　C. 6.5　　　　D. 6

25. 设有如表3-8所示的资料,其众数为( )。

表3-8 第25题资料

工人日产量/件	4	5	6	7	8	9
工人数	20	25	35	30	15	5

A. 65　　　　　　B. 35　　　　　　C. 6.5　　　　　　D. 6

26. 下列指标属于结构相对指标的是( )。
   A. 销售收入计划完成程度　　　　B. 新生婴儿死亡率
   C. 资产利润率　　　　　　　　　D. 全国人均GDP

27. 某集团公司所属三个企业,2022年实现的销售收入分别为8 400万元、6 000万元、7 500万元,分别完成销售计划的118%、112%、110%,则三个企业平均销售收入计划完成百分比的计算式为( )。

A. $\dfrac{118\%+112\%+110\%}{3}$

B. $\sqrt[3]{118\%\times112\%\times110\%}$

C. $\dfrac{8\ 400\times118\%+6\ 000\times112\%+7\ 500\times110\%}{8\ 400+6\ 000+7\ 500}$

D. $\dfrac{8\ 400+6\ 000+7\ 500}{\dfrac{8\ 400}{118\%}+\dfrac{6\ 000}{112\%}+\dfrac{7\ 500}{110\%}}$

28. 两个电子元器件生产企业生产的某种电子元件的检测数据见表3-9。

表3-9 两个电子元器件生产企业生产的某种电子元件的检测数据

指标	甲企业	乙企业
电子元件平均耐用时间/h	5 420	5 600
电子元件耐用时间标准差/h	400	400

根据上述资料,可以看出( )。
A. 甲企业电子元件质量稳定
B. 甲企业电子元件平均耐用时间的代表性高
C. 乙企业电子元件质量稳定
D. 乙企业电子元件平均耐用时间的代表性低

29. 全国人均GDP属于( )。
   A. 算术平均数　　B. 结构相对数　　C. 比较相对数　　D. 强度相对数

30. 若干个变量值的平均数($\bar{x}$)为360,变量值平方的平均数为131 200,据此推算的标准差系数为( )。
   A. 100.6%　　　　B. 11.11%　　　　C. 15%　　　　D. 20%

31. 标志变异指标中最容易受极端变量值影响的是( )。
   A. 极差　　　　　B. 平均差　　　　C. 标准差　　　　D. 标准差系数

二、多项选择题

1. 某地区2022年地区生产总值为3 519亿元,该指标可以称为(　　)。
   A. 数量指标　　　B. 总量指标　　　C. 绝对指标　　　D. 绝对数
   E. 相对数

2. 下列指标属于时点指标的有(　　)。
   A. 职工人数　　　　　　　　　B. 全年死亡人数
   C. 某乡耕地面积　　　　　　　D. 某市居民户数
   E. 居民家庭财产总额

3. 某地区对所有民营企业进行调查,其总体标志总量有(　　)。
   A. 各企业增加值总和　　　　　B. 各企业职工人数总和
   C. 民营企业总户数　　　　　　D. 各企业职工工资总和
   E. 民营企业利润总额

4. 位置平均数包括(　　)。
   A. 算术平均数　　　　　　　　B. 调和平均数
   C. 几何平均数　　　　　　　　D. 众数
   E. 中位数

5. 下列指标属于质量指标的有(　　)。
   A. 单位产品成本　　　　　　　B. 城镇居民人均收入
   C. 货物周转量　　　　　　　　D. 单位面积粮食产量
   E. 企业全年平均职工人数

6. 在(　　)条件下,加权算术平均数等于简单算术平均数。
   A. 各组频数相等　　　　　　　B. 各组变量值不等
   C. 变量数列为组距数列　　　　D. 各组频数都为1
   E. 各组频数占总次数的比重相等

7. 比数、基数可以互换位置的相对指标有(　　)。
   A. 比较相对指标　　　　　　　B. 比例相对指标
   C. 强度相对指标　　　　　　　D. 计划完成程度相对指标
   E. 动态相对指标

8. 检查中长期计划执行情况的方法有(　　)。
   A. 累计法　　　B. 几何法　　　C. 水平法　　　D. 方程法
   E. 实验法

9. 标准差(　　)。
   A. 表明总体各单位标志值的一般水平
   B. 反映总体单位的一般水平
   C. 反映总体各单位标志值的离散程度
   D. 反映总体分布的集中趋势
   E. 表明平均指标对总体的代表性大小

10. 相对指标的表现形式有( )。
   A. 有名数   B. 系数   C. 倍数   D. 百分数
   E. 千分数

11. 下列指标属于比较相对指标的有( )。
   A. 甲地区工业增加值是乙地区工业增加值的2.3倍
   B. 某市2022年出生人数是2021年出生人数的102%
   C. 甲国的国内生产总值是乙国的87%
   D. 某企业职工总人数是另一企业职工总人数的3.7倍
   E. 某市居民人均消费支出较上一年增长12%

12. 相对指标中子项、母项属于同一个总体的有( )
   A. 比较相对指标   B. 比例相对指标
   C. 强度相对指标   D. 结构相对指标
   E. 计划完成程度相对指标   F. 动态相对指标

13. 下列指标属于结构相对指标的有( )。
   A. 国有企业职工占全部职工总人数的比重
   B. 产品合格率
   C. 某工业企业产品产量比上一年增长的百分数
   D. 考试及格率
   E. 大学生占全部学生总人数的比重

14. 下列指标属于强度相对指标的有( )。
   A. 人口密度   B. 甲地区人均粮食产量
   C. 投资利润率   D. 人口出生率
   E. 全国每100人汽车拥有量

15. 平均指标( )。
   A. 是质量指标   B. 是数量指标
   C. 说明现象的一般水平   D. 在同质总体中计算的指标
   E. 将总体单位之间的差异抽象化了

16. 下列各项应采用倒数平均数方法计算的有( )。
   A. 已知某种产品不同等级的销售价和销售额,计算平均售价
   B. 已知5个企业的产值计划完成程度和计划产值,计算平均计划完成程度
   C. 已知各种粮食作物亩(1亩≈666.67平方米,下同)产量和播种面积,求平均亩产量
   D. 已知各生产小组工人的劳动生产率(单位:件/人)和产品总数量,求工人的平均劳动生产率
   E. 已知各组职工的工资水平及工资总额,计算职工的平均工资

17. 下列指标属于平均指标的有( )。
   A. 粮食平均亩产量
   B. 平均每平方千米土地面积上拥有128人

C. 工人平均劳动生产率

D. 平均每个农业劳动力生产的粮食数量

E. 企业职工平均月工资

18. 标志变异指标反映(　　)。

A. 变量值的集中趋势

B. 总体各单位标志值的差异程度

C. 变量值的离散程度

D. 总体各单位标志值的一般水平

E. 平均指标对总体的代表性大小

19. 标准差(　　)。

A. 又叫方差

B. 又叫均方差

C. 是标志变异指标

D. 是各单位标志值与其算术平均数离差平方的算术平均数的平方根

E. 是各单位标志值与其算术平均数离差的平均数的平方根

20. 几何平均数(　　)。

A. 是算术平均数的变形

B. 等于 N 个变量值连乘积的 N 次方根

C. 用于求各种形式变量值的一般水平

D. 是一般水平的代表值

E. 适用于标志值按一定比率变化,求变化率的一般水平

21. 不受极端变量值影响的平均指标有(　　)。

A. 算术平均数　　　B. 调和平均数　　　C. 几何平均数　　　D. 中位数

E. 众数

22. 时期指标的特点是(　　)。

A. 不同时期的指标可以累计

B. 不同时期的指标不可以累计

C. 其数值的大小与其说明的时期长短有直接关系

D. 其数值的大小与其说明的时期长短无直接关系

E. 时期指标的原始资料需要连续登记

23. 某些现象的数量关系可以描述为:期末数 = 期初数 + 本期增加数 - 本期减少数。这一数量关系式表明(　　)。

A. 其中的四个指标都属于总量指标

B. 其中有两个时期指标,两个时点指标

C. 可以根据某些时期指标推算相应的时点指标

D. 可以根据某些时点指标推算相应的时期指标

E. 虽然时期指标与时点指标差异明显,但不能割裂两者之间的关系

24. 某行业所属 200 个企业,2022 年按其生产某种产品的平均单位产品成本分组的有关资料见表 3-10。

表 3-10　按其生产某种产品的平均单位产品成本分组的有关资料

按平均单位 成本分组/元	企业数/个	各组企业数占总企业 数的比重/%	产量/台	各组产量占总产量 的比重/%
100～150	16	8	1 000	25
150～200	85	42.5	1 300	32.5
200～250	62	31	1 200	30
250～300	37	18.5	500	12.5
合计	200	100	4 000	100

若计算该行业的平均单位成本,可用作权数指标的有(　　　)。
A. 企业数　　　　　　　　　　B. 产量
C. 企业数或产量　　　　　　　D. 各组产量占总产量的比重
E. 各组企业数占总企业数的比重

25. 常见的变异指标有(　　　)。
A. 极差　　　B. 平均差　　　C. 标准差或方差　　　D. 分位差
E. 变异系数

26. 加权算术标准差的计算公式有(　　　)。

A. $\sigma = \sqrt{\dfrac{\sum(x-\bar{x})^2 f}{\sum f}}$

B. $\sigma = \sqrt{\dfrac{\sum(x-\bar{x})^2 f}{n}}$

C. $\sigma = \sqrt{\dfrac{\sum x^2 f}{\sum f} - \left(\dfrac{\sum xf}{\sum f}\right)^2}$

D. $\sigma = \sqrt{\dfrac{\sum\left(\dfrac{x-A}{d}\right)^2 f}{\sum f} - \left[\dfrac{\sum\left(\dfrac{x-A}{d}\right)f}{\sum f}\right]^2} \times d$

E. $\sigma = \sqrt{\dfrac{\sum\left(\dfrac{x-A}{d}\right)^2 f}{\sum f} - \left[\dfrac{\sum\left(\dfrac{x-A}{d}\right)f}{\sum f}\right]^2} \times d + A$

三、判断题

1. 简单调和平均数是加权调和平均数的特殊形式。　　　　　　　　　　　(　　)
2. 如果偏度指标 $K_\alpha = 0$,表示变量分布呈对称形态,此时会有 $\bar{x} = M_e = M_o$。　(　　)
3. 甲村的新生婴儿数量是乙村的 90%,这属于强度相对指标。　　　　　　(　　)

4. 某企业单位产品成本计划比上一年降低6%,实际比上一年降低3%,则单位产品成本计划完成程度仅为50%。（　　）
5. 在变量值集中趋势非常明显的条件下,使用中位数或众数的效果会更好。（　　）
6. 计划完成程度相对指标只有大于100%,才说明超额完成了计划。（　　）
7. 相对指标是两个相互联系的指标数值对比的结果,用百分数表示。（　　）
8. 时期指标数值与时点指标数值一定是绝对数。（　　）
9. 平均数的代表性与标志变异指标的大小成正比。（　　）
10. 中长期计划中,累计法适用于变动趋势不明显、在变动过程中波动较大的统计指标。（　　）
11. 某集团公司所属3个企业,已知3个企业的产值计划完成程度和实际产值,计算该公司3个企业的平均产值计划完成程度应采用算术平均数法。（　　）
12. 已知各个变量值的平均数等于4,各个变量值平方的平均数等于25,则标准差系数等于0.75。（　　）
13. 如果两个变量数列的标准差相同,那么其平均数的代表性也相同。（　　）
14. 比例的数值越接近0.5,其方差越大。（　　）
15. 某村今年农业增加值比上一年增加1 000万元,该指标是时期指标。（　　）
16. 某电子元器件产品质量标准规定:产品寿命在4 000～5 000 h的,其质量分为70～80分。如果检测出某元器件公司产品平均寿命为4 680 h,那么其质量分为76分。（　　）
17. 在权数$m=xf$的条件下,加权调和平均数的公式可以演变为加权算术平均数,据此可以认为加权调和平均数是加权算术平均数的变形。（　　）
18. 应用统计指标进行统计分析时,需要将相对指标与总量指标结合运用。（　　）

四、简答题

1. 时期指标与时点指标的区别表现在哪些方面?
2. 什么是相对指标?计算和运用相对指标应注意哪些问题?
3. 算术平均数与强度相对指标有何区别与联系?
4. 算术平均数、调和平均数与几何平均数各自在什么条件下运用?
5. 什么叫变异系数(标准差系数)?为什么要计算变异系数(标准差系数)?

五、综合应用题

1. 某企业"十三五"期间计划完成基本建设投资额共计10 000万元,各年实际完成投资额见表3-11。

表3-11　某企业"十三五"期间各年实际完成投资额

年份	2016年	2017年	2018年	2019年	2020年			
					一季度	二季度	三季度	四季度
投资额/万元	1 900	2 200	2 250	2 350	550	600	650	700

检查该企业"十三五"期间基本建设投资额完成情况,判断该五年计划提前完成的时间。

2. 某工业企业五年计划规定某种产品产量在计划期最后一年应达到65万吨,前三年均未完成计划,最后两年实际完成产量数据见表3-12。

表3-12 某工业企业五年计划最后两年实际完成产量数据

月份	1	2	3	4	5	6	7	8	9	10	11	12	合计
第4年	4.1	4.3	4.5	4.7	4.9	5.2	5	5.5	5.6	5.5	5.7	6	61
第5年	6.1	6.3	6.5	6.8	6.9	6.2	7.6	7.5	7.2	8	8.5	8.2	85.8

据此资料计算分析该企业产品产量五年计划完成程度以及提前完成的时间。

3. 某行业所属25个企业上一年计划产值及其计划完成程度资料见表3-13。

表3-13 某行业所属25个企业上一年计划产值及其计划完成程度资料

计划完成程度/%	企业个数/个	计划产值/万元
100以下	2	230
100~110	7	960
110~120	10	3 400
120以上	6	5 270
合计	25	9 860

根据资料计算该行业所属25个企业产值平均计划完成程度。

4. 某企业职工按月工资分组资料见表3-14,试计算该企业职工月平均工资和标准差。

表3-14 某企业职工按月工资分组资料

按月工资分组/元	各组职工人数所占比重/%
2 000以下	3
2 000~4 000	16
4 000~6 000	23
6 000~8 000	30
8 000~10 000	20
10 000以上	8
合计	100

5. 指出下面的统计分析报告摘要错在哪里,并把它改写正确。

(1)本厂按计划规定,第一季度的单位产品成本应比去年同期降低10%,实际执行结果为单位产品成本较去年同期降低8%,仅完成产品成本计划的80%。(8%/10% = 80%)

(2)本厂的全员劳动生产率计划在去年的基础上提高8%,计划执行结果比去年提高了12%,劳动生产率超计划50%。(12%/8% − 100% = 50%)

6. 某工业企业计划执行情况资料如下：

（1）2022年计划实现工业增加值18 400万元，实际于11月11日已累计完成全年计划指标，到年末实际完成20 000万元。试计算工业增加值计划完成程度，计算确定提前完成计划的时间。

（2）该企业计划规定全年平均每个职工实现增加值23万元，全年平均职工人数为800人。试计算年全员劳动生产率计划完成程度指标。

7. 某三口之家，父母在企业上班，月薪分别为5 800元、8 700元，女儿读小学。试计算所有可能的总量指标、相对指标与平均指标。

8. 某投资者2017年年初以10万元资金投入股市，连续6年的收益率分别为15%、27%、-8%、-23%、39%、84%。

（1）如果该投资者进行连续投资（不取出盈利，也不弥补亏损），计算该投资者在6年间的平均收益率。

（2）如果该投资者每年年初始终保持10万元的投资规模，该投资者6年期间的平均收益率又是多少？

（3）比较两种假定条件下的收益总额和平均收益率有何差异。

9. 某行业所属三家公司2021年、2022年产量资料见表3-15。

表3-15　某行业所属三家公司2021年、2022年产量资料

分公司	2021年实际产量/吨	2022年 计划 产量/吨	2022年 计划 比重/%	2022年 实际产量/吨	产量计划完成程度/%	2022年产量为2021年的百分比/%
A公司	3 000	4 000	33.33	4 800		
B公司	2 000				110	
C公司				4 400	80	125
合计						

计算上表空缺指标，直接填入表内，并指出各列指标的类别。

10. 某企业某年第一季度产值、人数资料见表3-16。

表3-16　某企业某年第一季度产值、人数资料

指标	1月	2月	3月
计划总产值/万元	5 000	4 900	5 100
实际总产值/万元	5 100	4 800	5 300
平均每月职工人数	500	500	500
平均每月生产工人数	400	400	400

（1）计算1月份及第一季度总产值计划完成程度。

（2）计算1月份及第一季度生产工人占职工人数的比重。

（3）计算1月份及第一季度工人劳动生产率（按职工人数计算的每人实际总

产值)。

(4) 观察上述三组结果,分别说明它们的数值大小与计算时期长短之间的关系及原因。

11. 某产品资料见表 3-17。

表 3-17 某产品资料

等级	单价/(元/kg)	收购额/元	收购量/kg
一级品	1.20	2 400	2 000
二级品	1.05	3 150	3 000
三级品	0.9	3 600	4 000

根据上表资料直接采用加权算术平均数、加权调和平均数的公式计算该产品的平均收购价格。

12. 设第一组工人的平均工龄为 6 年,占工人总数的 30%;第二组工人的平均工龄为 8 年,占工人总数的 50%;第三组工人的平均工龄为 12 年。计算全部工人的平均工龄。

13. 甲、乙两个企业工人的生产情况资料见表 3-18。

表 3-18 甲、乙两个企业工人的生产情况资料

日产量/件	甲企业工人数	乙企业总产量/件
11	120	660
12	60	1 200
13	20	520
合计	200	2 380

(1) 计算两个企业工人的平均日产量,哪个企业的平均日产量更高?原因是什么?

(2) 计算两个企业工人日产量的标准差,说明哪个企业的平均日产量更有代表性?

14. 某企业 2022 年计划产值为 500 万元,各月任务是均衡安排的。各季度产值实际完成情况见表 3-19。

表 3-19 某企业 2022 年各季度产值实际完成情况

指标	第一季度	第二季度	第三季度	第四季度		
				10 月	11 月	12 月
产值/万元	125	135	138	50	52	64

计算该年度产值计划完成程度,确定产值计划提前多长时间完成。

15. 某车间甲、乙两个班组 2022 年 12 月生产某种产品的有关数据见表 3-20。

表 3-20　某车间甲、乙两个班组 2022 年 12 月生产某种产品的有关数据

班组	送检量比重/%	废品量比重/%
甲	70	60
乙	30	40
合计	100	100

比较两个班组生产的产品质量的好坏,并说明为什么要这样比较。

16. 某公司从银行取得 6 年期 800 万元贷款,按复利计息。第 1 年利率为 6%,第 2~3 年利率为 8%,最后 3 年的年利率为 10%。计算该笔贷款的平均年利率。如果该笔贷款改按单利计息,各年的利率不变,该笔贷款的平均年利率又为多少?比较两种条件下计算的平均利率及负担利息总额的差异情况。

17. 一个汽车修理企业连续 10 天修理的汽车数量按升序排列如下:3、4、6、9、10、10、11、12、14、15。

(1)计算 10 天中平均每天修理的汽车数量的算术平均数、中位数和众数。

(2)就以上数据,以哪一种平均数代表平均每天修理的汽车数量最合适?为什么?

18. 在计算平均数时,从每个变量值中减去 75 个单位,然后将每个差数缩小为 $\frac{1}{10}$,最后把各个变量值的权数扩大 7 倍,根据变化后的标志值计算加权算术平均数,结果这个平均数等于 0.4 个单位。试计算这一组变量值的实际平均数,并说明理由。

19. 某集团所属三个公司全年净利润和销售收入利润率资料见表 3-21。

表 3-21　三个公司全年净利润和销售收入利润率资料

公司	净利润/万元	利润率/%
一公司	23 580	8.2
二公司	39 540	10.6
三公司	56 370	14.2

(1)计算利润率的简单算术平均数。

(2)计算以净利润为权数的加权平均利润率。

(3)分析综合利润率应是简单平均数还是加权平均数,为什么?

20. 分别调查东部地区和西部地区 4 000 名职工的月收入，获得如表 3-22 所示的数据。

表 3-22 东部地区和西部地区 4 000 名职工的月收入资料

西部地区		东部地区	
月收入/元	职工人数	月收入/元	职工人数
4 000 以下	400	5 000 以下	200
4 000～6 000	1 000	5 000～7 000	800
6 000～8 000	1 800	7 000～9 000	1 500
8 000～10 000	500	9 000～11 000	800
10 000～12 000	200	11 000～13 000	400
12 000 以上	100	13 000 以上	300
合计	4 000	合计	4 000

（1）分别计算东部地区、西部地区职工的月平均收入及标准差。
（2）比较哪个地区平均收入更有代表性。

项目四

概率和抽样分布

■ 知识目标

1. 理解并掌握随机变量、期望和方差。
2. 掌握样本均值、样本比例的抽样分布。

■ 技能目标

1. 能够计算随机变量的期望和方差。
2. 能够用 Excel 进行样本均值、样本比例的抽样分布呈现。
3. 能够用 Excel 进行正态分布的计算与解读。

■ 课程思政目标

通过了解和比较正态分布发现过程中的不同数学思维、数学文化,激发学生科学创新的勇气,提高学生的数学素养。在教学中欣赏正态分布的数学之美,对学生进行美育教育,让枯燥无味的数学变得有趣味、有温度,使学生有收获、有创造。

■ 案例引入

对大学毕业生工薪的抽样估计

很多测评机构在比较各个高校的实力或比较不同高校培养的大学生受社会欢迎的程度时,不仅用到就业率等指标,还经常用大学毕业生的工薪高低来衡量。要反映一个学校所培养学生的工薪水平,显然不宜用该校毕业的全部学生工薪的最高水平或最低水平,否则容易受个别极端值(统计上也称为异常值)的影响,通常应采用该校毕业的全部学生工薪的平均水平、工薪达到一定水平的毕业生占全部毕业生的比例等统计指标来衡量。但要对毕业生进行全面调查既不太可能也没有必要,为此可进行抽样推断,即随机抽取一定数量的毕业生构成样本。

从某高校 2021 年毕业且在某地区就业的学生中随机抽取 36 名进行调查,所得的样本数据见表 4-1。表中的工薪是指大学毕业生工作第一个月的工薪。

项目四　概率和抽样分布

表 4-1　某高校 2021 年毕业的学生工薪的抽样调查数据

序号	工薪/元	序号	工薪/元	序号	工薪/元
1	3 800	13	3 680	25	4 218
2	4 600	14	4 660	26	4 300
3	5 100	15	3 760	27	3 880
4	4 500	16	3 880	28	3 750
5	3 200	17	4 200	29	4 560
6	4 000	18	4 550	30	4 100
7	3 600	19	4 000	31	4 760
8	4 400	20	6 000	32	4 120
9	4 700	21	4 200	33	4 850
10	4 400	22	5 300	34	4 250
11	3 750	23	4 800	35	4 180
12	4 300	24	4 400	36	4 580

思考题

1. 以 3 000、4 000、5 000 和 6 000 为组限,将样本数据进行分组,并编制出变量数列,绘制出直方图,观察样本数据的分布特征。建议利用 Excel 的"直方图"分析工具来完成这一任务。

2. 利用 Excel 的"描述统计"工具对样本数据进行描述性分析,并对该校当年在调查地就业的全体毕业生的平均工薪水平进行区间估计,置信度为 95%(要求指出抽样平均误差、抽样极限误差和置信区间)。

3. 若要求分别以 90% 和 99.7% 的置信度再进行上述估计,试计算出相应的抽样平均误差、抽样极限误差和估计区间范围,并观察它们都发生了什么样的变化。

4. 样本中工薪在 5 000 元以上的毕业生占多大比重？试以 90% 的置信度估计相应的抽样平均误差、抽样极限误差和总体比重的区间。

5. 样本中工薪在 6 000 元以上的毕业生占多大比重？试以 90% 的置信度估计相应的抽样平均误差、抽样极限误差和总体比重的区间。通过对样本调查所获取的数据来估计或推断总体的平均水平或某一比重等数量特征。

课程任务

任务一　统计知识

概率论是研究随机现象的理论。抽样具有随机性,利用随机样本认识总体的数量特征(用样本统计量推断总体参数),大数定律与中心极限定理是重要的理论依据。抽样分布是指样本统计量的概率分布。抽样分布在推断统计中具有重要的作用,是进行参数估计和假设检验的基础。

一、随机变量

把随机试验的结果数量化,就得到了随机变量。

1. 二项分布 $B(n,p)$

设事件 A 发生的概率为 p,$q=1-p$,以 X 表示 n 重伯努利试验中事件 A 发生的次数,则

$$P(X=i)=C_n^i p^i q^{n-i} \quad (i=0,1,2,\cdots,n)$$

2. 泊松分布 $P(\lambda)$

参数为 λ 的泊松分布的分布列为

$$P(X=i)=\frac{\lambda^i}{i!}e^{-\lambda} \quad (i=0,1,2,\cdots,n,\lambda>0)$$

3. 正态分布 $N(\mu,\sigma^2)$

服从正态分布的随机变量的密度函数为

$$f(x)=\frac{1}{\sqrt{2\pi}\sigma}e^{-\frac{(x-\mu)^2}{2\sigma^2}} \quad (-\infty<x<+\infty,\sigma>0)$$

正态分布的密度函数的图形是以 $x=\mu$ 为对称轴的钟形曲线,图形位于 x 轴上方,x 轴为其渐近线。标准差 σ 决定了分布的离散程度:σ 越大,分布越离散,曲线越平缓;σ 越小,分布越集中,曲线越陡峭。

$\mu=0$,$\sigma=1$ 时的正态分布,称为标准正态分布 $N(0,1)$。

若 $X\sim N(\mu,\sigma^2)$,则 $Z=\dfrac{X-\mu}{\sigma}\sim N(0,1)$。这种转化通常称为正态分布的标准化。

4. 卡方分布 $\chi^2(n)$

n 个相互独立的服从标准正态分布的随机变量 $X_1,X_2,\cdots,X_n$ 的平方和,服从自由度为 n 的卡方分布:

$$X=\sum_{i=1}^{n}X_i^2 \sim \chi^2(n)$$

卡方分布的形态与其自由度 n 有关,通常呈右偏态分布,随着 n 的增大逐渐趋于对称。

性质:(1) 若 $X\sim N(0,1)$,则 $X^2\sim\chi^2(1)$。

(2) 可加性:若 $X\sim\chi^2(m)$,$Y\sim\chi^2(n)$,且 X、Y 相互独立,则 $X+Y\sim\chi^2(m+n)$。

5. t 分布 $t(n)$

设 $X\sim N(0,1)$,$Y\sim\chi^2(n)$,且它们相互独立,则

$$T=\frac{X}{\sqrt{Y/n}}\sim t(n)$$

t 分布的分布曲线形态与正态分布曲线相似,也是对称的,不过一般比正态分布平坦些。随着自由度 n 的增大,t 分布越来越接近于标准正态分布。当 $n\geqslant 30$ 时,t 分布与标准正态分布的差别已非常小,一般可用标准正态分布代替。

6. F分布 $F(m,n)$

设 $X \sim \chi^2(m)$, $Y \sim \chi^2(n)$, 且它们相互独立, 则

$$F = \frac{X/m}{Y/n} \sim F(m,n)$$

F分布的分布形态与其两个自由度都有关, 通常呈右偏态分布。

若 $X \sim t(n)$, 则 $X^2 \sim F(1,n)$。

二、随机变量的期望和方差

1. 性质

(1) $E(a) = a$。

(2) $E(aX+bY) = aE(X) + bE(Y)$。

(3) $D(a) = 0$。

(4) $D(aX) = a^2 D(X)$。

(5) $D(X) = E(X^2) - [E(X)]^2$。

(6) $D(X \pm Y) = D(X) + D(Y) \pm 2\text{Cov}(X,Y)$。这里, 若 X、Y 相互独立, 则 $\text{Cov}(X,Y) = 0$。

2. 常见分布的期望和方差

(1) 若 $X \sim B(n,p)$, 则 $E(X) = np$, $D(X) = npq$。

(2) 若 $X \sim P(\lambda)$, 则 $E(X) = \lambda$, $D(X) = \lambda$。

(3) 若 $X \sim N(\mu, \sigma^2)$, 则 $E(X) = \mu$, $D(X) = \sigma^2$。

(4) 若 $X \sim t(n)$, 则 $E(X) = 0$, $D(X) = n/(n-2)$。

(5) 若 $X \sim \chi^2(n)$, 则 $E(X) = n$, $D(X) = 2n$。

三、大数定律与中心极限定理

1. 辛钦大数定律

设随机变量 $X_1, X_2, \cdots, X_n$ 是相互独立、同分布的, 它们的数学期望都为 μ, 则对任意小的正数 ε, 有 $\lim_{n \to \infty} P\left(\left| \frac{1}{n} \sum_{i=1}^{n} X_i - \mu \right| < \varepsilon \right) = 1$。

2. 伯努利大数定律

设 m 是 n 重伯努利试验中事件 A 发生的次数, p 是事件 A 在每次试验中发生的概率, 则对于任意小的正数 ε, 有 $\lim_{n \to \infty} P\left(\left| \frac{m}{n} - p \right| < \varepsilon \right) = 1$。

3. 林德伯格-列维定理

设随机变量 $X_1, X_2, \cdots, X_n$ 是相互独立、同分布的, 都有数学期望 μ 及方差 σ^2, 当 $n \to \infty$ 时, $\dfrac{X_1 + X_2 + \cdots + X_n - n\mu}{\sqrt{n}\sigma} \sim N(0,1)$。

4. 棣莫弗-拉普拉斯定理

设 m 是 n 重伯努利试验中事件 A 发生的次数, p 是事件 A 在每次试验中发生的概率, 则当 $n \to \infty$ 时, $\dfrac{m - np}{\sqrt{np(1-p)}} \sim N(0,1)$。

四、抽样分布

样本统计量的分布称为抽样分布。

1. 有关样本均值的抽样分布

不同情况下有关样本均值的抽样分布如图4-1所示。因为在大样本时 t 分布与标准正态分布近似，所以，对于总体正态、σ 未知的情形，在大样本时，也可以把 t 分布近似为 $N(0,1)$，即大样本时近似有 $\dfrac{\bar{X}-\mu}{S/\sqrt{n}} \sim N(0,1)$。

$$\begin{cases} 总体正态 \begin{cases} \sigma\ 已知：\dfrac{\bar{X}-\mu}{\sigma/\sqrt{n}} \sim N(0,1) \\ \sigma\ 未知：\dfrac{\bar{X}-\mu}{S/\sqrt{n}} \sim t(0,1) \end{cases} \\ 总体非正态 \begin{cases} 小样本：抽样分布未知 \\ 大样本：\dfrac{\bar{X}-\mu}{S/\sqrt{n}} \xrightarrow{近似} N(0,1) \end{cases} \end{cases}$$

图 4-1 样本均值的抽样分布

由于样本均值的标准差反映了样本均值与总体均值的平均误差程度，所示也称其为抽样平均误差，常记为 σ_x。重复抽样条件下的样本均值抽样平均误差 $\sigma_x = \dfrac{\sigma}{\sqrt{n}}$，不重复抽样条件下的样本均值抽样平均误差 $\sigma_x = \dfrac{\sigma}{\sqrt{n}} \cdot \sqrt{\dfrac{N-n}{N-1}}$。系数 $\sqrt{\dfrac{N-n}{N-1}} \approx \sqrt{1-\dfrac{n}{N}}$ 一般称为不重复抽样的修正系数，当 $\dfrac{n}{N} < 5\%$ 时，一般可以省略修正系数。

2. 有关样本比例的抽样分布

设总体比例为 π，样本比例为 p，当 n 充分大时，一般要求 $n \geq 30$，$np \geq 5$，$n(1-p) \geq 5$，有

$$\dfrac{p-\pi}{\sqrt{\dfrac{\pi(1-\pi)}{n}}} \sim N(0,1)$$

一般把样本比例的标准差 $\sqrt{\dfrac{\pi(1-\pi)}{n}}$ 称为样本比例的抽样平均误差，记为 σ_p。若是不重复抽样，则 $\sigma_p = \sqrt{\dfrac{\pi(1-\pi)}{n} \cdot \dfrac{N-n}{N-1}}$。

3. 有关方差的抽样分布

如果总体服从正态分布，方差为 σ^2，样本方差为 S^2，那么

$$\dfrac{(n-1)S^2}{\sigma^2} \sim \chi^2(n-1)$$

4. 两个样本的抽样分布

如果两个正态总体 $N(\mu_1,\sigma_1^2)$ 和 $N(\mu_2,\sigma_2^2)$ 是相互独立的,分别从中抽取样本容量为 n_1 和 n_2 的两个样本,样本均值分别为 $\overline{X}_1$、$\overline{X}_2$,样本方差分别为 S_1^2、S_2^2,那么

(1) 当方差 σ_1^2、σ_2^2 已知时,均值差的分布

$$Z=\frac{(\overline{X}_1-\overline{X}_2)-(\mu_1-\mu_2)}{\sqrt{\frac{\sigma_1^2}{n_1}+\frac{\sigma_2^2}{n_2}}}\sim N(0,1)$$

(2) 当方差 $\sigma_1^2=\sigma_2^2$ 但具体数值未知时,均值差的分布

$$T=\frac{(\overline{X}_1-\overline{X}_2)-(\mu_1-\mu_2)}{\sqrt{\frac{S_p^2}{n_1}+\frac{S_p^2}{n_2}}}\sim t(n_1+n_2-2)$$

其中 $S_p^2=\dfrac{(n_1-1)S_1^2+(n_2-1)S_2^2}{n_1+n_2-2}$。

(3) 方差比的分布

$$F=\frac{S_1^2/\sigma_1^2}{S_2^2/\sigma_2^2}\sim F(n_1-1,n_2-1)$$

任务二 统计实验

一、实验目的

掌握借助 Excel 计算正态分布、t 分布、χ^2 分布、F 分布的概率值及临界值(逆概率值)的方法。能够模拟抽样获得对抽样分布的直观认识。

二、实验内容

(1) 使用 Excel 函数完成正态分布、t 分布、χ^2 分布、F 分布的分布函数值的计算。

(2) 使用 Excel 函数计算正态分布、t 分布、χ^2 分布、F 分布的临界值。

(3) 使用 Excel 模拟抽样,获得对抽样分布的直观认识。

三、实验操作

1. 用 Excel 计算分布的累积概率

分布的累积概率也就是分布函数的值,在传统做法中这些概率都需要通过查表来获得,但现在通过 Excel 提供的函数可以更轻松地计算得到。

(1) 正态分布。

对于给定的 x 值,使用下述函数计算正态分布的分布函数值或密度函数值:

NORM. DIST(x,mean,standard_dev,cumulative)

该函数在 cumulative 为 1(TRUE)时计算正态分布的累积分布函数值(均值为 mean,标准差为 standard_dev,具体计算的是从负无穷到 x 的积分,即正态分布曲线下从负无穷到 x 的面积);在 cumulative 为 0(FALSE)时计算概率密度函数值。

另外,如果是标准正态分布,那么可以使用下述函数计算分布函数值或密度函数值:

$$\text{NORM.S.DIST}(z,\text{cumulative})$$

【例 4.1】 已知某校学生的统计学考试成绩服从均值为 75、标准差为 8 的正态分布,求学生成绩不及格的概率和成绩在 70~80 分的概率。

【操作提示】 计算学生成绩不及格的概率,输入公式:
$$=\text{NORM.DIST}(60,75,8,1)$$

返回结果为 0.030 396。

计算学生成绩在 70~80 分的概率,输入公式:
$$=\text{NORM.DIST}(80,75,8,1)-\text{NORM.DIST}(70,75,8,1)$$

返回结果为 0.468 029。

(2) t 分布。

Excel 中计算 t 分布的分布函数值或密度函数值的函数:
$$\text{T.DIST}(x,\text{deg\_freedom},\text{cumulative})$$

x 为需要计算分布的数字,deg_freedom 为自由度,cumulative 为 1(TRUE)时计算从负无穷到 x 的累积分布函数值,即 $P(T<x)$;cumulative 为 0(FALSE)时计算概率密度函数值。

T.DIST.2T(x,deg_freedom) 计算 t 分布双尾概率 $P(|T|>x)$。

T.DIST.RT(x,deg_freedom) 计算 t 分布右尾概率 $P(T>x)$。

【例 4.2】 已知随机变量 T 服从自由度为 25 的 t 分布,计算 $P(|T|\leq 2)$。

【操作提示】 结合图 4-2 可以看出,所求概率 $P(|T|\leq 2)$ 为图中白色区域的面积,所以有以下三种实现方式:

① $P(|T|\leq 2)=P(T<2)-P(T<-2)$,所以可以输入计算公式:
$$=\text{T.DIST}(2,25,1)-\text{T.DIST}(-2,25,1)$$

② $P(|T|\leq 2)=1-P(|T|>2)$,所以可以输入计算公式:
$$=1-\text{T.DIST.2T}(2,25)$$

③ $P(|T|\leq 2)=P(T>-2)-P(T>2)$,所以可以输入计算公式:
$$=\text{T.DIST.RT}(-2,25)-\text{T.DIST.RT}(2,25)$$

以上三条命令都返回结果 0.943 524。

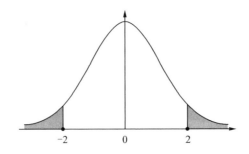

图 4-2 函数 T.DIST(-2,25,1) 返回值为左尾阴影面积

(3) 卡方分布。

对于给定的 x 值,用下述函数计算卡方分布的分布函数值或密度函数值:
$$\text{CHISQ.DIST}(x,\text{deg\_freedom},\text{cumulative})$$

该函数在 cumulative 为 1(TRUE)时计算分布函数值(自由度为 deg_freedom,具体计算的是 x 左尾部分的面积);在 cumulative 为 0(FALSE)时计算概率密度函数值。

另外,如果需要计算卡方分布右尾概率(参见图 4-3 中阴影部分),那么可以使用下述函数:

CHISQ. DIST. RT(x,deg_freedom)

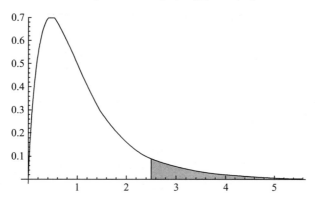

图 4-3　卡方分布函数 CHISQ. DIST. RT 的返回值为阴影面积

(4) F 分布。

对于给定的 x 值,用下述函数计算 F 分布的分布函数值或密度函数值:

F. DIST(x,deg_freedom1,deg_freedom2,cumulative)

该函数在 cumulative 为 1(TRUE)时计算分布函数值(分子自由度为 deg_freedom1,分母自由度为 deg_freedom2,具体计算的是 x 左尾部分的面积);在 cumulative 为 0(FALSE)时计算概率密度函数值。

另外,如果需要计算 F 分布右尾概率,那么可以使用下述函数:

F. DIST. RT(x,deg_freedom1,deg_freedom2)

2. 用 Excel 计算分布的临界值

已知一定的概率值,求概率分布中相应的临界值 x(累积概率分布的反函数),该计算是累积分布函数的逆运算。

(1) 正态分布。

对于均值为 mean、标准差为 standard_dev 的正态分布,临界值计算函数为

NORM. INV(probability,mean,standard_dev)

该函数返回左尾概率为 probability 的临界值 x(从负无穷到 x 的积分为 probability),即 x 左尾的面积为 probability。

如果是标准正态分布,可以使用下述函数计算临界值:

NORM. S. INV(probability)

该函数返回标准正态分布左尾概率为 probability 的临界值 z(参见图 4-4)。例如,输入"=NORM. S. INV(0.975)",则输出临界值 1.96,说明当左尾阴影面积为 0.975 时,与之对应的 z 值是 1.96。

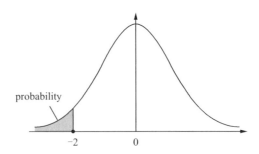

图 4-4　函数 NORM. S. INV 返回与左尾阴影面积对应的 z 值

(2) t 分布。

对于 t 分布,下述函数返回自由度为 deg_freedom、左尾面积为 probability 时的临界值 x:

$$\text{T. INV(probability, deg\_freedom)}$$

例如,公式"=T. INV(0.025,8)"的返回值为 -2.306,说明在自由度为 8 的 t 分布中,当左尾面积为 0.025 时,与之对应的临界值 x 是 -2.306,即有 $P(T<-2.306)=0.025$。

另外,下述函数返回的是 t 分布双尾面积(概率)为 probability 时的临界值 x:

$$\text{T. INV. 2T(probability, deg\_freedom)}$$

例如,公式"=T. INV. 2T(0.05,8)"的返回值为 2.306,说明在自由度为 8 的 t 分布中,当双尾面积为 0.05 时,与之对应的临界值 x 是 2.306,即有 $P(|T|>2.306)=0.05$。

(3) 卡方分布。

对于卡方分布,用下述函数返回自由度为 deg_freedom、左尾面积为 probability 时的临界值 x:

$$\text{CHISQ. INV(probability, deg\_freedom)}$$

例如,公式"=CHISQ. INV(0.05,20)"的返回值为 10.851,说明在自由度为 20 的卡方分布中,当左尾面积为 0.05 时,与之对应的临界值 x 是 10.851,即有 $P(\chi^2(20)<10.851)=0.05$。

另外,下述函数返回的是卡方分布右尾面积(概率)为 probability 时的临界值 x:

$$\text{CHISQ. INV. RT(probability, deg\_freedom)}$$

例如,公式"=CHISQ. INV. RT(0.05,20)"的返回值为 31.410,说明在自由度为 20 的卡方分布中,当右尾面积为 0.05 时,与之对应的临界值 x 是 31.410,即有 $P(\chi^2(20)>31.410)=0.05$。

(4) F 分布。

对于 F 分布,下述函数返回分子自由度为 deg_freedom1、分母自由度为 deg_freedom2、左尾面积为 probability 时的临界值 x:

$$\text{F. INV(probability, deg\_freedom1, deg\_freedom2)}$$

例如,公式"=F. INV(0.05,20,30)"的返回值为 0.490 4,说明在分子自由度、分母自由度分别为 20、30 的 F 分布中,当左尾面积为 0.05 时,与之对应的临界值 x 是 0.490 4,即有 $P(F(20,30)<0.490\ 4)=0.05$。

另外,下述函数返回的是 F 分布右尾面积(概率)为 probability 时的临界值 x:

$$F.INV.RT(probability, deg\_freedom1, deg\_freedom2)$$

例如，公式"=F.INV.RT(0.05,20,30)"的返回值为 1.931 7，说明在分子自由度、分母自由度分别为 20、30 的 F 分布中，当右尾面积为 0.05 时，与之对应的临界值 x 是 1.931 7，即有 $P(F(20,30)>1.931\ 7)=0.05$。

3. 样本均值抽样分布的随机模拟

利用 Excel 提供的随机数发生器，可以对抽样分布进行模拟，从而对抽样分布有更加直观的理解。

假设总体的均值为 μ，标准差为 σ，则统计理论表明，不论总体的分布如何，只要样本容量 n 足够大，样本均值的分布总会趋向于正态分布，且均值为 μ，标准差为 $\frac{\sigma}{\sqrt{n}}$。

【例 4.3】 假设总体服从均匀分布，模拟样本均值的抽样分布。

假设总体服从 [0,1] 区间上的均匀分布，则总体的均值为 $\mu=0.5$，方差 $\sigma^2=\frac{1}{12}$。从理论上说，当样本容量 n 足够大时，有 $\overline{X} \sim N\left(0.5, \frac{1}{12}\right)$。

【操作提示】 模拟从总体中抽取 1 000 个样本容量为 10 的样本（重复抽样），计算每个样本的样本均值 $\overline{X}$，然后观察样本均值 $\overline{X}$ 的分布形态。单击"数据"菜单中的"数据分析"，选择"随机数发生器"，在弹出的对话框中把变量个数设为 10，随机数个数设为 1 000，选择 [0,1] 区间上的均匀分布，如图 4-5 所示。"随机数基数"可以空缺，如果设定了基数，那么相同的基数产生的随机数相同，这往往有助于对结果进行验证。

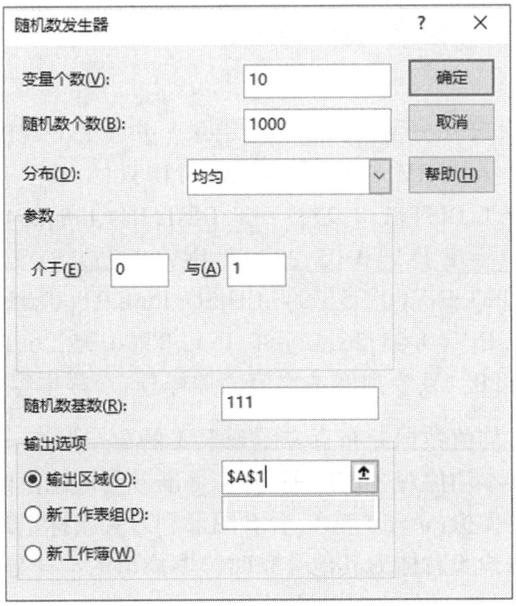

图 4-5 "随机数发生器"对话框

把随机数发生器输出结果的每一行看作一个容量为 10 的样本，这样共有 1 000 个样本。在 Excel 工作表的第 K 列中计算每个样本的均值，从而得到样本均值的 1 000 个观察值。接下来通过分组整理数据观察这 1 000 个样本均值的分布状况。这里,以组距为 0.05 进行分组,利用 Excel 中函数 FREQUENCY 统计各组频数(具体操作方法参见项目二统计实验),以频数绘制直方图并在次坐标轴以频率绘制折线图,所得图形如图 4-6 所示(具体操作方法参见项目二统计实验),可以看出该图形基本呈正态分布。另外,从模拟结果来看,本次模拟所得抽样分布的均值为 0.499 78(样本均值的 1 000 个观察值的平均值),与理论值 $\mu=0.5$ 差异非常小。本次模拟所得样本均值的标准差为 0.092 41,理论值等于 $\dfrac{\sigma}{\sqrt{n}}=\dfrac{\sqrt{1/12}}{\sqrt{10}}=0.091\ 29$,两者差异也非常小,这种差异是由抽样的随机性引起的。

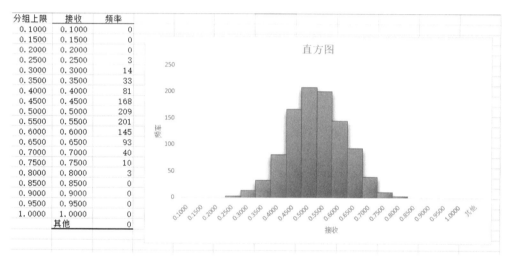

图 4-6 样本均值的抽样分布($n=10$)

四、实验实践

(1) 应用下述 Excel 公式分别会得到什么结果?并在 Excel 中具体检验一下。

= NORM. S. INV(NORM. S. DIST(3,1))

= T. DIST(1.8,25,1)+T. DIST. RT(1.8,25)

= T. INV(0.05,25)+T. INV(0.95,25)

= CHISQ. INV(0.95,30)−CHISQ. INV. RT(0.05,30)

= F. INV(0.05,26,12)−F. INV. RT(0.95,26,12)

(2) 假设总体 $X\sim U[0,1]$,模拟样本均值的抽样分布(样本容量 $n=20$)。

① 从模拟所得样本均值数据分布直方图观察 $\bar{X}$ 的分布形态。
② 分析模拟所得样本均值观察值的平均值、标准差与理论值的差异程度。
③ 增大样本容量再模拟($n=30$、50),看看图形和有关指标呈现何种变化。
④ 用随机数发生器检验总体为其他分布时样本均值的抽样分布。

(3) 设计样本比例抽样分布的随机模拟。

任务三 统计实训

一、单项选择题

1. 抽样推断是建立在（　　）基础之上的。
   A. 任意抽样　　　　　　　　　　B. 随机抽样
   C. 便利抽样　　　　　　　　　　D. 非随机抽样

2. 设总体 $X \sim N(11,4)$，$X_1, X_2, \cdots, X_{25}$ 是来自 X 的样本，则有（　　）。
   A. $\bar{X} \sim N\left(11, \dfrac{4}{25}\right)$　　　　　　B. $\bar{X} \sim N\left(11, \dfrac{4}{5}\right)$
   C. $\bar{X} \sim N\left(11, \dfrac{2}{5}\right)$　　　　　　D. $\bar{X} \sim N\left(\dfrac{11}{25}, 4\right)$

3. 设总体 $X \sim N(9,4)$，$X_1, X_2, \cdots, X_{36}$ 是来自 X 的样本，则下述分布服从 $N(0,1)$ 的是（　　）。
   A. $9(\bar{X}-9)$　　B. $3(\bar{X}-9)$　　C. $1.5(\bar{X}-3)$　　D. $3(\bar{X}-3)$

4. 记总体均值为 μ，方差为 σ^2，样本容量为 n，则在重复抽样时，关于样本均值 $\bar{X}$ 和样本方差 $\sigma_{\bar{X}}^2$，有（　　）。
   A. $E(\bar{X})=\mu, \sigma_{\bar{X}}^2=\sigma^2$　　　　　　B. $E(\bar{X})=\mu, \sigma_{\bar{X}}^2=\dfrac{\sigma^2}{n}$
   C. $E(\bar{X})=\dfrac{\mu}{n}, \sigma_{\bar{X}}^2=\sigma^2$　　　　　　D. $E(\bar{X})=\dfrac{\mu}{n}, \sigma_{\bar{X}}^2=\dfrac{\sigma^2}{n}$

5. 从均值为120、标准差为30的总体中，抽取容量为80的简单随机样本，则样本均值的期望值是（　　）。
   A. 120　　　　B. 30　　　　C. 900/$\sqrt{80}$　　　　D. 120/$\sqrt{80}$

6. 抽样分布是指（　　）。
   A. 总体参数的分布　　　　　　　B. 统计量的分布
   C. 总体单位标志值的分布　　　　D. 样本平均数的分布

7. 抽样成数是一个（　　）。
   A. 结构相对数　　　　　　　　　B. 比较相对数
   C. 比例相对数　　　　　　　　　D. 强度相对数

8. 要减小抽样误差，最切实可行的方法是（　　）。
   A. 适当增加样本容量　　　　　　B. 控制个体变异
   C. 严格挑选观察对象　　　　　　D. 考察总体中的每一个个体

9. 在简单随机重复抽样条件下，抽样单位数（样本容量）扩大为原来的4倍，则抽样平均误差（　　）。
   A. 缩小为原来的1/4　　　　　　　B. 扩大为原来的2倍
   C. 缩小为原来的1/2　　　　　　　D. 没有变化

10. 假定10亿人口的大国和100万人口的小国的居民年龄变异程度相同。现在各自用重复抽样方法抽取本国人口的1%计算平均年龄,则平均年龄的抽样平均误差(　　)。

A. 二者相等　　　　　　　　　B. 前者比后者大

C. 前者比后者小　　　　　　　D. 不能确定大小

11. 对甲、乙两个工厂工人的平均工资进行随机不重复抽样调查,调查的工人数一样,两工厂工资方差相同,但甲厂工人总数比乙厂工人总数多一倍,则抽样平均误差(　　)。

A. 甲厂比乙厂大　　　　　　　B. 甲厂比乙厂小

C. 两个工厂一样大　　　　　　D. 无法确定

12. 设 $X \sim N(0,1)$,若已知 $P(X<-0.9)=0.184$,则 $P(X<0.9)=$(　　)。

A. 0.816　　　B. 0.184　　　C. 0.684　　　D. 0.316

13. 设 m 是 n 重伯努利试验中事件 A 发生的次数,p 是事件 A 在每次试验中发生的概率,则对于任意小的正数 ε,有 $\lim\limits_{n\to\infty} P\left(\left|\dfrac{m}{n}-p\right|\geqslant\varepsilon\right)=$(　　)。

A. -1　　　B. 0.5　　　C. 1　　　D. 0

14. 设 $X_1,X_2,\cdots,X_n$ 是独立同分布的随机变量,数学期望为 μ,方差为 σ^2,则当 $n\to\infty$ 时,$\dfrac{\sum\limits_{i=1}^{n}X_i-n\mu}{\sqrt{n}\sigma}$ 服从的分布是(　　)。

A. $N(0,1)$　　　B. $t(n-1)$　　　C. $\chi^2(n)$　　　D. 未知的

15. 设 $X_1,X_2,\cdots,X_m,Y_1,Y_2,\cdots,Y_n$ 相互独立,且都服从 $N(0,1)$ 分布,则 $\dfrac{n(X_1^2+X_2^2+\cdots+X_m^2)}{m(Y_1^2+Y_2^2+\cdots+Y_n^2)}$ 服从的分布是(　　)。

A. $t\left(\dfrac{n}{m}\right)$　　　B. $\chi^2\left(\dfrac{n}{m}\right)$　　　C. $F(n,m)$　　　D. $F(m,n)$

二、多项选择题

1. 已知 $Z \sim N(0,1)$,$P(Z>1.645)=0.05$,把满足 $P(Z>x)=\alpha$ 的 x 记为 z_α,则(　　)。

A. $z_{0.05}=1.645$　　　　　　B. $z_{0.5}=0$

C. $z_{0.95}=-1.645$　　　　　D. $z_{0.95}=1.645$

E. $z_{0.05}=-1.645$

2. 某大学有50%的学生喜欢足球运动,40%的学生喜欢篮球运动,30%的学生二者都喜欢。从该校任意抽取一名学生,则此人(　　)。

A. 喜欢足球或篮球运动的概率是0.9

B. 喜欢足球或篮球运动的概率是0.6

C. 喜欢足球或篮球运动的概率是0.8

D. 既不喜欢足球运动也不喜欢篮球运动的概率是0.7

E. 既不喜欢足球运动也不喜欢篮球运动的概率是0.4

3. 下列结论正确的有(　　)。

A. 统计量是数

B. 统计量是随机变量

C. 统计量是不含总体参数的样本函数

D. 统计量是可以含有总体未知参数的样本函数

E. 统计量是可以含有总体已知参数的样本函数

4. 下列关于样本均值分布的叙述正确的是(　　)。

A. 当总体服从正态分布时,样本均值一定服从正态分布

B. 当总体服从正态分布时,只要样本容量足够大,样本均值就服从正态分布

C. 当总体不服从正态分布时,样本均值一定服从正态分布

D. 当总体不服从正态分布时,无论样本容量多大,样本均值都不会近似服从正态分布

E. 当总体不服从正态分布时,在小样本情况下,样本均值不服从正态分布

5. 如果采用重复抽样,那么(　　)。

A. 每个单位在每次抽样中都有相同的概率被抽中

B. 每抽 1 次,总体单位减少 1 个

C. 每个单位都可能在样本中出现 n 次

D. n 次抽样之间是相互独立的

E. 有 N^n 个可能的样本

6. 由样本均值的抽样分布可知,样本统计量与总体参数之间的关系为(　　)。

A. 在重复抽样条件下,样本均值的方差等于总体方差的 $1/n$

B. 样本方差等于总体方差的 $1/n$

C. 样本均值的期望值等于总体均值

D. 样本均值恰好等于总体均值

E. 样本均值的方差等于总体方差

7. 从 $\sigma=20$ 的总体($N=5\,000$)中抽取样本容量为 100 的随机样本,则样本均值的抽样标准差(　　)。

A. 重复抽样时为 2

B. 不重复抽样时为 $2\sqrt{4\,900/4\,999}$

C. 重复抽样时为 20

D. 不重复抽样时为 $2\sqrt{4\,900/4\,999}$

E. 不重复抽样时为 $0.2\sqrt{4\,900/4\,999}$

8. 影响抽样误差的因素包括(　　)。

A. 样本容量的大小　　　　　　　B. 总体各单位标志值的差异程度

C. 总体均值的大小　　　　　　　D. 抽取样本的方法

E. 抽样调查的组织形式

9. 下面关于 t 分布的叙述正确的有(　　)。
A. t 分布是一簇关于 y 轴对称的曲线
B. 当自由度 n 趋近于 ∞ 时,t 分布趋近于标准正态分布
C. 自由度 n 越大,t 分布越扁平
D. t 分布是对称分布,但不是正态分布
E. 如果 $X \sim N(0,1)$,那么 $X^2 \sim t(1)$

10. 下述分布是对称分布的有(　　)。
A. $t(21)$ 分布　　　　　　　　　B. $N(0,1)$ 分布
C. $N(97,6)$ 分布　　　　　　　　D. $\chi^2(45)$ 分布
E. $F(46,25)$ 分布

三、判断题

1. 某班有 40 名同学,现欲从中按不重复抽样抽取 12 人作为调查样本,则全部可能的样本数有 C_{40}^{12} 个。　　　　　　　　　　　　　　　　　　　　　　　　(　　)
2. 统计量是随机变量。　　　　　　　　　　　　　　　　　　　　　(　　)
3. 从同一总体中随机抽取样本容量相同的两个样本,它们的样本均值相同。(　　)
4. 通常所说的抽样误差一般是指抽样平均误差。　　　　　　　　　　(　　)
5. 简单随机抽样时,抽样误差大小与总体各单位标志值的差异程度成正比。(　　)
6. 简单随机抽样时,重复抽样的抽样误差大小与样本容量的平方根成反比。(　　)
7. 抽样单位数越多,抽样误差越大。　　　　　　　　　　　　　　　(　　)
8. 不重复抽样的抽样误差小于重复抽样的抽样误差。　　　　　　　　(　　)
9. S 和 σ_x 都是变异指标,因此它们都可以表示抽样误差的大小。　　(　　)
10. 在正态分布中,σ 越大,说明分布越集中,分布曲线越陡峭;σ 越小,说明分布离散程度越大,分布曲线越平缓。　　　　　　　　　　　　　　　　　　　　(　　)
11. 某次统计学考试,全体参与考试的同学成绩的平均分为 70 分,标准差为 5 分。小王成绩为 60 分,则该成绩的标准差是 −2 分。　　　　　　　　　　　　　(　　)
12. 小样本时,t 分布与标准正态分布存在较大差异,不能把 t 分布近似为标准正态分布。　　　　　　　　　　　　　　　　　　　　　　　　　　　　　(　　)
13. 设 $T \sim t(n)$,则 $P(T \leqslant -2) = P(T \geqslant 2)$。　　　　　　　　　　　(　　)
14. 如果 $X \sim N(0,1)$,$Y \sim \chi^2(n)$,且它们相互独立,那么随机变量 $\dfrac{X}{\sqrt{Y/n}} \sim t(n)$。
　　　　　　　　　　　　　　　　　　　　　　　　　　　　　　　(　　)
15. 如果 $X \sim N(0,1)$,那么 $X^2 \sim \chi^2(1)$。　　　　　　　　　　　　(　　)
16. 已知 $X_1, X_2, \cdots, X_n$ 都服从标准正态分布,且相互独立,则 $\sum\limits_{i=1}^{n} X_i^2 \sim \chi^2(n)$。
　　　　　　　　　　　　　　　　　　　　　　　　　　　　　　　(　　)
17. 已知 $X \sim \chi^2(m)$,$Y \sim \chi^2(n)$,则 $X/Y \sim F(m,n)$。　　　　　　(　　)
18. 根据伯努利大数定律,大量重复试验中事件发生的频率会稳定于该事件发生的概率。　　　　　　　　　　　　　　　　　　　　　　　　　　　　　　(　　)

19. 实践中,可以用事件发生的频率代替概率,所以,某人投掷一枚硬币4次,出现了1次正面,因此他可以说,投掷一枚硬币出现正面的概率为1/4。（　　）

20. 已知某校男生身高最低为155 cm,最高为185 cm,按照"3σ规则",估计该校男生身高的标准差为5 cm。（　　）

四、综合应用题

1. 一个多项选择题给出了5个选项,如果全凭猜测,猜对的概率是多少?

2. 有一男性和女性的比例为52∶48的人群,已知男性中5%是色盲,女性中0.3%是色盲,现随机抽中了一位色盲,求这个人是男性的概率。

3. 从均值为180、标准差为40的总体中,抽取样本容量$n=100$的简单随机样本,则关于样本均值$\overline{X}$：

（1）$\overline{X}$的数学期望是多少?

（2）$\overline{X}$的标准差是多少?

（3）$\overline{X}$的抽样分布是什么?

4. 从总体比例$\pi=0.2$的总体中,抽取一个样本容量为100的简单随机样本,则关于样本比例p：

（1）p的数学期望是多少?

（2）p的标准差是多少?

（3）p的分布是什么?

5. 某工厂有2 000个计件工人,采用不重复随机抽样方法抽取100人作为样本调查他们的平均工作量,根据以往资料得知总体标准差为32.45件。试计算抽样平均误差。

6. 总体比例为0.6,从该总体中抽取样本容量分别为30、60、120和500的样本。

（1）分别计算样本比例的标准差;

（2）当样本容量增大时,样本比例的标准差是如何变化的?

7. 某企业生产的产品的合格率为97.5%。现在从该企业全月生产的10 000件产品中随机抽取600件进行检验,则样本合格率的抽样平均误差是多少?

8. 某地建筑工人的日工资服从平均数为400元和标准差为100元的正态分布。一个由25个建筑工人组成的随机样本,其平均日工资低于380元的概率是多少?

9. 某校有5 000名学生,最近体检得知他们的平均身高为166 cm,身高的标准差为25 cm。现在按不重复抽样方法随机抽取了225人进行复查,则样本的平均身高大于165 cm的概率是多少?

10. 某公司生产的加碘食用盐净含量近似服从均值为500 g的正态分布。现随机抽出25袋作为样本进行检测,试问：

（1）如果已知总体标准差为10 g,则样本的平均净含量不超过499 g的概率有多大?

（2）如果总体标准差未知,样本的标准差为10 g,则样本的平均净含量不超过499 g的概率有多大?

项目五

参数估计

■ 知识目标

1. 理解不同类型抽样推断的基本原理。
2. 理解置信度与置信区间、抽样实际误差与平均误差的区别和联系。
3. 掌握不同类型抽样的参数估计原理和方法,提高对事物和现象的洞察能力。

■ 技能目标

1. 能够对不同类型抽样的参数进行点估计和区间估计。
2. 能够使用 Excel 对参数进行区间估计。
3. 能够分析并解读参数区间估计的各项指标。

■ 课程思政目标

统计推断就是利用样本数据来推断总体特征,由点及面、由部分推断总体真假的过程。在信息时代,纷繁复杂、良莠不齐的众多信息充斥着我们的生活,如何分辨信息真伪,统计推断方法为我们提供了有力的工具。在讲解统计推断方法的适用范围、基本原理和基本分析步骤时,可通过案例培养学生的理性思维,使学生具有高瞻远瞩的洞察力,而不是被事物的表面现象所迷惑。

■ 案例引入

应该抽取多少劳动力进行调查

要进行抽样推断,就要先获取样本数据。为此,首先必须在调查方案中设计好样本容量的大小,即必须明确应从总体中抽取多少个体(总体单位)进行调查。抽样推断的理论告诉我们,如果样本容量太小,抽样误差太大,就不能满足推断精度的要求;如果样本容量过大,虽然足以满足推断精度要求,但调查的代价(包括人力、财力、物力和时间的花费)很大,造成不必要的浪费,甚至使调查变得无法实施或得不偿失。所以,科学地确定合适的样本容量是抽样调查中很重要的一个环节。

某市劳动就业服务部门为了了解该市劳动力的就业和收入状况,准备进行一次抽样调查,调查内容包括接受调查的人的性别、年龄、学历、是否在业、在何种类型的单位就业、本月工作天数、本月工资收入、家庭其他成员是否在业等。在待估计的多项总体指标中,调查者最关注的是全市劳动力的就业率(或失业率)以及月平均收入。因此,规定了这两个指标的估计精度:要求在 95% 的置信度下,就业率或失业率的允许误差不超过 1 个百分点,月平均收入的允许误差不超过 3%。

由其他渠道初步估计:全市劳动力的就业率大致为 94%,失业率大致为 6%,平均每个劳动力的月收入大约为 1 650 元,标准差为 584 元。

根据上述推断要求和已知的相关信息,应该抽取多少劳动力构成所要调查的样本呢?

思考题

1. 根据就业率的允许误差要求计算出样本量(提示:就业率的允许误差就是其抽样极限误差,即 $\Delta = 1\%$)。

2. 根据失业率的允许误差要求计算出样本量(提示:失业率的允许误差就是其抽样极限误差,同样 $\Delta = 1\%$),并分析计算结果与第一个问题的答案有何关系。

3. 根据月平均收入的允许误差要求计算出样本量(提示:要求月平均收入的允许误差不超过 3%,这里的 3% 是误差率或称为相对允许误差,再根据劳动力的月平均收入,就可以将其换算为允许误差的绝对值 Δ)。

4. 为了满足就业率和月平均收入的允许误差要求,应该共用一个调查样本还是分别抽取各自的调查样本? 如果可以共用一个调查样本,那么该样本的样本容量应该取多大? 为什么?

5. 如果要求推断的置信度下降到 90%,样本容量的计算结果应各是多少? 如果要求推断的置信度提高到 99.7%,样本容量的计算结果又是多少? 观察计算结果的变化,并说明推断的置信度与样本容量之间存在什么关系。

课程任务

任务一 统计知识

在实际问题中,人们往往对总体的某个特征数(参数)感兴趣,因此参数估计是经常会遇到的问题。参数估计就是在抽样及抽样分布的基础上,根据样本特征来推断总体的数量特征。点估计和区间估计是参数估计的两种常用方法。

一、参数的点估计

1. 点估计的概念

点估计就是以样本观测数据为依据,对总体参数给出确定值的估计,即用一个样本的具体统计量的值去估计总体的未知参数。

2. 评价点估计优劣的标准

(1) 无偏性:以样本统计量 $\hat{\theta}$ 估计总体参数 θ,若 $E(\hat{\theta}) = \theta$,则称 $\hat{\theta}$ 是 θ 的无偏估计量,否则称为有偏估计量。

(2) 一致性:随着样本容量的增大,估计值与参数值之间有较大偏差的可能性应当可以足够小。即对 $\forall \varepsilon > 0$,$\lim\limits_{n \to +\infty} P(|\hat{\theta}_n - \theta| < \varepsilon)$,也可以记为 $\hat{\theta}_n \xrightarrow{P} \theta (n \to \infty)$,称为 $\hat{\theta}_n$ 依概率收敛于 θ,符合这一要求的估计量叫作一致性估计量。

(3) 有效性:如果 $\hat{\theta}_1$、$\hat{\theta}_2$ 都是参数 θ 的无偏估计量,但 $D(\hat{\theta}_1) < D(\hat{\theta}_2)$,则称 $\hat{\theta}_1$ 比 $\hat{\theta}_2$ 更

有效。即对同一参数的两个无偏估计量,看哪个更能稳定在 θ 的附近,方差较小的估计量更有效。

3. 常用的点估计

在实际问题中,总体均值 μ、总体比例 π、标准差 σ 这些参数常常是人们认识一个现象时重点关注的量。这些参数的点估计量分别为

$$\hat{\mu} = \bar{X} = \frac{1}{n}\sum_{i=1}^{n} X_i$$

$$\hat{\pi} = p = \frac{m}{n}$$

$$\hat{\sigma} = S = \sqrt{\frac{1}{n-1}\sum_{i=1}^{n}(X_i - \bar{X})^2}$$

其中,n 为样本容量,m 是样本中具有某种特征的单位数。这些点估计量都满足无偏性、一致性和有效性的要求。

二、参数的区间估计

区间估计是在一定的置信度下,用一个区间范围来估计总体参数,即估计总体参数的置信区间。

1. 单总体参数的区间估计

单总体均值、比例、方差的置信区间见表 5-1($1-\alpha$ 为置信度,下同)。

表 5-1 单总体参数的区间估计

参数	条件	置信区间
均值 μ	总体正态,方差 σ^2 已知	$\left(\bar{X} - z_{\alpha/2}\frac{\sigma}{\sqrt{n}},\ \bar{X} + z_{\alpha/2}\frac{\sigma}{\sqrt{n}}\right)$
	总体正态,方差 σ^2 未知	$\left(\bar{X} - t_{\alpha/2}(n-1)\cdot\frac{S}{\sqrt{n}},\ \bar{X} + t_{\alpha/2}(n-1)\cdot\frac{S}{\sqrt{n}}\right)$
	总体非正态,大样本($n \geq 30$)	$\left(\bar{X} - z_{\alpha/2}\frac{\sigma}{\sqrt{n}},\ \bar{X} + z_{\alpha/2}\frac{\sigma}{\sqrt{n}}\right)$ 或 $\left(\bar{X} - z_{\alpha/2}\frac{S}{\sqrt{n}},\ \bar{X} + z_{\alpha/2}\frac{S}{\sqrt{n}}\right)$
比例 π	大样本 ($n \geq 30, np \geq 5, n(1-p) \geq 5$)	$\left(p - z_{\frac{\alpha}{2}}\sqrt{\frac{p(1-p)}{n}},\ p + z_{\frac{\alpha}{2}}\sqrt{\frac{p(1-p)}{n}}\right)$
方差 σ^2	总体正态	$\left(\frac{(n-1)S^2}{\chi^2_{\alpha/2}},\ \frac{(n-1)S^2}{\chi^2_{1-\alpha/2}}\right)$

2. 双总体参数的区间估计

双总体均值差、比例差、方差比的置信区间见表 5-2。

表 5-2　双总体参数的区间估计

参数	条件	置信区间
均值差 $\mu_1-\mu_2$	总体正态,两组样本——配对	$\left(\bar{d}-t_{\alpha/2}(n-1)\dfrac{S_d}{\sqrt{n}},\bar{d}+t_{\alpha/2}(n-1)\dfrac{S_d}{\sqrt{n}}\right)$
	两个独立的正态总体,方差已知	$(\bar{X}_1-\bar{X}_2)\pm z_{\alpha/2}\sqrt{\dfrac{\sigma_1^2}{n_1}+\dfrac{\sigma_2^2}{n_2}}$
	两个独立的正态总体,方差未知但相等	$(\bar{X}_1-\bar{X}_2)\pm t_{\alpha/2}(n_1+n_2-2)\cdot\sqrt{S_p^2\left(\dfrac{1}{n_1}+\dfrac{1}{n_2}\right)}$
	两个独立的正态总体,方差未知且不等	$(\bar{X}_1-\bar{X}_2)\pm t_{\alpha/2}(df)\sqrt{\dfrac{S_1^2}{n_1}+\dfrac{S_2^2}{n_2}}$
	两个独立的非正态总体,都为大样本	$(\bar{X}_1-\bar{X}_2)\pm z_{\alpha/2}\sqrt{\dfrac{S_1^2}{n_1}+\dfrac{S_2^2}{n_2}}$
比例差 $\pi_1-\pi_2$	两样本都为大样本 $(n_1\geqslant 30,n_1p_1\geqslant 5,n_1q_1\geqslant 5,$ $n_2\geqslant 30,n_2p_2\geqslant 5,n_2q_2\geqslant 5)$	$(p_1-p_2)\pm z_{\alpha/2}\sqrt{\dfrac{p_1(1-p_1)}{n_1}+\dfrac{p_2(1-p_2)}{n_2}}$
方差比 σ_1^2/σ_2^2	两个独立的正态总体	$\left(\dfrac{S_1^2/S_2^2}{F_{\alpha/2}},\dfrac{S_1^2/S_2^2}{F_{1-\alpha/2}}\right)$

表 5-2 中, $S_p^2=\dfrac{(n_1-1)S_1^2+(n_2-1)S_2^2}{n_1+n_2-2}, df=\dfrac{\left(\dfrac{S_1^2}{n_1}+\dfrac{S_2^2}{n_2}\right)^2}{\dfrac{(S_1^2/n_1)^2}{n_1-1}+\dfrac{(S_2^2/n_2)^2}{n_2-1}}$。

三、样本容量的确定

在抽样调查的设计阶段,人们一般需要确定满足估计精度要求的最小抽样样本容量。

1. 估计总体均值时样本容量的确定

令 Δ 表示所能容忍的边际误差(也称抽样极限误差),在重复抽样条件下,有 $\Delta=z_{\alpha/2}\dfrac{\sigma}{\sqrt{n}}$,由此可推导出所需样本容量为

$$n=\dfrac{(z_{\alpha/2})^2\sigma^2}{\Delta^2}$$

实际样本容量取不小于计算结果的最小整数(圆整法则)。式中总体标准差 σ 未知时的一般措施是:① 可根据历史资料来估计 σ,并且如果有多个可选的总体方差值,为了保证估计的精度和置信度,应选最大的;② 用试调查的办法,抽选一个初始样本,以该样本的标准差作为 σ 的估计值。

2. 估计总体比例时样本容量的确定

在重复抽样条件下,估计总体比例置信区间的边际误差为 $\Delta = z_{\alpha/2}\sqrt{\dfrac{\pi(1-\pi)}{n}}$,由此推导出确定样本容量的公式为

$$n = \dfrac{(z_{\alpha/2})^2 \cdot \pi(1-\pi)}{\Delta^2}$$

式中,π 的值是未知的,解决的办法是:① 用过去的(或类似资料的)比例来代替;② 用试调查的办法,抽选一个初始样本,以该样本的比例作为 π 的估计值;③ 直接取 $\pi=0.5$。

任务二　统计实验

一、实验目的

掌握借助 Excel 完成参数点估计和区间估计有关计算的方法。能够根据软件返回的计算结果得出最终的分析结论。

二、实验内容

(1) 使用 Excel 函数完成总体参数区间估计的有关计算,得出估计区间。

(2) 使用描述统计工具完成总体参数区间估计的有关计算,并得出所需的估计区间。

三、实验操作

对总体参数的点估计主要涉及有关统计量的计算,在 Excel 中可以直接调用函数实现。

对总体参数进行区间估计,可以使用函数和自编公式的方法来完成置信区间上限与下限的有关计算。

1. 总体正态、标准差已知时对均值的区间估计

当总体服从正态分布且标准差 σ 已知时,对总体均值的区间估计为 $\overline{X} \pm z_{\alpha/2} \cdot \dfrac{\sigma}{\sqrt{n}}$。在 Excel 中可使用函数"CONFIDENCE. NORM"计算抽样的极限误差 $z_{\alpha/2} \cdot \dfrac{\sigma}{\sqrt{n}}$,调用格式为

CONFIDENCE. NORM(alpha,standard_dev,size)

其中,alpha 是对应于置信度$(1-\alpha)$的 α 值,standard_dev 为已知的总体标准差 σ,size 为样本容量 n。

【例 5.1】　从一个年级随机抽取 20 名学生,得知他们的统计学成绩如下:

80　92　85　74　63　68　94　96　81　86
73　83　91　72　82　84　79　87　91　64

(1) 点估计:对该年级统计学平均分、90 分以上的比例、成绩的标准差做点估计。

(2) 区间估计:假设成绩服从正态分布,标准差 $\sigma=10$ 分,试以 90% 的置信度估计该年级统计学成绩的置信区间。

【操作提示】

(1) 点估计的操作:假设已经将样本成绩数据录入 A1:J2 单元格。在 Excel 中直接调

用函数。

在空白单元格输入"=AVERAGE(A1:J2)",返回样本均值81.25,即总体均值μ的估计值;

在空白单元格输入"=COUNTIF(A1:J2,">=90")/COUNT(A1:J2)",返回样本比例0.25,即总体比例π的估计值;

在空白单元格输入"=STDEV.S(A1:J2)",返回样本标准差9.694 7,即总体标准差σ的估计值。

(2)区间估计的操作:假设已经将样本成绩数据录入A1:J2单元格。在Excel中调用函数完成置信区间的计算。

置信下限:输入"=AVERAGE(A1:J2)-CONFIDENCE.NORM(0.1,10,20)",返回77.572;

置信上限:输入"=AVERAGE(A1:J2)+CONFIDENCE.NORM(0.1,10,20)",返回84.928。

所以,该年级统计学成绩置信度90%的置信区间为(77.572,84.928)。为方便应用,Excel也可以通过定义变量名称来实现单元格数据引用。

【操作步骤】

(1)输入变量名和变量值。在A列输入变量名"样本数据"和具体的样本数值,在B列输入变量名"总体标准差"和已知的标准差数值,在C列输入变量名"置信度"和给定的置信度数值。

(2)定义名称。选中A、B、C三列之后(将鼠标移到A列位置,呈黑色向下的箭头时按下左键并向右拖动即可实现整列定义。如果只想对已有区域的单元格数据定义变量名称,则只需选中相应区域),单击"公式"菜单中的"根据所选内容创建"工具,在弹出的对话框中已经默认勾选"首行",直接单击"确定"完成变量名定义(图5-1)。

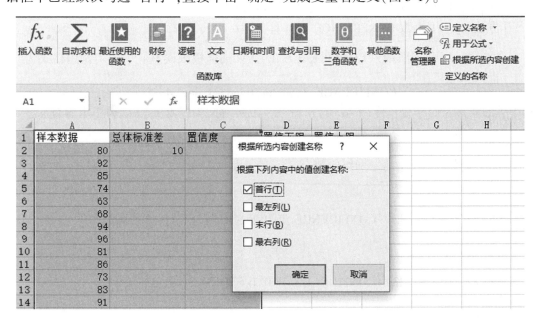

图5-1 Excel定义名称

(3) 计算置信区间。

置信下限:在 D2 单元格输入"= AVERAGE(样本数据)-CONFIDENCE. NORM(1-置信度,总体标准差,COUNT(样本数据))",返回 77.572;

置信上限:在 E2 单元格输入"= AVERAGE(样本数据)+CONFIDENCE. NORM(1-置信度,总体标准差,COUNT(样本数据))",返回 84.928。

注意:这些公式中引用的是定义的变量名称,以后使用该工作表进行同类问题的区间估计时,只需在 A 列输入新的样本数据(样本容量可多可少),在 B2 与 C2 单元格输入相应的已知数据,即可得出所求置信区间。其他类型的区间估计问题,也可以仿照上述操作。

2. 总体正态、标准差未知时对均值的区间估计

当总体服从正态分布、标准差 σ 未知时,对总体均值 μ 的区间估计为 $\bar{X} \pm t_{\alpha/2} \cdot \frac{S}{\sqrt{n}}$。下面以例 5.2 具体说明这类问题的操作方法。

【例 5.2】 参加某项体育比赛的人的年龄可以视为服从正态分布。现随机调查了 30 位参赛者,他们的年龄见表 5-3。

表 5-3 30 位参赛者的年龄

序号	年龄	序号	年龄	序号	年龄	序号	年龄	序号	年龄	序号	年龄	序号	年龄	序号	年龄
1	19	5	17	9	16	13	21	17	22	21	19	25	16	29	19
2	17	6	19	10	22	14	16	18	22	22	22	26	20	30	22
3	19	7	18	11	19	15	19	19	21	23	20	27	20		
4	20	8	27	12	21	16	23	20	16	24	20	28	18		

求该项目所有参赛者平均年龄置信度为 90% 的置信区间。

【方法 1】 用函数 CONFIDENCE. T 计算。

在 Excel 中可使用函数"CONFIDENCE. T"计算抽样极限误差 $t_{\alpha/2} \cdot \frac{S}{\sqrt{n}}$,调用格式为

CONFIDENCE. T(alpha, standard_dev, size)

其中, alpha 是对应于置信度 $(1-\alpha)$ 的 α 值,standard_dev 为标准差,size 为样本容量 n。

(1) 把数据输入(复制)到 A1:J3 单元格。

(2) 对照公式 $\bar{X} \pm t_{1-\alpha/2} \frac{S}{\sqrt{n}}$ 编辑函数。

计算置信下限,输入:

= AVERAGE(A1:J3)-CONFIDENCE. T(0.1,STDEV. S(A1:J3),30)

返回 18.905。

计算置信上限,输入:

= AVERAGE(A1:J3)+CONFIDENCE. T(0.1,STDEV. S(A1:J3),30)

返回 20.428。

其中,AVERAGE(A1:J3)计算样本平均值 $\bar{X}$,0.1 是 α 值,STDEV. S(A1:J3)计算样本标准

差 S，30 是样本容量。

所以,参赛者平均年龄置信度 90% 的置信区间为(18.905,20.428)。

【方法 2】 利用描述统计工具的报告结果。

将样本数据按一列录入,比如放置于 A1:A30,然后单击"数据"菜单中的"数据分析",在弹出的对话框中选择"描述统计",在"描述统计"对话框中,把置信度改为"90%",其他按图 5-2 所示填入,单击"确定"后可得图 5-2 表格右侧所示的结果。

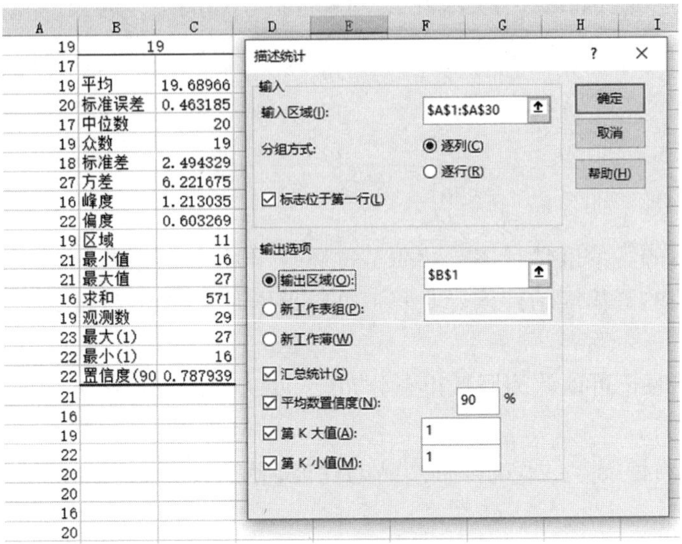

图 5-2 Excel 描述统计工具

由图 5-2 的输出结果可得,样本均值为 19.69,抽样极限误差为 0.79,所以参赛者平均年龄置信度为 90% 的置信区间为

$$(19.69-0.79, 19.69+0.79) = (18.90, 20.48)$$

注意:借助描述统计工具的报告结果,"置信度"对应值是按公式 $t_{\alpha/2} \cdot \dfrac{S}{\sqrt{n}}$ 计算的抽样极限误差,因而利用它进行总体均值的区间估计,适用于总体正态、标准差未知的情形。当然如果是大样本,也适用于总体分布未知的情形。

3. 总体比例、方差的区间估计

对总体比例进行区间估计要求样本为大样本,公式是

$$\left(p - z_{\frac{\alpha}{2}}\sqrt{\frac{p(1-p)}{n}}, p + z_{\frac{\alpha}{2}}\sqrt{\frac{p(1-p)}{n}}\right)$$

对总体方差进行区间估计要求总体服从正态分布,公式是

$$\left(\frac{(n-1)S^2}{\chi^2_{\alpha/2}}, \frac{(n-1)S^2}{\chi^2_{1-\alpha/2}}\right)$$

在 Excel 中主要是通过调用函数并编写算式,分别计算置信区间的上限、下限,得到总体比例及方差的置信区间。涉及的函数主要有:

NORM.S.INV(probability):返回左尾面积为 probability 的标准正态分布临界值。

SQRT（number）：返回数值 number 的正平方根。
VAR. S（number1,number2,…）：计算样本方差 S^2。
CHISQ. INV（probability,deg_freedom）：返回左尾面积为 probability 的卡方分布临界值。
借助 Excel 进行双总体参数的区间估计，主要是对照公式通过调用 Excel 函数并编写算式分别计算置信区间的上限和下限。

四、实验实践

（1）从某行业随机抽取了 40 名职工，调查他们一周的工作时长（单位：h），结果如下：

48	41	52	59	58	62	35	48	58
45	38	37	43	45	35	46	47	51
48	47	59	49	49	46	64	56	60
62	39	54	56	63	49	46	55	47

① 试以 95%的置信度估计该行业职工每周工作时长的范围。

② 试以 90%的置信度估计该行业职工每周工作时长在 56 h 以上（不含 56 h）的职工所占的比例。

③ 职工工作时长可以认为服从正态分布，试以 95%的置信度估计该行业职工每周工作时长方差的范围。

（2）比较用两种配方生产的某种产品的性能，经抽样测定得到抗拉强度数据（单位：kg）见表 5-4。

表 5-4　用两种配方生产的某种产品的抗拉强度数据

| 配方Ⅰ | 78.4 | 83.7 | 82.9 | 68.7 | 77.5 | 77.9 | 72.7 | 83.6 | 71.9 | 78.4 | 81.1 | — |
| 配方Ⅱ | 69.9 | 70.5 | 59.7 | 59.6 | 74.7 | 65.4 | 70.9 | 73.2 | 73.2 | 61.8 | 72.6 | 65.9 |

假定抗拉强度服从正态分布。

① 假定两个总体方差相等，试以 95%的置信度估计用配方Ⅰ与配方Ⅱ生产的产品抗拉强度的差异。

② 假定两个总体方差不相等，仍以 95%的置信度估计用配方Ⅰ与配方Ⅱ生产的产品抗拉强度的差异。

（3）（计算机模拟问题）用计算机模拟从一个总体中随机抽取一定数量的产品进行调查，并依据所得样本数据对总体参数进行估计，验证统计推断方法的有效性。

【提示】　可以执行以下操作：

① 获得样本数据。借助 Excel 的随机数发生器产生 30 个服从正态分布的数据，不妨设想为特定人群的身高（单位：cm），设定均值为 168，标准差为 5。

② 以样本统计量对总体参数（均值、方差、比例）做点估计，注意查看估计的误差大小。

③ 以样本数据对总体参数做区间估计，注意查看总体参数是否在你估计的范围之内。

④ 改变总体标准差和样本容量的大小，重新生成样本数据，再对总体参数进行推断，结论有何不同？设定的标准差和样本容量是如何影响估计结果的？

任务三　统计实训

一、单项选择题

1. 抽样平均误差是指样本平均数(或样本比例)的(　　)。
   A. 平均差　　　　　B. 算术平均数　　　C. 标准差　　　　　D. 标准差系数

2. 抽样极限误差是指(　　)。
   A. 抽样误差的平均数　　　　　　　B. 抽样平均数的标准差
   C. 抽样成数的标准差　　　　　　　D. 置信区间的允许误差范围

3. 当可靠度大于68.27%时,抽样极限误差(　　)。
   A. 大于抽样平均误差
   B. 小于抽样平均误差
   C. 等于抽样平均误差
   D. 与抽样平均误差的大小关系依样本容量而定

4. 在边际误差一定的条件下,可以提高抽样推断可靠性的方法是(　　)。
   A. 扩大样本容量　　　　　　　　　B. 扩大总体标准差
   C. 缩小样本容量　　　　　　　　　D. 缩小总体标准差

5. 抽样调查的根本目的是(　　)。
   A. 掌握样本特征　　　　　　　　　B. 掌握样本统计量
   C. 推断总体特征　　　　　　　　　D. 获取详细的总体资料

6. 随着样本容量的增大,几乎可以肯定点估计量的值越来越接近被估计总体参数的真实值,这种性质是估计量的(　　)。
   A. 无偏性　　　　　B. 稳健性　　　　　C. 有效性　　　　　D. 一致性

7. 参数点估计的无偏性是指(　　)。
   A. 样本指标等于总体指标
   B. 估计量的值等于被估计的总体参数
   C. 样本平均数等于总体平均数
   D. 估计量的数学期望等于被估计的总体参数

8. 一个估计量的有效性是指(　　)。
   A. 该估计量的方差比其他估计量小
   B. 该估计量的期望值等于被估计的总体参数
   C. 随着样本容量的增大,该估计量的值越来越接近总体参数
   D. 该估计量的方差比其他估计量大

9. 当置信度一定时,置信区间的宽度随样本容量增大而(　　)。
   A. 增大　　　　　　B. 减小　　　　　　C. 不变　　　　　　D. 先增后减

10. 在简单随机重复抽样条件下,当置信度从68.27%提高到95.45%时,若要保证置信区间的宽度不变,则必要的样本容量应该(　　)。
    A. 增加4倍　　　　B. 增加2倍　　　　C. 增加3倍　　　　D. 减少一半

11. 现随机抽查某企业生产的茶叶 36 袋,发现平均重量为 99 g,抽样平均误差为 1 g,则以 95.45%($z_{\frac{\alpha}{2}}=2$)的把握估计,每袋茶叶的重量范围是(　　)。

A. (99−1,99+1)　　　　　　　　B. (99−2,99+2)

C. (99−3,99+3)　　　　　　　　D. $\left(99-\frac{1}{3}, 99+\frac{1}{3}\right)$

12. 对某单位职工的文化程度进行抽样调查,得知其中 80% 的人是高中毕业,抽样平均误差为 2%。当置信度为 95.45% 时($z_{\frac{\alpha}{2}}=2$),估计该单位职工中具有高中文化程度的比重(　　)。

A. 在 78%~82% 之间　　　　　　B. 等于 78%

C. 在 76%~84% 之间　　　　　　D. 大于 84%

13. 置信区间的宽度表现了区间估计的(　　)。

A. 可靠度　　　B. 置信度　　　C. 把握度　　　D. 精确度

14. 想要估计两地果树的平均结果量的差异,在甲地随机抽取 100 棵果树,乙地随机抽取 80 棵果树,获得两地样本的平均结果量与标准差。要估计两地果树平均结果量的差异,应使用的计算公式为(　　)。

A. $(\overline{X_1}-\overline{X_2}) \pm z_{\frac{\alpha}{2}} \sqrt{\frac{S_1^2}{n_1}+\frac{S_2^2}{n_2}}$　　　　B. $\overline{X} \pm z_{\frac{\alpha}{2}} \frac{S}{\sqrt{n}}$

C. $(\overline{X_1}-\overline{X_2}) \pm z_{\frac{\alpha}{2}} \sqrt{\frac{\sigma_1^2}{n_1}+\frac{\sigma_2^2}{n_2}}$　　　　D. $(\overline{X_1}-\overline{X_2}) \pm t_{\frac{\alpha}{2}}(n_1+n_2-2) \sqrt{\frac{S_1^2}{n_1}+\frac{S_2^2}{n_2}}$

15. 表 5-5 是 2022 年我国 31 个城市年平均相对湿度的数据。

表 5-5　2022 年我国 31 个城市年平均相对湿度的数据

城市	年平均相对湿度/%	城市	年平均相对湿度/%	城市	年平均相对湿度/%
拉萨	35	长春	59	广州	71
呼和浩特	47	天津	61	合肥	72
银川	51	郑州	62	福州	72
北京	53	西安	67	长沙	72
乌鲁木齐	54	沈阳	68	重庆	75
石家庄	55	昆明	69	南宁	76
兰州	56	上海	70	温州	77
西宁	56	南京	71	海口	78
哈尔滨	57	杭州	71	贵阳	79
太原	58	南昌	71		
济南	58	武汉	71		

根据表中数据回答下列问题:

(1)根据表中数据对年平均相对湿度进行分组时,适合的组数为(　　)。

A. 2组　　　　　B. 6组　　　　　C. 3组　　　　　D. 16组

(2)31个城市年平均相对湿度的中位数为(　　)。

A. 35　　　　　B. 79　　　　　C. 68　　　　　D. 71

(3)31个城市年平均相对湿度的众数为(　　)。

A. 35　　　　　B. 79　　　　　C. 68　　　　　D. 71

(4)31个城市的年平均相对湿度可以视为从全国所有城市中抽取的随机样本。假定全国年平均相对湿度服从正态分布,且总体标准差为11,则全国年平均相对湿度的置信度为95%的区间估计为(　　)。

A. $\left(64.3-1.96\times\dfrac{11}{\sqrt{31}}, 64.3+1.96\times\dfrac{11}{\sqrt{31}}\right)$

B. $\left(64.3-1.96\times\dfrac{11}{31}, 64.3+1.96\times\dfrac{11}{31}\right)$

C. $\left(64.3-1.96\times\dfrac{11}{\sqrt{30}}, 64.3+1.96\times\dfrac{11}{\sqrt{30}}\right)$

D. $\left(64.3-1.96\times\dfrac{11}{30}, 64.3+1.96\times\dfrac{11}{30}\right)$

(5)如果希望估计我国所有城市中年平均相对湿度小于60%的城市所占的比例,则该比例的置信度为95%的区间估计为(　　)。

A. $\left(\dfrac{12}{31}-1.96\times\dfrac{\frac{12}{31}\times\frac{19}{31}}{\sqrt{31}}, \dfrac{12}{31}+1.96\times\dfrac{\frac{12}{31}\times\frac{19}{31}}{\sqrt{31}}\right)$

B. $\left(\dfrac{12}{31}-1.96\times\dfrac{\sqrt{\frac{12}{31}\times\frac{19}{31}}}{\sqrt{31}}, \dfrac{12}{31}+1.96\times\dfrac{\sqrt{\frac{12}{31}\times\frac{19}{31}}}{\sqrt{31}}\right)$

C. $\left(\dfrac{12}{31}-1.96\times\dfrac{\frac{12}{31}\times\frac{19}{31}}{31}, \dfrac{12}{31}+1.96\times\dfrac{\frac{12}{31}\times\frac{19}{31}}{31}\right)$

D. $\left(\dfrac{12}{31}-1.96\times\dfrac{\sqrt{\frac{12}{31}\times\frac{19}{31}}}{31}, \dfrac{12}{31}+1.96\times\dfrac{\sqrt{\frac{12}{31}\times\frac{19}{31}}}{31}\right)$

二、多项选择题

1. 为了估计总体均值,在确定抽样样本容量时不知道总体的方差,可以采用(　　)。

A. 总体方差的历史资料　　　　　　B. 其他总体的方差
C. 自己估计一个方差值　　　　　　D. 直接取方差值为0.5
E. 调查前组织一次小规模试验性的抽样调查取得方差资料

2. 为了估计总体比例,在确定抽样样本容量时总体比例可以采用(　　)。

A. 总体比例的历史资料　　　　　　B. 其他总体的比例

C. 自己估计一个比例值　　　　　　D. 直接取比例值为0.5

E. 调查前组织一次小规模试验性的抽样调查取得比例资料

3. 必要抽样单位数取决于(　　)。

A. 总体均值的大小　　　　　　　　B. 总体标志变动度的大小

C. 允许误差的大小　　　　　　　　D. 样本标志变动度的大小

4. 评价点估计量优劣的标准有(　　)。

A. 一致性　　　　B. 无偏性　　　　C. 显著性　　　　D. 有效性

5. 小样本情况下,总体均值的区间估计方法是(　　)。

A. 若总体服从正态分布,且总体方差已知,则置信区间为 $\left(\bar{X}-z_{\alpha/2}\dfrac{\sigma}{\sqrt{n}}, \bar{X}+z_{\alpha/2}\dfrac{\sigma}{\sqrt{n}}\right)$

B. 若总体服从正态分布,且总体方差已知,则置信区间为 $\left(\bar{X}-t_{\alpha/2}\dfrac{\sigma}{\sqrt{n}}, \bar{X}+t_{\alpha/2}\dfrac{\sigma}{\sqrt{n}}\right)$

C. 若总体服从正态分布,且总体方差未知,则置信区间为 $\left(\bar{X}-z_{\alpha/2}\dfrac{S}{\sqrt{n}}, \bar{X}+z_{\alpha/2}\dfrac{S}{\sqrt{n}}\right)$

D. 若总体服从正态分布,且总体方差未知,则置信区间为 $\left(\bar{X}-t_{\alpha/2}\dfrac{S}{\sqrt{n}}, \bar{X}+t_{\alpha/2}\dfrac{S}{\sqrt{n}}\right)$

E. 若总体不服从正态分布,且总体方差已知,则置信区间为 $\left(\bar{X}-z_{\alpha/2}\dfrac{\sigma}{\sqrt{n}}, \bar{X}+z_{\alpha/2}\dfrac{\sigma}{\sqrt{n}}\right)$

6. 对总体比例进行区间估计,需要满足的条件是(　　)。

A. 大样本　　　　　　　　　　　　B. 总体服从正态分布

C. 小样本　　　　　　　　　　　　D. $np \geqslant 5$

E. $n(1-p) \geqslant 5$

7. 一个置信度为95%的置信区间是指(　　)。

A. 置信区间包含总体参数值的可能性是95%

B. 置信区间包含总体参数值的可能性是1-95%

C. 在用同样的方法构造的多个区间中,有95%的区间包含该总体参数

D. 在用同样的方法构造的多个区间中,有1-95%的区间包含该总体参数

E. 对于所有可能的样本构造出的置信区间而言,会有95%的区间把该总体参数包含在内

8. 在总体均值和总体比例的区间估计中,下列因素会影响边际误差大小的有(　　)。

A. 置信度

B. 样本容量

C. 统计量的抽样标准差(抽样平均误差)

D. 抽样方法(重复抽样或不重复抽样)

E. 是否遵循随机原则

9. 影响样本均值抽样平均误差的因素有(　　)。
   A. 总体标志变异程度　　　　　　　B. 样本容量
   C. 抽样方法　　　　　　　　　　　D. 抽样组织方式
   E. 可靠程度
10. 下列叙述正确的有(　　)。
    A. 置信度越高,边际误差越大　　　B. 置信度越高,边际误差越小
    C. 样本容量越大,边际误差越大　　D. 样本容量越大,边际误差越小
    E. 样本均值越大,边际误差越大

三、判断题

1. 在抽样推断中,抽样误差虽然不可避免但可以控制。(　　)
2. 人们可以有意识地控制抽样误差的大小,因为可以调整总体方差。(　　)
3. 因为总体指标是一个未知的随机变量,而样本指标是一个确定的常量,所以才有可能用样本指标去推断总体指标。(　　)
4. 点估计可以给出估计的可靠程度。(　　)
5. 所有可能的样本均值的平均数等于总体均值。(　　)
6. 采用 $S = \sqrt{\dfrac{1}{n-1}\sum_{i=1}^{n}(X-\overline{X})^2}$ 作为总体标准差 σ 的估计量是无偏的。(　　)
7. 从100个住户中随机抽取了10户,调查其月消费支出额。经计算得到10户的平均月消费支出额为3 500元,标准差为300元。假定总体服从正态分布,则总体平均月消费支出额95%的置信区间为 $\left(3\,500-1.96\times\dfrac{300}{\sqrt{10}},\ 3\,500+1.96\times\dfrac{300}{\sqrt{10}}\right)$。(　　)
8. 样本容量过大,统计量的标准误差也会增大,对总体参数的估计会不准确。(　　)
9. 对10 000只灯泡进行耐用性能测试,根据以往资料,耐用时间标准差为51.91 h,若采用重复抽样方法,概率保证度为68.27%,平均耐用时数的误差范围不超过9 h。在这种条件下应抽取34只灯泡进行耐用性能测试。(　　)
10. 为了估计总体均值,在确定样本容量时不知道总体的方差,而历史资料中有多个可以借鉴的总体的方差值,这时应选择其中最大的。(　　)

四、综合应用题

1. 某企业工人每天加工产品的件数可以认为服从正态分布。现随机抽取9人某天的工作量作为样本,调查得知他们加工的产品件数分别是:
   　　　　　　18　20　12　14　19　15　16　13　17
   (1) 如果已知总体标准差为3件,求总体均值的95%的置信区间。
   (2) 如果总体标准差未知,那么总体均值的95%的置信区间又是多少?
2. 为了解某地区小学生血液中血红蛋白含量的平均水平,某研究者随机抽取了该地区400名小学生,调查后测得其平均血红蛋白为105.0 g/L,标准差为10.0 g/L。试求该地区小学生血液中血红蛋白含量的置信度为95%的置信区间。
3. 某企业用自动化设备封装休闲食品,每袋质量可以认为服从正态分布。现从一批

产品中随机抽取20袋作为样本,测得它们的质量(单位:g)如下:

| 204 | 196 | 198 | 200 | 201 | 201 | 202 | 198 | 203 | 206 |
| 203 | 204 | 199 | 201 | 205 | 201 | 197 | 199 | 197 | 205 |

试以90%的置信度估计这批产品每袋质量的区间范围。

4. 某研究小组从某高校25 000名学生中随机抽取了36人,调查大学生假期平均每天从事家务劳动的时间(单位:h),结果如下:

1.3	2.6	1.8	0.5	0.8	1.5	2.6	3.5	1.1	0.7
1.4	2.5	1.9	2.2	0.8	0.9	1.7	2.2	0.8	1.1
2.0	1.5	0.9	1.0	1.7	2.1	3.0	2.6	1.8	2.8
3.5	1.7	2.4	2.5	2.2	1.2

试以95%的置信度估计该校学生假期平均每天从事家务劳动时间的区间范围。

5. 有500人报名参加了某银行的招聘考试,他们的成绩可以认为是服从正态分布的。现在按不重复抽样随机抽取了25人,得出他们的平均成绩为70分,标准差为8分。试分别按置信度90%、95%估计参试人员成绩的置信区间。

6. 某市随机抽选2 400名企业职工调查其月工资,数据见表5-6。

表5-6 某企业2 400名职工月工资情况

月工资/元	职工人数
3 000以下	150
3 000~4 000	300
4 000~5 000	550
5 000~6 000	750
6 000~7 000	450
7 000以上	200
合计	2 400

(1)试以90%的置信度估计该市企业职工月工资的区间范围。

(2)如果月工资收入在6 000元以上为高工资,试以95%的置信度推算该市高工资职工所占比例的区间范围。

7. 从全校4 000名中学生中随机抽选200人进行调查,结果有160人拥有笔记本电脑。试以95%的置信度推算全校学生中有笔记本电脑的学生所占比例的区间范围。(按重复抽样和不重复抽样分别计算)

8. 某自动车床加工的某种套筒的直径可以认为服从正态分布。现从中随机抽取了16个检测它们的直径(单位:mm),得到的数据如下:

| 9.006 | 9.030 | 9.091 | 9.057 | 9.030 | 9.065 | 9.095 | 9.073 |
| 9.032 | 9.087 | 9.010 | 9.092 | 9.067 | 9.023 | 9.050 | 9.076 |

试对该自动车床加工该种套筒直径值的数学期望进行区间估计(置信度为0.95)。

9. 某地区欲对本年大量栽植的树苗的存活率进行抽样调查,根据历史资料,存活率曾有 94%、92% 和 95%。现要求推断的边际误差不超过 3%,置信度为 90%,问需要取多少棵树苗进行调查?

10. 在全校随机抽取 10 名学生进行话费使用情况调查,他们在 3、4 月的话费消费情况(单位:元)见表 5-7。假定话费消费额服从正态分布,试估计该校学生 3、4 月话费差额的置信度为 95% 的置信区间。

表 5-7 10 名学生 3、4 月话费消费情况

学生编号	1	2	3	4	5	6	7	8	9	10
3 月话费	32	54	64	24	45	47	38	57	69	87
4 月话费	42	65	56	21	54	45	35	64	59	97

11. 某公司旗下有 A、B 两个生产同一种发动机的企业,公司想了解两个企业现在生产的发动机平均最大功率的差异,于是从 A 企业抽选了 20 台发动机,测得样本均值为 15 000 kW,从 B 企业抽取了 16 台发动机,测得样本均值为 14 500 kW。已知两个企业生产的发动机平均最大功率服从正态分布,标准差分别为 300 kW 和 200 kW,试求出两总体均值差的置信度为 95% 的置信区间。

12. 要想比较 A、B 两类学校学生每周上网的时间,为此在 A 类学校随机抽取了 17 名学生,了解到其上网时间的均值和标准差分别为 31 h 和 2 h;在 B 类学校随机抽取了 10 名学生,了解到其上网时间的均值和标准差分别为 28 h 和 3 h。假定两个总体都服从正态分布,试分别在两个总体方差相等与方差不等的条件下构造 $\mu_1-\mu_2$ 的置信度为 95% 的置信区间。

13. 在对某地区中学生近视情况的调查中,随机调查了 200 名初二学生,发现近视率为 45%;同时随机调查了 300 名初三学生,发现近视率为 54%。试以 90% 的置信度估计该地区初二与初三学生近视率差别的置信区间。

14. 为了比较两种不同土壤中果树生长的时间,抽取了由 A 地的 25 棵树组成的一个随机样本,得到其生长时间的方差为 111;又抽取了由 B 地的 36 棵树组成的一个随机样本,得到其生长时间的方差为 94。假定两个独立样本均来自正态总体,试求 σ_1^2/σ_2^2 的置信度为 95% 的置信区间。

15. 有两种组装产品的方法,资料显示所需时间(单位:min)的方差分别为 $\sigma_1^2 = 15$,$\sigma_2^2 = 20$。若在 95% 的置信度下估计两种方法所需时间差值的置信区间,要求边际误差不超过 3 min,则两种方法应分别安排多少人参与实验?

项目六

假设检验

知识目标

1. 理解假设检验的原理和计算方法,学会辩证地看待实际问题。
2. 理解单总体假设检验与双总体假设检验之间的联系和区别,培养严谨的学习态度和分析资料的能力。

技能目标

1. 能够使用 Excel 函数完成检验统计量和否定域临界值(或 P 值)的有关计算,得出假设检验的结论。
2. 能够使用假设检验宏工具实现对双总体参数的假设检验。

课程思政目标

通过学习假设检验的基本原理和步骤,引导学生理解科学思维和批判性思维的重要性。强调在面对新问题或新数据时,应保持客观、理性和谨慎的态度,能够提出合理的假设,并运用逻辑和数据对其进行检验。在讲解假设检验中的随机误差和系统误差时,强调科学家应对自己的研究和结论负责,尽可能减少误差,并对研究过程和结果进行充分的披露。诚实、严谨和负责的态度是科学研究的基本要求。通过介绍我国在统计学领域的发展历程和成就,培养学生的爱国主义情怀。在讲解假设检验等统计原理的应用和发展时,可以引入我国的一些案例和研究,让学生了解我国的科研实力和社会发展。

案例引入

生活中存在大量的非统计应用的假设检验,一个众所周知的例子就是对罪犯的审讯。

当一个人被控告为罪犯时,他将面临审讯。控告方提出控诉后,陪审团必须根据证据做出决策。事实上,陪审团进行了假设检验。这里有两个要被证明的假设。

第一个假设称为原假设,用 H_0 表示。H_0 表示:被告无罪。

第二个假设称为备择假设,用 H_1 表示。在审讯中,H_1 表示:被告有罪。

当然,陪审团不知道哪个假设是正确的,他们根据控辩双方所提供的证据做出判断。这里只有两种可能:判定被告有罪或无罪释放。在统计应用中,判定被告有罪就相当于拒绝原假设;而判定被告无罪也就相当于不能拒绝原假设。应当注意的是,我们并不能接受原假设。在审讯中,接受原假设意味着发现被告无罪。在司法系统中,并不允许这样判定。

在进行假设检验时,存在两种可能的错误。第一类错误是当原假设正确时,我们却拒绝了它。第二类错误是当原假设错误时,我们却没有拒绝。在上面的例子中,第一类错误就是一个无罪的人被判定有罪,第二类错误是一个有罪的被告被判定无罪。我们把发生第一类错误的概率记为 a,通常也称作显著性水平。第二类错误发生的概率记为 b。发生错误的概率 a 和 b 一个增加时,另一个必然减少,这就意味着任何尝试减少某一类错误发生的概率的方法都会使另一类错误发生的概率增加。

在司法系统中,第一类错误被认为是更加严重的。因此,司法系统的构建就要求第一类错误发生的概率要很小。要获得这样的结果,往往会对起诉证据进行限制(原告必须证明罪犯有罪,而被告则不需要证明什么),同时要求陪审团只有在具有足够的证据时才能判定被告有罪。在缺少大量证据的情况下,尽管有一些犯罪证据,陪审团也必须判定其无罪。这样的安排必然使有罪的人被判无罪的概率比较大。美国最高法院大法官奥利弗·温德尔·霍姆斯(Oliver Wendell Holmes)曾经用下面一段话描述了第一类错误发生的概率与第二类错误发生的概率之间的关系:判定 100 个有罪的人无罪,要比判定 1 个无罪的人有罪好得多。

这里的一些关键概念如下:

(1) 这里有两个假设,一个叫作原假设,另一个叫作备择假设。
(2) 这个检验过程从假设原假设是正确的开始。
(3) 这个过程的目的是判定是否有足够的证据判断备择假设是正确的。
(4) 这里有两个推断:拒绝原假设,赞成备择假设;不拒绝原假设。
(5) 在任何检验中,有两类可能的错误。第一类错误是原假设正确却拒绝它,第二类错误是当原假设不正确时却未能拒绝。

我们把这些概念引入统计假设检验中。在罪犯审讯的例子中,"足够的证据"定义为"超越合理怀疑的证据"。在统计学中,我们需要利用检验统计量的样本分布来定义"足够的证据"。

假设检验基于样本统计量的抽样分布。一个假设检验的结果是对样本统计量的概率表述。计算检验统计量,并确定当原假设正确时发生的可能性有多大。如果概率很小,我们可断定原假设为真的假定不成立,应该拒绝原假设。

思考题

1. 什么是假设检验?请给出一个例子来说明它的基本思想。
2. 假设检验的步骤是什么?如何提出一个合理的假设并对其进行检验?
3. 在进行假设检验时,如何选择一个合适的显著性水平?这个水平对检验结果有何影响?

课程任务

任务一 统计知识

假设检验是一种非常有用的统计推断方法,它是先对总体参数或分布提出一个假设,然后利用样本信息去检验这个假设是否成立,或者说判断总体的真实情况是否与提出的假设存在显著的系统性差异的方法。

一、假设检验的基本问题

1. 假设检验的基本原理

假设检验的基本原理是小概率事件原理,即认为小概率事件在一次试验中几乎不可能发生。检验中的判断类似于数学中的"反证法",如果依据样本信息发现小概率事件发生了,就否定原假设;如果小概率事件没有发生,就不否定原假设。

2. 假设检验中的两类错误

假设检验可能犯两类错误,具体见表6-1。

表6-1 假设检验中的两类错误

类别	原假设为真	原假设为假
否定原假设	"弃真",第一类错误,概率 α	判断正确,概率 $1-\beta$
不否定原假设	判断正确,概率 $1-\alpha$	"存伪",第二类错误,概率 β

显著性水平 α 在检验时事先给定, β 是未知的。在样本容量 n 一定时,减小(增大)犯第一类错误的概率 α,则犯第二类错误的概率 β 将增大(减小),但二者并不是互补的。只有增大样本容量,才可能使 α、β 都减小,或者在 α 不变的情况下,使 β 减小。

3. 原假设的提出

在实际应用中,一般把过去一直存在的、不轻易加以否定的观点作为原假设 H_0,把研究者关心的、希望能够得到验证的观点作为备择假设 H_1。通常,总希望否定原假设而接受备择假设(这样得出的结论,犯错的概率不超过 α,是比较可靠的),假设检验的实质就是样本信息是否提供了充足的理由来否定原假设,所以,当不否定原假设时,不能认为它必然正确,而只是认为否定的理由还不充分。

4. 假设检验的基本步骤

(1) 针对总体参数(参数检验)提出原假设 H_0 和备择假设 H_1。

(2) 确定检验方法,并根据样本观测数据计算出检验统计量的值。

(3) 对于给定的显著性水平 α,确定检验的否定域(如果用 P 值规则,那么计算检验统计量值对应的 P 值)。

(4) 得出结论:如果检验统计量的值落入否定域(或者 P 值 $<\alpha$),那么否定原假设,否则就不否定原假设。

二、单总体参数的假设检验

对单总体参数在不同情况下的假设检验,具体检验方法见表6-2。

项目六 假设检验

表 6-2 单总体参数的假设检验方法

条件	待检验的假设	检验统计量	否定域
正态总体，方差已知	$H_0:\mu=\mu_0, H_1:\mu\neq\mu_0$ $H_0:\mu\geq\mu_0, H_1:\mu<\mu_0$ $H_0:\mu\leq\mu_0, H_1:\mu>\mu_0$	Z 检验，$Z=\dfrac{\overline{X}-\mu_0}{\sigma/\sqrt{n}}$	$\|z\|>z_{\alpha/2}$ $z<-z_\alpha$ $z>z_\alpha$
正态总体，方差未知	$H_0:\mu=\mu_0, H_1:\mu\neq\mu_0$ $H_0:\mu\geq\mu_0, H_1:\mu<\mu_0$ $H_0:\mu\leq\mu_0, H_1:\mu>\mu_0$	t 检验，$t=\dfrac{\overline{d}-\mu_0}{S/\sqrt{n}}$	$\|t\|>t_{\alpha/2}(n-1)$ $t<-t_\alpha(n-1)$ $t>t_\alpha(n-1)$
非正态总体，大样本	$H_0:\mu=\mu_0, H_1:\mu\neq\mu_0$ $H_0:\mu\geq\mu_0, H_1:\mu<\mu_0$ $H_0:\mu\leq\mu_0, H_1:\mu>\mu_0$	Z 检验，$Z=\dfrac{\overline{X}-\mu_0}{S/\sqrt{n}}$	$\|z\|>z_{\alpha/2}$ $z<-z_\alpha$ $z>z_\alpha$
$n\geq 30, np\geq 5$ $n(1-p)\geq 5$	$H_0:\pi=\pi_0, H_1:\pi\neq\pi_0$ $H_0:\pi\geq\pi_0, H_1:\pi<\pi_0$ $H_0:\pi\leq\pi_0, H_1:\pi>\pi_0$	Z 检验，$Z=\dfrac{p-\pi_0}{\sqrt{\pi_0(1-\pi_0)/n}}$	$\|z\|>z_{\alpha/2}$ $z<-z_\alpha$ $z>z_\alpha$
正态总体	$H_0:\sigma^2=\sigma_0^2, H_1:\sigma^2\neq\sigma_0^2$ $H_0:\sigma^2\geq\sigma_0^2, H_1:\sigma^2<\sigma_0^2$ $H_0:\sigma^2\leq\sigma_0^2, H_1:\sigma^2>\sigma_0^2$	χ^2 检验， $\chi^2=\dfrac{(n-1)S^2}{\sigma_0^2}$	$\chi^2<\chi^2_{1-\alpha/2}(n-1)$ 或 $\chi^2>\chi^2_{\alpha/2}(n-1)$ $\chi^2<\chi^2_{1-\alpha}(n-1)$ $\chi^2>\chi^2_\alpha(n-1)$

三、双总体参数的假设检验

对双总体参数在不同情况下的假设检验，具体检验方法见表 6-3。

表 6-3 双总体参数的假设检验方法

条件	待检验的假设	检验统计量	否定域
两正态总体，配对样本	$H_0:\mu_1-\mu_2=0, H_1:\mu_1-\mu_2\neq 0$ $H_0:\mu_1-\mu_2\geq 0, H_1:\mu_1-\mu_2<0$ $H_0:\mu_1-\mu_2\leq 0, H_1:\mu_1-\mu_2>0$	t 检验，$t=\dfrac{\overline{d}-\mu_{d0}}{S/\sqrt{n}}$	$\|t\|>t_{\alpha/2}(n-1)$ $t<-t_\alpha(n-1)$ $t>t_\alpha(n-1)$
两独立正态总体，方差已知	$H_0:\mu_1-\mu_2=0, H_1:\mu_1-\mu_2\neq 0$ $H_0:\mu_1-\mu_2\geq 0, H_1:\mu_1-\mu_2<0$ $H_0:\mu_1-\mu_2\leq 0, H_1:\mu_1-\mu_2>0$	Z 检验，$Z=\dfrac{(\overline{X}_1-\overline{X}_2)-(\mu_1-\mu_2)}{\sqrt{\dfrac{\sigma_1^2}{n_1}+\dfrac{\sigma_2^2}{n_2}}}$	$\|z\|>z_{\alpha/2}$ $z<-z_\alpha$ $z>z_\alpha$
两独立正态总体，方差未知但相等	$H_0:\mu_1-\mu_2=0, H_1:\mu_1-\mu_2\neq 0$ $H_0:\mu_1-\mu_2\geq 0, H_1:\mu_1-\mu_2<0$ $H_0:\mu_1-\mu_2\leq 0, H_1:\mu_1-\mu_2>0$	t 检验，$t=\dfrac{(\overline{X}_1-\overline{X}_2)-(\mu_1-\mu_2)}{\sqrt{\dfrac{S_p^2}{n_1}+\dfrac{S_p^2}{n_2}}}$	$\|t\|>t_{\alpha/2}(df_1)$ $t<-t_\alpha(df_1)$ $t>t_\alpha(df_1)$
两独立正态总体，方差未知且不等	$H_0:\mu_1-\mu_2=0, H_1:\mu_1-\mu_2\neq 0$ $H_0:\mu_1-\mu_2\geq 0, H_1:\mu_1-\mu_2<0$ $H_0:\mu_1-\mu_2\leq 0, H_1:\mu_1-\mu_2>0$	t 检验，$t=\dfrac{(\overline{X}_1-\overline{X}_2)-(\mu_1-\mu_2)}{\sqrt{\dfrac{S_1^2}{n_1}+\dfrac{S_2^2}{n_2}}}$	$\|t\|>t_{\alpha/2}(df_2)$ $t<-t_\alpha(df_2)$ $t>t_\alpha(df_2)$
两独立非正态总体，两大样本	$H_0:\mu_1-\mu_2=0, H_1:\mu_1-\mu_2\neq 0$ $H_0:\mu_1-\mu_2\geq 0, H_1:\mu_1-\mu_2<0$ $H_0:\mu_1-\mu_2\leq 0, H_1:\mu_1-\mu_2>0$	Z 检验，$Z=\dfrac{(\overline{X}_1-\overline{X}_2)-(\mu_1-\mu_2)}{\sqrt{\dfrac{S_1^2}{n_1}+\dfrac{S_2^2}{n_2}}}$	$\|z\|>z_{\alpha/2}$ $z<-z_\alpha$ $z>z_\alpha$

续表

条件	待检验的假设	检验统计量	否定域
两样本都为大样本	$H_0: \pi_1-\pi_2=0, H_1: \pi_1-\pi_2 \neq 0$ $H_0: \pi_1-\pi_2 \geq 0, H_1: \pi_1-\pi_2 < 0$ $H_0: \pi_1-\pi_2 \leq 0, H_1: \pi_1-\pi_2 > 0$	Z 检验,$Z=\dfrac{p_1-p_2}{\sqrt{\dfrac{p(1-p)}{n_1}+\dfrac{p(1-p)}{n_2}}}$	$\|z\|>z_{\alpha/2}$ $z<-z_\alpha$ $z>z_\alpha$
两样本都为大样本,$d \neq 0$	$H_0: \pi_1-\pi_2=d, H_1: \pi_1-\pi_2 \neq d$ $H_0: \pi_1-\pi_2 \geq d, H_1: \pi_1-\pi_2 < d$ $H_0: \pi_1-\pi_2 \leq d, H_1: \pi_1-\pi_2 > d$	Z 检验,$Z=\dfrac{(p_1-p_2)^2}{\sqrt{\dfrac{p_1(1-p_1)}{n_1}+\dfrac{p_2(1-p_2)}{n_2}}}$	$\|z\|>z_{\alpha/2}$ $z<-z_\alpha$ $z>z_\alpha$
两正态总体	$H_0: \sigma_1^2=\sigma_2^2, H_1: \sigma_1^2 \neq \sigma_2^2$ $H_0: \sigma_1^2 \geq \sigma_2^2, H_1: \sigma_1^2 < \sigma_2^2$ $H_0: \sigma_1^2 \leq \sigma_2^2, H_1: \sigma_1^2 > \sigma_2^2$	F 检验,$F=\dfrac{S_1^2}{S_2^2}$	$F<F_{1-\alpha/2}$ 或 $F>F_{\alpha/2}$ $F<F_{1-\alpha}$ $F>F_\alpha$

在表 6-3 中,$S_p^2=\dfrac{(n_1-1)S_1^2+(n_2-1)S_2^2}{n_1+n_2-2}$,$df_1=n_1+n_2-2$,$df_2=\dfrac{\left(\dfrac{S_1^2}{n_1}+\dfrac{S_2^2}{n_2}\right)^2}{\dfrac{(S_1^2/n_1)^2}{n_1-1}+\dfrac{(S_2^2/n_2)^2}{n_2-1}}$,

$p=\dfrac{p_1 n_1+p_2 n_2}{n_1+n_2}$。

任务二 统计实验

一、实验目的

掌握借助 Excel 完成对总体参数进行假设检验的方法;能够根据软件返回的计算结果得出正确的结论。

二、实验内容

(1) 使用 Excel 函数完成检验统计量和否定域临界值(或 P 值)的有关计算,得出假设检验的结论。

(2) 使用假设检验宏工具实现对双总体参数的假设检验。

三、实验操作

1. 借助 Excel 计算检验统计量的值

按照临界值规则进行假设检验,可以借助 Excel 函数计算检验统计量的值,然后与否定域的临界值比较后得出结论。

【例 6.1】 某地砖厂过去生产的砖的抗断强度 X 服从正态分布 $N(32.5,1.21)$。某天从该厂当天生产的砖中随机抽取 12 块,测得抗断强度(单位:kg/cm^2)如下:

  32.53 29.64 31.61 30.05 31.86 31.03
  32.14 32.55 30.06 29.98 31.44 32.09

检验这天该厂生产的砖的平均抗断强度是否仍为 32.5。($\alpha=0.01$)

【分析】 提出原假设 $H_0:\mu=32.5$,备择假设 $H_1:\mu \neq 32.5$。借助 Excel 计算检验统计

量的值和否定域的临界值。

【操作步骤】 先把样本数据录入 A1:F2,然后在 Excel 中参照 $z_0 = \dfrac{\bar{x}-\mu_0}{\sigma/\sqrt{n}}$ 编写算式计算检验统计量的值:

$$=(\text{AVERAGE}(A1:F2)-32.5)/\text{SQRT}(1.21)*\text{SQRT}(12)$$

Excel 返回的计算结果为 $-3.941\,7$,即得到 $z_0 = -3.941\,7$。由"=NORM.S.INV(1-0.01/2)"可以计算出双尾 Z 检验的临界值为 $2.575\,8$,故否定域为 $D=(-\infty, -2.575\,8) \cup (2.575\,8, +\infty)$。由于 $z_0 \in D$,所以否定原假设,即认为这天该厂生产的砖的平均抗断强度已经发生了显著改变。

2. 使用 Excel 检验函数

按 P 值规则进行假设检验的方法是:若 P 值<α,则否定原假设,否则不能否定原假设。Excel 提供了一些计算假设检验 P 值的函数,借助这些函数的计算结果,只需把得出的 P 值与显著性水平 α 比较,即可得出结论。

常用于 P 值计算的 Excel 函数有:

Z.TEST:用于 Z 检验对应 P 值的计算。

T.TEST:用于 t 检验对应 P 值的计算。

F.TEST:用于 F 检验对应 P 值的计算。

CHISQ.TEST:用于 χ^2 检验对应 P 值的计算。

以 Z 检验为例,如果检验统计量的值为 z_0,则 Excel 函数"Z.TEST"返回的值对应于概率 $P(Z>z_0)$。由于 z_0 可能为负值,因而下面的 Excel 公式可直接返回单尾 P 值:

$$=\text{MIN}(\text{Z.TEST}(array,\mu_0,sigma),1-\text{Z.TEST}(array,\mu_0,sigma))$$

其中,在"array"位置输入原始数据所在区域;在"μ_0"位置输入待检验的参数值;在"sigma"位置输入已知的总体标准差(若总体标准差未知,则可忽略不填,系统将自动使用样本标准差 s 代替)。如果是双尾检验,只需将单尾 P 值乘 2 即可。

【例 6.2】 一种机床加工的零件尺寸的绝对平均误差为 1.30 mm。企业现采用一种新的机床进行加工以期进一步降低误差。为检验新机床加工的零件尺寸的平均误差与旧机床相比是否显著降低,从某天生产的零件中随机抽取 50 个进行检测,结果(单位:mm)如下:

1.21	1.14	1.26	0.92	1.76	0.94	1.40	1.19	0.96	1.98
1.08	0.91	1.01	0.95	0.89	1.93	1.92	0.86	1.17	1.01
0.93	1.05	1.07	0.98	1.11	1.06	1.49	1.03	1.05	1.59
1.07	1.07	0.90	0.97	1.08	1.65	2.32	1.33	1.55	1.21
1.18	0.69	1.45	0.45	0.54	1.12	1.07	1.18	0.77	0.81

利用这些样本数据,检验新机床加工的零件尺寸的平均误差与旧机床相比是否有显著降低。($\alpha = 0.01$)

【分析】 提出原假设 $H_0:\mu \geq 1.30$,备择假设 $H_1:\mu < 1.30$。本例属于非正态总体、大样本问题,应当使用单尾 Z 检验。

【操作步骤】 假设样本数据已录入 A1:J5 单元格,在空白单元格输入:

$$= \text{MIN}(\text{Z.TEST}(A1:J5, 1.30), 1-\text{Z.TEST}(A1:J5, 1.30))$$

Excel 返回 P 值 $=0.00458$。由于 P 值 $<\alpha=0.01$,故否定 H_0,即可以认为新机床加工的零件尺寸的平均误差与旧机床相比有显著降低。

3. 假设检验工具的使用

在 Excel 中,假设检验工具主要是针对双总体参数进行假设检验的(图 6-1)。

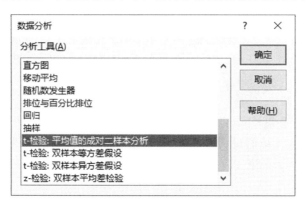

图 6-1　Excel 中的假设检验工具

在图 6-1 所示的检验类型中:

"t-检验:平均值的成对二样本分析"指的是针对配对样本检验总体均值差所进行的 t 检验;

"t-检验:双样本等方差假设"是针对两独立总体方差未知但相等条件下检验总体均值差所进行的 t 检验;

"t-检验:双样本异方差假设"是针对两独立总体方差未知且不等条件下检验总体均值差所进行的 t 检验;

"Z-检验:双样本平均差检验"是针对两独立总体方差已知条件下检验总体均值差所进行的 Z 检验。

【例 6.3】　某饮料公司开发研制出一种新产品,为比较消费者对新旧产品口感的满意程度,该公司随机调查了 10 名消费者,每名消费者品尝两种饮料的顺序是随机的,品尝后的评分结果见表 6-4。取显著性水平 $\alpha=0.05$,该公司是否能认为消费者对两种饮料的评分存在显著差异?

表 6-4　10 名消费者的评分情况

消费者编号		1	2	3	4	5	6	7	8	9	10
评分	旧饮料	5	4	7	3	5	6	7	8	5	6
	新饮料	6	6	7	4	3	7	8	9	7	6

【分析】　由于是每名消费者同时对两种饮料进行评分,所以两种饮料的得分并不独立,应当采用配对比较检验。提出的假设是:

$$H_0: \mu_1-\mu_2=0, H_1: \mu_1-\mu_2 \neq 0$$

【操作步骤】

（1）录入样本数据。把样本数据录入单元格 C2:L3。

（2）调用假设检验工具。单击"数据"菜单中的"数据分析"，在弹出的分析工具中选择"t 检验:平均值的成对二样本分析"，单击"确定"后弹出如图 6-2 所示的对话框，在"变量 1 的区域"内输入变量 1 的数据区域"B2:L2"，在"变量 2 的区域"内输入变量 2 的数据区域"B3:L3"，在"假设平均差"内输入原假设中的差值"0"。由于第一列是数据标志，所以注意勾选"标志"；在"α"内输入给定的显著性水平"0.05"，单击"确定"，可得图 6-2 右侧所示的结果。

图 6-2　检验配对样本均值的差异

根据图 6-2 所示的结果，既可以按 P 值规则进行检验判断，也可以根据临界值规则进行判断。如果按 P 值规则，本例是双尾检验，P 值为 0.088 59，大于给定的显著性水平 0.05，所以不能否定原假设，即不能认为消费者对两种饮料的评分存在显著差异。若用临界值规则判断，本例检验函数 t 统计量的值为 -1.909 09，有 $|t|$ = 1.909 09 < 2.262 157（双尾临界值），所以也不能否定原假设，即不能认为消费者对两种饮料的评分存在显著差异。

四、实验实践

（1）先把 9 对护理人员按照他们的年龄、工作年限、工作态度等特征的相似性匹配起来，然后在每一对护理人员中随机指派一人接受方法 A 的训练，另一人则接受方法 B 的同类训练。当训练课程结束时，对每一个护理人员进行考核，成绩见表 6-5。假定考核成绩服从正态分布，请判断方法 A 是否比方法 B 更好。（$\alpha = 0.05$）

表 6-5　每个护理人员的考核成绩

方法 A	90	95	87	85	90	94	85	88	92
方法 B	85	88	87	86	82	82	70	72	80

（2）比较用两种配方所生产的某种产品的性能，经抽样测定得到抗拉强度数据（单位:kg）见表 6-6。

表6-6　用两种配方所生产的某种产品的抗拉强度数据

配方Ⅰ	78.4	83.7	83.7	82.9	68.7	77.5	77.9	72.7	83.6	83.6	71.9	78.4	81.1	—
配方Ⅱ	69.9	70.5	70.5	59.7	59.6	74.7	65.4	70.9	73.2	73.2	73.2	61.8	72.6	65.9

假定抗拉强度服从正态分布。问能否说用配方Ⅰ生产的产品抗拉强度比用配方Ⅱ生产的产品的抗拉强度更强？（$\alpha = 0.05$）

① 假定两个总体方差相等。

② 假定两个总体方差不相等。

③ 你认为用上面哪种形式来解决本题更恰当？为什么？

（3）（计算机模拟问题）用计算机模拟从一个总体中随机抽取一定数量的样本进行调查，并依据所得样本数据对总体参数进行推断，验证统计推断方法的有效性。

提示：可以执行以下操作。

① 获得样本数据。借助 Excel 的随机数发生器产生 30 个服从正态分布的数据，不妨设想为一个人群的身高（单位：cm），设定均值为 168，标准差为 5。

② 以样本数据为依据，对总体参数（均值、方差、比例）做双尾检验，判断结论是否犯了第一类错误。

③ 改变总体标准差和样本容量的大小，再对总体参数做推断，判断结论是否有差异。并注意分析出现这种结果的原因。

④ 产生两组样本数据，再尝试对两总体参数进行假设检验。

任务三　统计实训

一、单项选择题

1. 在假设检验中，第一类错误是指（　　）。

A. 否定不真实的原假设　　　　　　B. 否定真实的原假设

C. 不否定真实的原假设　　　　　　D. 不否定不真实的原假设

2. 假设检验中，犯第二类错误的概率 β 表示（　　）。

A. 原假设为真时否定原假设的概率

B. 原假设为真时不否定原假设的概率

C. 原假设不真时否定原假设的概率

D. 原假设不真时不否定原假设的概率

3. 在样本容量一定的情况下，假设检验中犯第一类错误的概率 α 与犯第二类错误的概率 β 之间的关系是（　　）。

A. α 增大，β 也增大　　　　　　B. α 增大，β 减少

C. α 减小，β 也减小　　　　　　D. α 减小，β 可能减小也可能增大

4. 对正态总体均值的假设检验，在给定显著性水平 α 的条件下，双尾检验否定域的临界值与单尾检验否定域的临界值之间的关系为（　　）。

A. 双尾检验的临界值大于单尾检验的临界值

B. 双尾检验的临界值小于单尾检验的临界值

C. 双尾检验的临界值等于单尾检验的临界值

D. 双尾检验的临界值可能小于单尾检验的临界值

5. 某种药物的平均有效治疗期限按规定至少应达到 36 h, 从一批这种药物中随机抽取 50 件进行检验, 以该简单随机样本为依据, 确定应接收还是应拒收这批药物的假设形式为( )。

A. $H_0: \mu = 36, H_1: \mu \neq 36$
B. $H_0: \mu \geq 36, H_1: \mu < 36$
C. $H_0: \mu < 36, H_1: \mu \geq 36$
D. $H_0: \mu \leq 36, H_1: \mu > 36$

6. 某青年工人以往加工零件的一等品率为 60%。现在为了考核他, 从他加工的零件中随机抽取 100 件, 发现有 70 件是一等品。这个成绩是否说明该青年工人的技术水平有了显著提高? 对此进行假设检验的原假设与备择假设应设为( )。

A. $H_0: \pi \geq 60\%, H_1: \pi < 60\%$
B. $H_0: \pi \leq 60\%, H_1: \pi > 60\%$
C. $H_0: \pi = 60\%, H_1: \pi \neq 60\%$
D. $H_0: \pi < 60\%, H_1: \pi \geq 60\%$

7. 已知总体服从正态分布, 方差已知, 样本容量为 22, 现进行均值检验, 应采用的检验方法是( )。

A. t 检验　　　B. χ^2 检验　　　C. F 检验　　　D. Z 检验

8. 某小区估计家庭户主的平均年龄为 42 岁。为了检验这一估计是否合理, 随机抽取了 12 户家庭, 调查发现, 户主的年龄分别是: 31、24、65、56、28、45、56、53、61、23、43、47 岁。假设居民年龄服从正态分布, 则用于该检验的检验统计量为( )。

A. $Z = \dfrac{\overline{X} - \mu_0}{\sigma/\sqrt{n}}$
B. $Z = \dfrac{\overline{X} - \mu_0}{S/\sqrt{n}}$
C. $t = \dfrac{\overline{X} - \mu_0}{S/\sqrt{n}}$
D. $\chi^2 = \dfrac{(n-1)S^2}{\sigma_0^2}$

9. 对一个正态总体的方差进行假设检验时, 所用的方法是( )。

A. Z 检验　　　B. t 检验　　　C. F 检验　　　D. χ^2 检验

10. 对总体参数进行假设检验, 如果在显著性水平 0.01 下不能否定原假设, 那么在显著性水平 0.05 下, 下列说法正确的是( )。

A. 必不否定原假设

B. 可能不否定原假设, 也可能否定原假设

C. 必否定原假设

D. 既不否定原假设, 也不否定备择假设

11. 假设检验中, ( )。

A. 原假设和备择假设都有可能成立

B. 原假设和备择假设都有可能不成立

C. 原假设和备择假设有且仅有一个成立

D. 原假设可能成立, 备择假设不可能成立

12. 下列属于右单尾检验的是( )。

A. $H_0: \mu \geq \mu_0, H_1: \mu < \mu_0$
B. $H_0: \mu \leq \mu_0, H_1: \mu > \mu_0$
C. $H_0: \mu = \mu_0, H_1: \mu \neq \mu_0$
D. $H_0: \mu < \mu_0, H_1: \mu \geq \mu_0$

13. 对于给定的显著性水平 α, 根据 P 值否定原假设的规则是( )。

A. P 值 $< \alpha$
B. P 值 $> \alpha$

C. P 值$>1-\alpha$ D. P 值$<1-\alpha$

14. 设 z_0 为检验统计量的计算值,检验的假设为 $H_0:\mu\leq\mu_0$,$H_1:\mu>\mu_0$。当 $z_0=1.96$ 时,计算出的 P 值应该是(   )。

A. 0.05   B. 0.1   C. 0.01   D. 0.025

15. 在对某项产品的喜好调查中,被调查的 200 名女性中有 63%喜欢该产品,而被调查的 180 名男性中有 55%喜欢该产品。要检验是否女性比男性更喜欢该产品(设女性和男性总体中喜欢该产品的比例分别为 π_1、π_2),则提出的原假设和备择假设是(   )。

A. $H_0:\pi_1-\pi_2\geq 0$,$H_1:\pi_1-\pi_2<0$ B. $H_0:\pi_1-\pi_2\leq 0$,$H_1:\pi_1-\pi_2>0$
C. $H_0:\pi_1-\pi_2=0$,$H_1:\pi_1-\pi_2\neq 0$ D. $H_0:\pi_1-\pi_2>0$,$H_1:\pi_1-\pi_2\leq 0$

二、多项选择题

1. 对总体均值的假设检验,假设的可能形式有(   )。

A. $H_0:\mu=\mu_0$,$H_1:\mu\neq\mu_0$ B. $H_0:\mu\geq\mu_0$,$H_1:\mu<\mu_0$
C. $H_0:\mu>\mu_0$,$H_1:\mu\leq\mu_0$ D. $H_0:\mu\leq\mu_0$,$H_1:\mu>\mu_0$
E. $H_0:\mu\neq\mu_0$,$H_1:\mu=\mu_0$

2. 显著性水平是指(   )。

A. 原假设为真时否定原假设的概率 B. 假设检验的把握度
C. 犯第一类错误的概率 D. 原假设为真时否定原假设的概率
E. 犯第二类错误的概率

3. 根据样本资料对原假设做出否定或不否定的决定时,可能出现的情况有(   )。

A. 当原假设为真时不否定它,判断正确
B. 当原假设为假时不否定它,犯了第一类错误
C. 当原假设为真时否定它,犯了第一类错误
D. 当原假设为假时否定它,判断正确
E. 当原假设为假时不否定它,犯了第二类错误

4. 进行假设检验时,选取的检验函数(   )。

A. 是样本的函数 B. 不能包含总体的未知参数
C. 可以包含总体的已知参数 D. 其值可以由样本观测值计算出来
E. 其值可以通过查表确定

5. 关于参数检验和区间估计的联系与区别,下列说法正确的有(   )。

A. 都是对总体某一数量特征的推断,都是在一定的概率下得出的结论
B. 参数检验需要事先对总体参数做出某种假设,然后根据样本资料检验总体参数的先验假设是否成立
C. 区间估计无须事先对总体数量特征做出假设,它是根据样本资料构造一个置信区间,并给出这一区间包含总体参数的概率
D. 参数检验中的第一类错误就是区间估计中置信区间没有包含总体参数
E. 参数检验中的 P 值就是区间估计中置信区间不包含总体参数的概率

6. 假设检验的结论是否定原假设,说明(　　)。
A. 原假设有逻辑上的错误　　　　　B. 原假设根本不存在
C. 原假设成立的可能性很小　　　　D. 备择假设成立的可能性很大
E. 应该接受备择假设,但存在犯第二类错误的可能

7. 在假设检验中,犯第一类错误的概率 α 与犯第二类错误的概率 β 的关系是(　　)。
A. $\alpha \leqslant \beta$　　　　　　　　　　　　B. α 与 β 成反比例关系
C. $\alpha + \beta = 1$　　　　　　　　　　D. 当 α 值给定之后, β 值随之确定
E. 当 α 值减小之后, β 值随之增大

8. 假设检验中,当原假设为假时(　　)。
A. 不否定原假设的概率就是备择假设为假的概率
B. 不否定原假设的概率就是备择假设为真时否定它的概率
C. 不否定原假设的概率就是备择假设为假时否定它的概率
D. 否定原假设的概率就是备择假设为假时否定它的概率
E. 否定原假设的概率就是备择假设为真时不否定它的概率

9. 与假设检验的否定域有关的因素有(　　)。
A. 显著性水平　　　　　　　　　　B. 检验统计量服从的分布类型
C. 原假设　　　　　　　　　　　　D. 备择假设
E. 样本容量

10. 在假设检验中,不能否定原假设意味着(　　)。
A. 原假设肯定是正确的　　　　　　B. 备择假设肯定是错误的
C. 没有证据证明原假设是正确的　　D. 没有证据证明原假设是错误的
E. 没有证据证明备择假设是正确的

三、判断题

1. 假设检验中否定域的大小与显著性水平有关。　　　　　　　　　　　(　　)
2. 假设检验的结果能证明原假设成立。　　　　　　　　　　　　　　　(　　)
3. 若假设检验的结论是否定原假设,则说明原假设是错的,备择假设才是对的。
　　　　　　　　　　　　　　　　　　　　　　　　　　　　　　　　(　　)
4. 若假设检验的结论是不否定原假设,则说明原假设是对的,备择假设是错的。
　　　　　　　　　　　　　　　　　　　　　　　　　　　　　　　　(　　)
5. 对于假设检验中犯两类错误的概率,由于 $\alpha + \beta = 1$,所以 α 减小, β 就会增大。
　　　　　　　　　　　　　　　　　　　　　　　　　　　　　　　　(　　)
6. 在假设检验中,只有增加样本容量,才能同时降低犯两类错误的概率。(　　)
7. 某类型手机说明书表明,其电池能待机超过 26 天。为了检验这一说法是否成立,应该提出假设 $H_0: \mu > 26, H_1: \mu \leqslant 26$。　　　　　　　　　　　　(　　)
8. 某企业产品的合格率一直保持在 95% 以上。现欲对其最近生产的一批产品的合格率进行抽样检验,则应该提出的原假设和备择假设分别是 $H_0: \pi \geqslant 95\%, H_1: \pi < 95\%$。
　　　　　　　　　　　　　　　　　　　　　　　　　　　　　　　　(　　)

9. 假设检验按临界值规则与按 P 值规则有可能得出不同的检验结论。　　　　(　　)

10. 对总体均值的假设检验,当已知总体服从正态分布、总体方差未知时,如果是小样本,就一定要用 t 检验;如果是大样本,那么既可以用 t 检验,也可以用 Z 检验。(　　)

四、综合应用题

1. 某切割机在正常工作时,切割的每段金属棒的平均长度为 10.5 cm,标准差是 0.15 cm。现从该切割机切割的金属棒中随机抽取 16 段测量其长度(单位:cm),结果如下:

10.4　10.1　10.6　10.4　10.5　10.3　10.3　10.2
10.9　10.6　10.8　10.5　10.7　10.2　10.7　10.5

假定切割的金属棒长度服从正态分布,且标准差没有变化,试问该机器工作是否正常?($\alpha = 0.05$)

2. 一家面包店生产的面包质量可以认为服从正态分布,经理随机抽检了该店生产的 25 个面包,从样本得出面包的平均质量为 9.5 g,标准差为 2 g。在 0.05 的显著性水平下,这些数据是否符合总体平均值等于 10 g 的标准?

3. 某种内服药有使病人血压升高的副作用,其增加值服从均值为 20 的正态分布。现研制出一种新药,在 10 名服用新药的病人中测试血压的升高情况,所得数据(单位:mmHg)如下:

13　24　21　14　16　15　16　18　17　10

问这组数据能否支持"新药副作用更小"的结论?($\alpha = 0.05$)

4. 某企业需要进口一种抗高温的工具钢,规格是平均抗高温不低于 600 ℃。现在准备进口一批新货,抽取 100 件作为样本,测得平均抗高温为 580 ℃,标准差为 80 ℃。要求错误地拒收货物的概率不大于 0.05,问是否应该拒收这批货物?

5. 某企业认为自己的饮料产品市场占有率在 70% 以上,其理由是在随机调查的 50 名消费者中,有 38 人喜欢该企业的产品。问能否认可该企业的观点?($\alpha = 0.05$)

6. 已知某企业生产的一种药丸的包装规定,药丸净重量的方差应该小于 0.009 g^2。现从一批产品中随机抽取 19 颗药丸组成一个随机样本,得到样本方差为 0.015 g^2。假定药丸的重量服从正态分布,问能否认为这批药丸包装不符合规定?($\alpha = 0.05$)

7. 方法 A 与方法 B 都可以用于生产同一类型的某种产品,两种方法生产的产品的使用寿命都可视为服从正态分布,标准差分别为 20 h 和 15 h。现从用方法 A 生产的产品中抽取 20 件,检测后得到 $\bar{x}_1 = 300$;从用方法 B 生产的产品中抽取 24 件,检测后得到 $\bar{x}_2 = 290$。请判断两种方法生产的产品平均使用寿命是否相同。($\alpha = 0.05$)

8. 市场上有 A、B 两款比较主流的钓鱼线,现在分别从 A、B 中随机抽取 10 根与 12 根检测其强度,测得数据(单位:kg)见表 6-7。

表 6-7　A、B 两款钓鱼线的强度数据

A 款	8.84	9.37	9.29	7.87	8.75	8.79	8.27	9.36	8.19	8.84	—	—
B 款	7.99	8.05	6.97	6.96	8.47	7.54	8.09	8.32	8.32	7.18	8.26	7.59

假定钓鱼线的强度服从正态分布,问能不能说 A 款的强度比 B 款更大?($\alpha=0.01$)

(1) 假定两个总体方差相等。

(2) 假定两个总体方差不相等。

(3) 你认为用上面哪种形式来做本题更恰当?为什么?

9. 甲、乙两台车床生产同种滚珠,加工出的产品直径都可以认为服从正态分布。为比较它们的加工精度,从它们加工出的产品中分别随机抽取了 11 个与 10 个产品作为样本,测得直径(单位:mm)见表 6-8。

表 6-8 甲、乙车床加工出的产品的直径数据

甲车床	9.10	8.92	8.94	9.06	8.88	8.99	9.06	8.96	8.87	9.06	8.76
乙车床	9.40	8.53	9.32	8.61	9.22	9.42	8.61	9.44	9.00	9.15	—

问甲车床的精度是否高于乙车床?($\alpha=0.05$)

10. 一位研究者认为,A 大学的毕业生在当年 9 月底以前已就业的人数占该校全部毕业生的比例比 B 大学至少高 8 个百分点。现在分别从 A 大学和 B 大学随机调查了 300 名和 280 名应届毕业生,发现分别有 285 人和 238 人在当年 9 月底以前已就业。问调查结果是否支持该研究者的看法?($\alpha=0.05$)

项目七 方差分析

知识目标

1. 理解方差分析的基本原理。
2. 理解实验因素、因素水平的内涵。
3. 理解组间误差、组内误差、总误差之间的联系和区别,培养严谨的学习态度和分析资料的能力。
4. 掌握单因素、双因素方差分析的基本原理和计算过程。

技能目标

1. 能够借助 Excel 完成单因素方差分析。
2. 能够借助 Excel 完成无交互作用的双因素方差分析。
3. 能够借助 Excel 完成有交互作用的双因素方差分析。

课程思政目标

通过实验设计和对实验结果的方差分析,提高学生将理论与实践相结合的能力,掌握将方差分析方法用于统计实验设计与分析,解决实际问题。在统计实验设计与分析中培养学生认真踏实、实事求是、细致缜密、一丝不苟的科学精神及敏锐的洞察力和精准的判断力。实验通常是由一个团队共同完成,因此在实验中既能培养学生独立思考的习惯,也能培养学生沟通交流、协作共事的能力。

案例引入

高校学生评教结果有效性分析方法研究(节选)

学生评教作为一种课堂教学质量评价模式,能够实现课堂教学全过程覆盖、学生全员参与。支持派和质疑派对学生评教结果的有效性始终存在较大争议,焦点就在于学生评教结果是否会受到背景因素的影响。为应对各方主体对学生评教结果有效性的质疑,以 Z 高校为例,将教师、课程、学生 3 方面 18 类背景因素作为自变量,从方法论角度入手,通过分析显著性概率、效应量、方差解释率和统计检验力,尝试建立一套较为系统的单因素方差分析方法体系,为学生评教结果有效性论证提供路径。

质疑派通常认为教师、课程、学生 3 方面背景因素会影响或干扰学生评教结果,实践中高校管理部门和教师同样担心背景因素会干扰学生评教结果。深入分析背景因素对学生评教结果的影响程度,可以解答教师对学生评教结果有效性的质疑,同时也可以提升学校质量管理者对学生评教制度的信心,还可以根据分析结果找出学生评教结果的偏离影响因素并及时干预。通过对比多种定量分析方法,结合3类影响因素的数据类型和特征,本研究尝试采用单因素方差分析法(analysis of variance,简称 ANOVA),以 Z 高校某一学期的学生评教截面数据作为分析实例。

1. 选择变量

选择学生评教结果作为因变量(Y),评教结果是学生对课堂教学质量评价指标逐项打分形成的分数。提取 Z 高校某学期的学生评教原始数据(百分制),经过数据清洗及数据分类编码处理等环节,针对3类影响因素形成一一对应的3个因变量(表7-1):教师综合评价成绩 Y_1、课程综合评价成绩 Y_2、学生评教成绩 Y_3。Y_1 是指该学期每个教师名下所有选课学生评教成绩的算术平均数,数据量为 984 条;Y_2 是指该学期每门课程所有选课学生评教成绩的算术平均数,数据量为 1 924 条;Y_3 是指该学期每个学生对所有修读课程的评教成绩的算术平均数,数据量为 19 161 条。

选择背景因素作为自变量(X)。背景因素指学生进行课堂教学质量评价过程中可能存在的潜在影响因素,主要包括教师、课程、学生自身的特征等,有的学者也将之称为"非教学影响因素"。选取教师、课程、学生3大类背景因素作为自变量,结合 Z 高校实际情况选择17类具体背景因素作为自变量(表7-1),教师背景因素包括性别 X_{1-1}、年龄 X_{1-2}、入校年限 X_{1-3}、职称 X_{1-4}、最高学位 X_{1-5}、学缘 X_{1-6}、主持科研项目 X_{1-7}、发表论文 X_{1-8}、院系 X_{1-9},课程背景因素包括课程性质 X_{2-1}、课程类别 X_{2-2}、课程学时 X_{2-3}、课程学分 X_{2-4},学生背景因素包括性别 X_{3-1}、生源地 X_{3-2}、年级 X_{3-3}、学业成绩 X_{3-4}、当学期绩点 X_{3-5}。为实现分析方法的一致性,将自变量统一作为定类变量进行分组并进行数据编码处理(1,2,3,…,n)。

表 7-1 Z 高校学生评教分析因变量与自变量选择

因变量(Y)	自变量(X):背景因素	
	自变量名称	自变量分组
教师综合评价成绩 Y_1	教师背景因素 X_1	性别 X_{1-1} : 男;女
		年龄 X_{1-2} : 21~30;31~40;41~50;≥51
		入校年限 X_{1-3} : ≤10;11~20;21~30;≥30
		职称 X_{1-4} : 初级;中级;副高;高级
		最高学位 X_{1-5} : 学士;硕士;博士
		学缘 X_{1-6} : 校内;校外(国内);校外(国外)
		主持科研项目 X_{1-7} : 0;1;>1
		发表论文 X_{1-8} : 0;1;>1
		院系 X_{1-9} : 学院1;学院2;…;学院 n

续表

因变量(Y)	自变量(X):背景因素		
		自变量名称	自变量分组
课程综合评价成绩 Y_2	课程背景因素 X_2	课程性质 X_{2-1}	必修课;限选课;专业选修课;任选课
		课程类别 X_{2-2}	理论;理论含实验;体育;实验;课程设计;校内实习实训;校外实习
		课程学时 X_{2-3}	≤18;20~28;30~36;40~46;48~54;60~72;>72
		课程学分 X_{2-4}	1学分;2学分;3学分;4学分
学生评教成绩 Y_3	学生背景因素 X_3	性别 X_{3-1}	男;女
		生源地 X_{3-2}	东部;东北;中部;西部
		年级 X_{3-3}	一年级;二年级;三年级;四年级及以上
		学业成绩 X_{3-4}	41~50;51~60;61~70;71~80;81~90;91~100
		当学期绩点 X_{3-5}	<1.5;1.5~2.49;2.5~3.49;>3.49

2. 统计过程

统计过程共包括5个步骤,具体如图7-1所示。

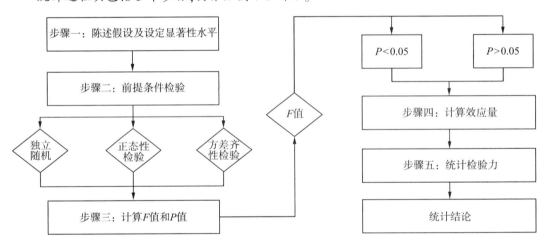

图7-1 ANOVA分析方法及过程

3. 数据结果分析

通过对Z高校某一学期的背景因素与学生评教结果进行单因素方差分析,形成最终分析数据结果(表7-2)。

(1) 教师背景因素与学生评教结果。

显著性概率(P)分析结果显示,随着年龄、性别、最高学位、院系的变化,教师综合评价成绩 Y_1 的差异达到了统计学理论上的显著性水平($P<0.05$);教师入校年限、职称、学缘、主持科研项目、发表论文的 $P>0.05$,表明差异未达到显著性水平。效应量(f)分析结果显示,院系对教师综合评价成绩 Y_1 的方差效应量(f)为"大",即 $f(0.415)>0.4$,表明随着院系的变化,教师综合评价成绩 Y_1 的差异达到了实际意义上的显著性水平;院系之外背景因素的效应量(f)均未达到中等水平,即$f<0.25$,表明随着院系之外教师背景因素变化,教师综合评价成绩Y_1的差异未达到实际意义上的显著性水平。方差解释率(adj. η^2)分析结果显示,院系对教师综合评价成绩Y_1方差的解释率为0.118,表明院系对于教师综合评价成绩Y_1的方差贡献率达到11.8%,二者之间的关联度值得关注;除此之外,其他教师方面的背景因素方差解释率均低于最低水平0.04,表明关联度处于较低水平。统计检验力结果表明,当$P<0.05$时,相应的统计检验力值均大于0.7,表明统计结果可信度较高;当$P>0.05$时,自变量的效应量值均表现为中等以下,统计检验力值不再考虑。

表7-2 背景因素与学生评教成绩单因素方差分析结果

背景因素	自变量(X)	F值	显著性概率(P)	效应量(f)	方差解释率(adj. η^2)	统计检验力(φ)
教师	性别 X_{1-1}	10.249	0.001*	0.103	0.009	0.892
	年龄 X_{1-2}	3.583	0.013*	0.127	0.008	0.792
	入校年限 X_{1-3}	1.451	0.226	0.115	0.001	0.387
	职称 X_{1-4}	1.025	0.393	0.103	0.000	0.326
	最高学位 X_{1-5}	4.059	0.018*	0.168	0.006	0.723
	学缘 X_{1-6}	0.586	0.557	0.051	-0.001	0.148
	主持科研项目 X_{1-7}	0.223	0.800	0.038	-0.002	0.085
	发表论文 X_{1-8}	2.088	0.125	0.098	0.002	0.430
	院系 X_{1-9}	11.345	0.000*	0.415	0.118	1.000
课程	课程性质 X_{2-1}	0.867	0.458	0.059	0.000	0.241
	课程类别 X_{2-2}	3.463	0.002*	0.185	0.008	1.000
	课程学时 X_{2-3}	8.227	0.000*	0.192	0.022	1.000
	课程学分 X_{2-4}	6.843	0.000*	0.257	0.027	1.000
学生	性别 X_{3-1}	17.493	0.000*	0.034	0.001	0.960
	生源地 X_{3-2}	8.843	0.000*	0.042	0.001	0.940
	年级 X_{3-3}	35.862	0.000*	0.077	0.005	1.000
	学业成绩 X_{3-4}	94.462	0.000*	0.095	0.003	1.000
	当学期绩点 X_{3-5}	25.535	0.000*	0.126	0.004	1.000

注:*表示在0.05水平上具有显著差异性。

(2)课程背景因素与学生评教结果。

显著性概率(P)分析结果显示,课程类别、学时、学分的$P<0.05$,表明随着这些因素的变化,课程综合评价成绩Y_2的差异达到了统计学理论上的显著性水平;课程性质的$P>0.05$,表明差异未达到显著性水平。效应量(f)分析结果显示,课程学分对课程综合评价成绩Y_2差异的效应量(f)为"中",即$f(0.257)>0.25$,表明随着课程学分的变化,课程综合评价成绩Y_2的差异达到了实际意义上的显著性水平;学分之外的背景因素的效应量

(f)均未达到中等水平 0.25,表明随着课程性质、类别、学时变化,课程综合评价成绩 Y_2 的差异未达到实际意义上的显著性水平。方差解释率(adj. η^2)分析结果显示,课程性质、类别、学时、学分对课程综合评价成绩 Y_2 方差的解释率均未超过最低水平 0.04,表明课程背景因素与课程综合评价成绩 Y_2 之间的关联度处于较低水平。统计检验力结果表明,当 $P<0.05$ 时,相应的统计检验力值均接近 1,表明统计结果可信度非常高;当 $P>0.05$ 时,自变量的效应量值表现为中等以下,统计检验力值不再考虑。

（3）学生背景因素与学生评教结果。

显著性概率(P)分析结果显示,学生 4 个方面的背景因素的 $P<0.05$,表明随着性别、生源地、年级、学业成绩的变化,学生评教成绩 Y_3 的差异均达到了统计学理论上的显著性水平。效应量(f)分析结果显示,学生背景因素对学生评教成绩 Y_3 的效应量(f)均未达到中等水平 0.25,表明二者的差异未达到实际意义上的显著性水平。方差解释率(adj. η^2)分析结果显示,学生背景因素对学生评教成绩 Y_3 方差的解释率均未超过最低水平 0.04,表明二者之间的关联度处于较低水平。统计检验力结果表明,学生背景因素与学生评教成绩 Y_3 方差分析的统计检验力值均接近 1,表明统计结果可信度非常高。

通过 ANOVA 分析方法对 Z 高校某学期学生评教数据进行分析,在不考虑其他因素干扰的前提下,可以初步得出如下结论:一是教师的院系不同,教师综合评价成绩 Y_1 存在理论上和现实上的显著性差异,这种显著性差异的强度值为 0.415,二者之间的关联强度值为 0.118;二是课程的学分不同,课程综合评价成绩 Y_2 存在理论上和现实上的显著性差异,这种显著性差异的强度值为 0.257,二者之间的关联强度值为 0.027;三是除了院系、学分之外,其他 15 个背景因素对学生评教结果的影响均不具有实际意义上的显著性或显著性效应微不足道,关联强度处于较低水平,即在不考虑其他因素的情况下这 15 个背景因素不会影响学生评教结果。

提高教学质量离不开教学质量评价。教学评价是一个动态的过程,教学效果的提升和改进也永远在路上,只有进行时,没有完成时。本研究还存在一些不足之处,如在自变量选取方面,只选取了高校内部的 17 个特征值作为自变量,未能穷尽所有的因素;采取了单因素 ANOVA 分析,对 17 个背景因素分别进行分析,这种方法不能反映出自变量之间的交互效应,现实过程中各自变量之间以及自变量与其他潜变量之间都可能存在复杂的关系,在后续研究过程中将探索引入新的分析方法,如多因素方差分析、结构方差模型分析等,以进一步提高对高校学生评教结果有效性的分析。

（案例来源:梁志星,袁美玲.高校学生评教结果有效性分析方法研究:Z 高校背景因素方差分析案例[J].扬州大学学报(高教研究版),2021,25(1):30-37.)

思考题

1. 通过上述案例,请试着理解:方差分析的基本思想是什么？它适用于哪些场景和情况？

2. 为何要进行方差分析？它可以帮助我们解决什么问题？

3. 方差分析的基本步骤是什么？如何正确地应用方差分析？

项目七 方差分析

课程任务

任务一 统计知识

方差分析是将所有样本信息结合在一起,同时对多个总体的均值进行检验。从形式上看,方差分析是同时对多个总体均值的比较,但实质上它是研究分类型自变量对数值型因变量是否有显著影响的方法。

一、单因素方差分析

方差分析中所要检验的对象,就是要研究的自变量,称为因素或因子。因素的不同表现,称为水平。只涉及一个因素的方差分析,称为单因素方差分析。

假设因素 A 有 k 个水平,要检验因素对试验结果有无影响,提出的假设为

$H_0: \mu_1 = \cdots = \mu_k$(因素 A 对试验结果无影响)

$H_1: \mu_1, \mu_2, \cdots, \mu_k$ 不全相等(因素 A 对试验结果有影响)

方差分析的计算结果一般以方差分析表的形式报告出来(表 7-3)。

表 7-3 单因素方差分析的一般报告形式

方差来源	平方和 SS	自由度 df	均方 MS	F 统计量值	F 临界值
组间	SS_A	$k-1$	MS_A	$\dfrac{MS_A}{MS_E}$	F_α
组内	SS_E	$n-k$	MS_E		
总和	SS_T	$n-1$	—	—	—

记 $\bar{x} = \dfrac{\sum_{i=1}^{k}\sum_{j=1}^{n_i} x_{ij}}{n}$, $\bar{x_i} = \dfrac{\sum_{j=1}^{n_i} x_{ij}}{n}(i=1,2,\cdots,k)$。在表 7-3 中,组间平方和 $SS_A = \sum_{i=1}^{k}\sum_{j=1}^{n_i}(\bar{x_i} - \bar{x})^2 = \sum_{i=1}^{k} n_i(\bar{x_i} - \bar{x})^2$,除随机误差外,它主要反映了因素 A 的不同水平所引起的波动。组内平方和 $SS_E = \sum_{i=1}^{k}\sum_{j=1}^{n_i}(x_{ij} - \bar{x_i})^2$,是对随机因素产生的影响的度量。总平方和 $SS_T = \sum_{i=1}^{k}\sum_{j=1}^{n_i}(x_{ij} - \bar{x})^2$ 反映了全部观测值的离散状况。它们满足 $SS_T = SS_E + SS_A$。检验统计量 $F = \dfrac{MS_A}{MS_E} = \dfrac{SS_A/(k-1)}{SS_E/(n-k)} \sim F(k-1, n-k)$。表 7-3 中有关量的计算一般借助统计软件来完成。

如果 $F > F_\alpha$,那么在显著性水平 α 下否定原假设,认为因素 A 对试验结果有显著影响;如果 $F \leq F_\alpha$,不否定原假设,认为因素 A 对试验结果无显著影响。

二、无交互作用的双因素方差分析

如果两个因素(行因素 A 和列因素 B)对试验结果的影响是相互独立的,检验它们对试验结果的影响是否显著,就是要检验假设:

$$H_{0A}: \mu_{A1} = \mu_{A2} = \cdots = u_{Ak}, H_{1A}: \mu_{A1}, \mu_{A2}, \cdots, \mu_{Ak} \text{不全等}$$
$$H_{0B}: \mu_{B1} = \mu_{B2} = \cdots = u_{Bk}, H_{1B}: \mu_{B1}, \mu_{B2}, \cdots, \mu_{Bk} \text{不全等}$$

无交互作用的双因素方差分析的结果一般以表7-4的形式报告出来。

表7-4 无交互作用的双因素方差分析的一般报告形式

误差来源	平方和 SS	自由度 df	均方 MS	F 值	F 临界值
行因素 A	SS_A	$k-1$	MS_A	F_A	$F_{A\alpha}$
列因素 B	SS_B	$r-1$	MS_B	F_B	$F_{B\alpha}$
误差	SS_E	$(k-1)(r-1)$	MS_E	—	—
总和	SS_T	$kr-1$	—	—	—

表7-4中，$SS_A = \sum_{i=1}^{k}\sum_{j=1}^{r}(\overline{x_i}-\overline{x})^2 = r\sum_{i=1}^{k}(\overline{x_i}-\overline{x})^2$，$SS_B = \sum_{i=1}^{k}\sum_{j=1}^{r}(\overline{x_j}-\overline{x})^2 = k\sum_{j=1}^{r}(\overline{x_j}-\overline{x})^2$，$SS_E = \sum_{i=1}^{k}\sum_{j=1}^{r}(x_{ij}-\overline{x_i}-\overline{x_j}+\overline{x})^2$，$SS_T = SS_A + SS_B + SS_E$。检验统计量：

$$F_A = \frac{MS_A}{MS_E} = \frac{SS_A/(k-1)}{SS_E/[(k-1)(r-1)]} \sim F(k-1,(k-1)(r-1))$$

$$F_B = \frac{MS_B}{MS_E} = \frac{SS_B/(r-1)}{SS_E/[(k-1)(r-1)]} \sim F(r-1,(k-1)(r-1))$$

在显著性水平 α 下，查 F 分布表得到临界值 $F_{A\alpha}$、$F_{B\alpha}$。若 $F_A > F_{A\alpha}$，则否定原假设 H_{0A}，表明行因素 A 对试验结果有显著影响；否则，就认为行因素 A 对试验结果无显著影响。若 $F_B > F_{B\alpha}$，则否定原假设 H_{0B}，表明列因素 B 对试验结果有显著影响；否则，就认为列因素 B 对试验结果无显著影响。

三、有交互作用的双因素方差分析

在考虑两个因素对因变量的影响时，若两个因素的搭配对因变量产生了新效应，则需要进行有交互作用的双因素方差分析。有交互作用的双因素方差分析要求两个因素的每一种搭配都要重复试验 $m(m \geq 2)$ 次。

有交互作用的双因素方差分析的计算结果一般以表7-5的形式报告出来。

表7-5 有交互作用的双因素方差分析的一般报告形式

误差来源	平方和 SS	自由度 df	均方 MS	F 值	F 临界值
行因素 A	SS_A	$k-1$	MS_A	F_A	$F_{A\alpha}$
列因素 B	SS_B	$r-1$	MS_B	F_B	$F_{B\alpha}$
交互作用	SS_{AB}	$(k-1)(r-1)$	MS_{AB}	F_{AB}	$F_{AB\alpha}$
误差	SS_E	$kr(m-1)$	MS_E	—	—
总和	SS_T	$n-1$	—	—	—

记 x_{ijl} 为行因素 A 的第 $i(i=1,2,\cdots,k)$ 个水平和列因素 B 的第 $j(j=1,2,\cdots,r)$ 个水平的第 $l(l=1,2,\cdots,m)$ 行的观测值，$\overline{x_i}$ 为行因素 A 的第 i 个水平的样本均值，$\overline{x_j}$ 为列因素 B 的第 j 个水平的样本均值，$\overline{x_{ij}}$ 为行因素 A 的第 i 个水平和列因素 B 的第 j 个水平组合的样

本均值，$\bar{x}$ 为全部 krm 个观测值的总均值。表 7-5 中，$SS_T = \sum_{i=1}^{k}\sum_{j=1}^{r}\sum_{l=1}^{m}(x_{ijl}-\bar{x})^2$，$SS_A = rm\sum_{i=1}^{k}(\bar{x_i}-\bar{x})^2$，$SS_B = km\sum_{j=1}^{r}(\bar{x_j}-\bar{x})^2$，$SS_{AB} = m\sum_{i=1}^{k}\sum_{j=1}^{r}(x_{ij}-\bar{x_i}-\bar{x_j}+\bar{x})^2$，$SS_E = SS_T - SS_A - SS_{AB}$，检验统计量：

$$F_A = \frac{MS_A}{MS_E} = \frac{SS_A/(k-1)}{SS_E/[kr(m-1)]} \sim F(k-1, kr(m-1))$$

$$F_B = \frac{MS_B}{MS_E} = \frac{SS_B/(r-1)}{SS_E/[kr(m-1)]} \sim F(r-1, kr(m-1))$$

$$F_{AB} = \frac{MS_{AB}}{MS_E} = \frac{SS_{AB}/[(k-1)(r-1)]}{SS_E/[kr(m-1)]} \sim F((k-1)(r-1), kr(m-1))$$

在显著性水平 α 下，查 F 分布表得到临界值 $F_{A\alpha}$、$F_{B\alpha}$、$F_{AB\alpha}$。若 $F_A > F_{A\alpha}$，则否定"行因素 A 对试验结果无影响"的原假设。若 $F_B > F_{B\alpha}$，则否定"列因素 B 对试验结果无影响"的原假设。若 $F_{AB} > F_{AB\alpha}$，则否定"两因素的搭配对试验结果无新影响"的原假设。

任务二 统计实验

一、实验目的

掌握借助 Excel 进行单因素方差分析和双因素方差分析的方法。能应用方差分析解决实际问题。

二、实验内容

（1）借助 Excel 完成单因素方差分析，得出分析结论。
（2）借助 Excel 完成无交互作用的双因素方差分析，得出分析结论。
（3）借助 Excel 完成有交互作用的双因素方差分析，得出分析结论。

三、实验操作

1. 单因素方差分析

在 Excel 中，可以直接调用数据分析工具完成方差分析，操作比较简单。

【例 7.1】 在养鸭饲料配方的研究中，技术人员提出了 A_1、A_2、A_3 3 种配方的饲料。为比较 3 种饲料的效果，将基本相同的雏鸭随机分为 3 组，各组分别选定一种饲料进行喂养，一段时间后测得它们的重量见表 7-6，问不同的饲料对鸭的增肥作用是否相同？（$\alpha = 0.05$）

表 7-6 分别饲喂 3 种饲料的鸭的重量 单位：g

配方	1	2	3	4	5	6	7	8
A_1	513	509	494	482	498	527	511	—
A_2	507	512	490	509	495	474	522	501
A_3	538	529	499	521	550	532	545	—

【分析】 该问题是要判断饲料品种对鸭的重量是否有显著影响，最终被归结为检验 3 个总体的均值是否相等，提出的假设是：

$H_0: \mu_1 = \mu_2 = \mu_3$（3 种饲料对鸭的增肥作用无差异）

$H_1: \mu_1 、 \mu_2 、 \mu_3$ 不全等（3 种饲料对鸭的增肥作用存在差异）

【操作步骤】

（1）录入样本数据。将样本数据录入 B2:I4 区域。

（2）调用方差分析工具。单击"数据"菜单中的"数据分析"工具,在弹出的窗口中选择分析工具"方差分析:单因素方差分析",单击"确定"后弹出对话框,在"输入区域"输入数据所在单元格区域"A2:I4",选择"分组方式"为"行"。由于这里样本数据引用包括了位于 A 列的名称,所以需要勾选"标志位于第一列"复选框,在"α"方框内输入"0.05"(默认值就是 0.05),在"输出选项"中选择"输出区域",输入起始位置"A6",单击"确定"后可得图 7-2 所示的结果。

A	B	C	D	E	F	G	H	I
配方	1	2	3	4	5	6	7	8
A1	513	509	494	482	498	527	511	
A2	507	512	490	509	495	474	522	501
A3	538	529	499	521	550	532	545	

方差分析:单因素方差分析

SUMMARY

组	观测数	求和	平均	方差
行 1	7	3534	504.8571	216.4762
行 2	8	4010	501.25	221.0714
行 3	7	3714	530.5714	288.9524

方差分析

差异源	SS	df	MS	F	P-value	F crit
组间	3694.292	2	1847.146	7.662714	0.003629	3.521893
组内	4580.071	19	241.0564			
总计	8274.364	21				

图 7-2 单因素方差分析

从图 7-2 所示的结果可见,由于 $F = 7.66271 > F_\alpha = 3.52189$,故否定 H_0,即认为三种饲料对鸭的增肥作用存在显著差异。当然,这里也可以直接看检验的 P 值,由于 P 值 = 0.00363 < α,所以也是否定原假设。

2. 无交互作用的双因素方差分析

【例 7.2】 为了研究不同地点、不同季节大气飘尘含量的差异性,对地点(A)取 3 个不同水平,对季节(B)取 4 个不同水平,在不同组合(A_i, B_j)下各测得一次大气飘尘含量(mg/m^2),结果见表 7-7,试研究地点间的差异及季节间的差异对大气飘尘含量有无显著影响。（$\alpha = 0.01$）

表 7-7 不同地点、不同季节检测得到的大气飘尘含量　　　　单位:mg/m^2

因素 A	因素 B			
	冬季	春季	夏季	秋季
地点 1	1.150	0.614	0.475	0.667
地点 2	1.200	0.620	0.420	0.880
地点 3	0.940	0.379	0.200	0.540

【分析】 该问题就是无交互作用的双因素方差分析问题,提出的假设是:

$H_{0A}:\mu_{A1}=\mu_{A2}=\mu_{A3}$(不同地点对大气飘尘含量无影响)

$H_{0B}:\mu_{B1}=\mu_{B2}=\mu_{B3}=\mu_{B4}$(不同季节对大气飘尘含量无影响)

【操作步骤】

(1)录入样本数据。将样本数据录入 Excel 工作表的 B2:E4 单元格。

(2)调用方差分析工具。单击"数据"菜单中的"数据分析"工具,在弹出的窗口中选择分析工具"方差分析:无重复双因素分析",单击"确定"后弹出对话框,在"输入区域"输入数据所在单元格区域"A1:E4",勾选"标志"(若在"输入区域"输入的只是数据区域"B2:E4",则不要勾选"标志"复选框),在"α"方框内输入"0.01"(默认值是 0.05),在"输出选项"中选择"输出区域",输入起始位置"A6",单击"确定"后可得图 7-3 所示的结果。

	A	B	C	D	E
1		冬季	春季	夏季	秋季
2	地点1	1.150	0.614	0.475	0.667
3	地点2	1.200	0.620	0.420	0.880
4	地点3	0.940	0.379	0.200	0.540

方差分析:无重复双因素分析

SUMMARY	观测数	求和	平均	方差
地点1	4	2.906	0.7265	0.086267
地点2	4	3.12	0.78	0.113867
地点3	4	2.059	0.51475	0.099657
冬季	3	3.29	1.096667	0.019033
春季	3	1.613	0.537667	0.01889
夏季	3	1.095	0.365	0.021175
秋季	3	2.087	0.695667	0.029516

方差分析

差异源	SS	df	MS	F	P-value	F crit
行	0.157411	2	0.078705	23.82661	0.001399	5.143253
列	0.879552	3	0.293184	88.75625	2.32E-05	4.757063
误差	0.01982	6	0.003303			
总计	1.056782	11				

图 7-3 无交互作用双因素方差分析

从图 7-3 所示的结果可知,由于 $F_A = 23.827 > F_\alpha = 10.925$,$F_B = 88.756 > F_\alpha = 9.7795$,故分别拒绝原假设 H_{0A}、H_{0B},即认为地点的不同、季节的不同分别都对大气飘尘含量有显著影响。

3. 有交互作用的双因素方差分析

【例 7.3】 为分析 4 种化肥和 3 种小麦品种对小麦产量的影响,把一块试验田等分成 24 小块,对种子和化肥的每一组合种植 2 小块田,得到的产量(单位:kg)见表 7-8。问小麦品种、化肥及两者的交互作用对小麦产量有无显著影响?($\alpha = 0.05$)

表 7-8　小麦产量试验数据　　　　　　　　　　　　　　　　单位：kg

小麦品种	化肥			
	化肥 1	化肥 2	化肥 3	化肥 4
品种 1	173	174	177	172
	172	176	179	173
品种 2	175	178	174	170
	173	177	175	171
品种 3	177	174	174	169
	175	174	173	169

【分析】　考虑交互作用,每一组合至少要做2次试验,题目满足这种要求。提出的假设是:

H_{0A}：小麦品种对小麦产量无显著影响

H_{0B}：化肥对小麦产量无显著影响

H_{0AB}：小麦品种和化肥的交互作用对小麦产量无显著影响

【操作步骤】

(1) 录入样本数据。将样本数据录入 Excel 工作表的 A1:E7 单元格。

(2) 调用方差分析工具。单击"数据"菜单中的"数据分析"工具,在弹出的窗口中选择分析工具"方差分析:可重复双因素分析",单击"确定"后弹出对话框,在"输入区域"输入数据所在单元格区域"A1:E7",在"每一样本的行数"框内输入重复试验次数"2",在"α"方框内输入"0.05"(默认值就是 0.05),在"输出选项"中选择"输出区域",输入起始位置"A9",单击"确定"后可得图 7-4 所示的结果(略去了部分次要信息)。

	A	B	C	D	E
		化肥1	化肥2	化肥3	化肥4
	品种1	173	174	177	172
		172	176	179	173
	品种2	175	178	174	170
		173	177	175	171
	品种3	177	174	174	169
		175	174	173	169

方差分析：可重复双因素分析

总计

	化肥1	化肥2	化肥3	化肥4
观测数	6	6	6	6
求和	1045	1053	1052	1024
平均	174.1667	175.5	175.3333	170.6667
方差	3.366667	3.1	5.066667	2.666667

方差分析

差异源	SS	df	MS	F	P-value	F crit
样本	8.083333	2	4.041667	4.409091	0.03668	3.885294
列	90.83333	3	30.27778	33.0303	4.44E-06	3.490295
交互	51.91667	6	8.652778	9.439394	0.000578	2.99612
内部	11	12	0.916667			
总计	161.8333	23				

图 7-4　有交互作用双因素方差分析

从图 7-4 所示的结果可见,小麦品种因素(行因素、样本)的检验统计量 $F=4.409\,1$,对应 P 值 $=0.036\,7$,小于显著性水平 0.05,说明小麦品种对产量的影响是显著的;同理,可以判断出化肥因素(列因素)和交互因素对产量的影响也是显著的。因而,应注意化肥与小麦品种的交互作用。从样本数据看,化肥 3 与品种 1 的搭配产量最高,所以可以考虑把它们搭配起来安排生产。

四、实验实践

(1) 某湖泊不同季节的氯化物含量的测定值见表 7-9,问季节对该湖泊的氯化物含量是否存在显著影响?($\alpha=0.05$)

表 7-9　某湖泊不同季节的氯化物含量的测定值　　　　　　　　　　单位:mg/L

季节	氯化物含量								
春	22.7	21.8	22.3	20.1	18.6	21.7	22.8	23.1	21.9
夏	24.2	20.9	20.8	18.3	16.4	20.4	19.8	21.3	19.2
秋	17.8	18.7	16.3	16.2	18.6	17.3	17.9	15.7	19.1
冬	19.3	18.4	16.2	14.9	17.3	18.4	15.8	18.0	16.5

(2) 一家汽车制造商准备购进一批轮胎。为了对轮胎耐磨能力进行测试,分别在低速(40 km/h)、中速(80 km/h)、高速(120 km/h)行驶条件下对 4 家供应商的轮胎随机样本进行测试,轮胎使用 1 000 km 后的磨损程度见表 7-10。试问:(1) 车速对轮胎磨损程度是否有影响?(2) 不同供应商的轮胎的耐磨能力是否有差异?($\alpha=0.01$)

表 7-10　轮胎使用 1 000 km 后的磨损程度

供应商	车速		
	低速	中速	高速
1	3.8	4.5	3.2
2	3.4	3.9	2.8
3	3.5	4.1	3.0
4	3.2	3.5	2.6

(3) 表 7-11 给出了不同温度和不同压力下模制的若干塑料样品的拉伸强度(单位:MPa),试在 0.05 的显著性水平下,判断压力、温度以及两者的交互作用对塑料的拉伸强度有无影响。

表 7-11　不同温度和不同压力下模制的若干塑料样品的拉伸强度

压力	温度		
	B_1	B_2	B_3
A_1	25	27	28
	27	28	30
	25	27	28
	23	28	30

续表

压力	温度		
	B_1	B_2	B_3
A_2	27	28	25
	27	27	27
	28	25	25
	30	27	25
A_3	27	32	25
	25	30	27
	25	30	27
	28	32	25

任务三　统计实训

一、单项选择题

1. 在方差分析中,总平方和反映的是(　　)。
   A. 全部观测值的离散情况　　　　B. 水平内部观测值的离散情况
   C. 部分观测值的离散情况　　　　D. 同一因素在不同水平所引起的波动

2. 方差分析的主要目的是判断(　　)。
   A. 各总体方差的差异是否显著
   B. 分类型自变量对数值型因变量的影响是否显著
   C. 样本数据之间的差异是否显著
   D. 数值型自变量对分类型因变量的影响是否显著

3. 在方差分析中,反映同一水平下样本各观测值之间差异的是(　　)。
   A. 总平方和　　B. 组间平方和　　C. 离差平方和　　D. 组内平方和

4. 组间平方和除以相应的自由度,该结果称为(　　)。
   A. 组间均方　　B. 平均误差　　C. 总均方　　D. 组内均方

5. 在单因素方差分析中,F 统计量的计算式为(　　)。
   A. $\dfrac{MS_A}{MS_T}$　　B. $\dfrac{MS_E}{MS_T}$　　C. $\dfrac{MS_A}{MS_E}$　　D. $\dfrac{MS_E}{MS_A}$

6. 如果要分析3种化肥施撒在3种类型(酸性、中性和碱性)的土地对农作物的产量有无影响,则最恰当的分析方法是(　　)。
   A. 单因素方差分析　　　　　　B. 无交互作用的双因素方差分析
   C. 三因素方差分析　　　　　　D. 有交互作用的双因素方差分析

7. 在方差分析中,原假设是 $H_0: \mu_1 = \mu_2 = \cdots = \mu_k$,那么备择假设是(　　)。
   A. $H_1: \mu_1 \neq \mu_2 \neq \cdots \neq \mu_k$
   B. $H_1: \mu_1 > \mu_2 > \cdots > \mu_k > 0$
   C. $H_1: \mu_1, \mu_2, \cdots, \mu_k$ 不全为0
   D. $H_1: \mu_1, \mu_2, \cdots, \mu_k$ 不全相等

8. 在有 n 个观测值 k 个水平的单因素方差分析中，F 统计量的分子和分母的自由度分别为(   )。
   A. k,n　　　　　B. $k-1,n-k$　　　　C. $n-1,k-1$　　　　D. $n-k,k-1$

9. 双因素方差分析涉及(   )。
   A. 两个分类型自变量　　　　　　　B. 两个分类型因变量
   C. 两个数值型自变量　　　　　　　D. 两个数值型因变量

10. 有交互作用的双因素方差分析是指用于检验的两个因素(   )。
    A. 对因变量的影响有交互作用　　　B. 对因变量的影响是相互独立的
    C. 对自变量的影响有交互作用　　　D. 对自变量和因变量产生了交叉影响

二、多项选择题

1. 对于有 k 个水平的单因素方差分析的组内平方和，下列说法正确的是(   )。
   A. 其自由度为 $k-1$
   B. 反映的是随机因素的影响
   C. 反映的是随机因素和系统因素的影响
   D. 组内误差一定小于组间误差
   E. 其自由度为 $n-k$

2. 为研究溶液温度对植物生长的影响，将溶液温度控制在三个水平上，则对此试验结果进行的方差分析称为(   )。
   A. 单因素方差分析　　　　　　　　B. 双因素方差分析
   C. 三因素方差分析　　　　　　　　D. 单因素三水平方差分析
   E. 双因素三水平方差分析

3. 应用方差分析的前提条件是(   )。
   A. 各个总体服从正态分布　　　　　B. 各个总体均值相等
   C. 各个总体具有相同的方差　　　　D. 各个总体均值不等
   E. 各个总体相互独立

4. 方差分析中组间平方和是指(   )。
   A. 各水平下理论平均数之间的离差平方和
   B. 在同一水平下数据误差的平方和
   C. 由水平效应不同所引起的离差平方和
   D. 各组平均值与总平均值的离差平方和
   E. 全部观测值与总平均值的离差平方和

5. 方差分析中，若检验统计量 F 近似等于 1，说明(   )。
   A. 组间方差中不存在系统因素的显著影响
   B. 组内方差中不存在系统因素的显著影响
   C. 组间方差中存在系统因素的显著影响
   D. 方差分析中应否定原假设
   E. 方差分析中不应否定原假设

6. 在单因素三水平方差分析中,已知 $SS_T = 40$,$SS_E = 30$,样本数据共有 30 个,则( )。

A. 组间自由度为 2
B. 组内自由度为 27
C. 组间均方为 $MS_A = 5$
D. 组内均方为 $MS_E = 1$
E. 检验统计量 $F = 5$

7. 以下问题适合用方差分析方法解决的有( )。

A. 研究不同所有制企业职工工资是否存在显著差别
B. 研究三种不同形式的包装对销售量是否存在显著影响
C. 研究不同季节、不同地点的空气质量($PM_{2.5}$ 浓度)是否存在显著差别
D. 研究收入不同对出行交通工具选择是否存在显著影响
E. 研究研发投入对企业利润是否存在显著影响

8. 从下面的方差分析表(表 7-12)可以知道( )。

表 7-12　方差分析表

差异源	SS	df	MS	F 值	P 值	F 临界值
组间	7 725.9	3	2 575.3	15.887	0.000	2.866
组内	5 835.6	36	162.1	—	—	—
总计	13 561.5	39	—	—	—	—

A. 这是单因素方差分析
B. 因素水平有 4 个
C. 样本观测值一共有 39 个
D. 组间平方和是 7 725.9
E. 组内均方是 162.1

9. 从下面的方差分析表(表 7-13)可以知道( )。

表 7-13　方差分析表

差异源	SS	df	MS	F 值	P 值	F 临界值
行	26.133	2	13.067	8.809	0.010	4.459
列	36.933	4	9.233	6.225	0.014	3.838
误差	11.867	8	1.483	—	—	—
总计	74.933	14	—	—	—	—

A. 这是无交互作用的双因素方差分析
B. 行因素水平有 3 个
C. 样本观测值一共有 15 个
D. 在 5% 的显著性水平下,行因素的影响是显著的
E. 在 5% 的显著性水平下,列因素的影响是显著的

10. 从下面的方差分析表(表 7-14)可以知道(　　　)。

表 7-14　方差分析表

差异源	SS	df	MS	F 值	P 值	F 临界值
行因素	32.056	2	16.028	8.014	0.002	3.403
列因素	2.083	3	0.694	0.347	0.791	3.009
交互作用	48.167	6	8.028	4.014	0.006	2.508
误差	48	24	2	—	—	—
总计	130.306	35	—	—	—	—

　A. 这是有交互作用的双因素方差分析

　B. 列因素水平有 4 个

　C. 两个因素的每一种搭配重复试验了 3 次

　D. 在 5%的显著性水平下,列因素的影响是显著的

　E. 在 5%的显著性水平下,两个因素交互作用的影响是显著的

三、判断题

1. 方差分析是同时对多个总体均值的比较,但实质上它是研究分类型自变量对数值型因变量是否有显著影响的方法。　　　　　　　　　　　　　　　　　(　　)

2. 无交互的双因素方差分析假定两个因素对因变量的影响是独立的,但若两个因素的搭配对因变量产生了新效应,则需要进行有交互作用的双因素方差分析。　(　　)

3. 若单因素方差分析中因素有 5 个水平,组间平方和 $SS_A = 10$,则组间均方 $MS_A = 2.5$。
(　　)

4. 组内平方和是在同一水平下数据误差的平方和,反映了水平内部观测值的离散情况。　　　　　　　　　　　　　　　　　　　　　　　　　　　　　　(　　)

5. 方差分析是对多个正态总体方差相等这一假设进行检验。　　　　　(　　)

6. 有交互作用的双因素方差分析是指用于检验的两个因素产生了相互影响。
(　　)

7. 在方差分析中,检验统计量 F 是用组间平方和除以组内平方和。　　(　　)

8. 组内平方和只包括随机误差。　　　　　　　　　　　　　　　　　(　　)

9. 组间平方和既包括随机误差,也包括系统误差。　　　　　　　　　(　　)

10. 双因素方差分析涉及两个数值型因变量。　　　　　　　　　　　(　　)

四、综合应用题

1. 一家食品公司用机器灌装菜油,规定每桶的容量为 5 L。现分别从 4 台机器加工的产品中进行随机抽样检测,然后对 4 台机器的灌装量进行方差分析,得到表 7-15 中的结果。

表 7-15　方差分析表

方差来源	平方和 SS	自由度 df	均方 MS	F 值	F 临界值
组间			0.003 2	*	3.159 9
组内	0.003 6			—	—
总和		21	—	—	—

（1）完成上面的方差分析表。

（2）取显著性水平 $\alpha=0.05$，检验 4 台机器的灌装量是否有显著差异。

2. 随机调查某地区 100 名工龄相同的职工，分析学历对收入的影响。对调查数据做方差分析得到 $SS_T=10\,580$，$SS_A=3\,996$。问学历对收入是否存在显著影响？（$\alpha=0.05$）

3. 某厂有 3 条生产线生产相同型号的电池，分别记为 A_1、A_2、A_3。表 7-16 是对各生产线生产的电池电力（使用时长）的随机抽样测试结果，问生产线的不同对电池电力是否有显著影响？（$\alpha=0.05$）

表 7-16　各生产线生产电池电力测试结果　　　　　　　　　　单位：h

生产线	电池电力									
A_1	341	357	338	330	348	353	335	351	346	325
A_2	347	364	357	329	336	338	342	318	321	336
A_3	362	385	361	339	353	374	357	343	381	353

4. 为了寻找适合本地种植的高产小麦品种，选取了 4 个品种分别在 5 块面积相同的试验地里试种，试验地耕作条件基本相同，试种所得产量（单位：kg）见表 7-17。问不同品种小麦的产量是否存在显著差异？（$\alpha=0.05$）

表 7-17　4 个小麦品种在 5 块面积相同的试验地里的产量　　　　　　单位：kg

品种	产量				
A_1	11	15	14	15	11
A_2	18	14	16	17	18
A_3	15	17	10	15	14
A_4	17	15	19	15	16

5. 从某地高考理科考生中随机抽取了 45 人进行调查，登记考生的成绩、家长的文化程度（按父母中文化程度较高者登记）。数据见表 7-18。

表 7-18　考生的成绩、家长的文化程度

家长的文化程度	考生成绩											
大专以上	606	497	520	508	508	530	550	570	534	540	616	—	—
高中	509	420	445	390	440	406	410	480	530	590	560	551	559
初中	360	540	320	430	550	517	580	460	408	330	490	471	—
小学以下	303	501	415	388	290	420	550	511	432	—	—	—	—

问家长的文化程度是否对学生考试成绩存在显著影响？（$\alpha=0.05$）

6. 表 7-19 是对因素 A 与因素 B 进行无交互作用的双因素方差分析得到的结果。

表 7-19　方差分析表

误差来源	平方和 SS	自由度 df	均方 MS	F 值	F 临界值
行因素 A	30			5	4.757
列因素 B	16				5.143
误差		6	2	—	—
总和			—	—	—

（1）请将空缺数字补充完整。
（2）判断行因素、列因素的影响是否显著。

7. 一家跨国公司为研究儿童食品的销售量是否受到包装和销售地区的影响，一周内在 3 个地区同时用 3 种不同的包装进行销售试验，获得的销售量数据（单位：箱）见表 7-20。问不同包装和不同销售地区对该食品的销售量是否存在显著影响？（α=0.05）

表 7-20　3 种不用包装的儿童食品在 3 个地区的销售量

类别	地区 B_1	地区 B_2	地区 B_3
包装 A_1	86	81	73
包装 A_2	65	71	62
包装 A_3	53	52	60

8. 某女排运动员在世界锦标赛 A_1、世界杯赛 A_2 和奥运会比赛 A_3 三种场合对阵美国队、古巴队、日本队和俄罗斯队的比赛中，扣球成功率（单位：%）见表 7-21。试问不同比赛场合、不同的对战队对该运动员扣球成功率是否存在显著影响？（α=0.05）

表 7-21　某女排运动员的扣球成功率

类别	美国队 B_1	古巴队 B_2	日本队 B_3	俄罗斯队 B_4
A_1	72	86	73	89
A_2	65	81	76	84
A_3	66	77	68	79

9. 为了分析噪声因素 A、光照因素 B 以及二者的交互作用是否对工人生产的产品量存在影响，在噪声和光照两种因素的不同水平组合下做试验，结果（单位：件）见表 7-22。

表 7-22　噪声、光照及二者的交互作用对工人生产的产品量的影响

类别		B_1	B_2	B_3	B_4
A_1		25	28	25	28
		25	27	27	30
		27	27	26	30

续表

类别	B_1	B_2	B_3	B_4
A_2	29	25	28	25
	29	25	27	26
	26	25	26	27
A_3	26	29	28	27
	28	32	28	28
	31	32	28	27

请问噪声、光照及二者的交互作用对工人生产的产品量有无显著影响？（$\alpha=0.05$）

10. 表 7-23 给出的是在不同温度和不同压力下，生产的某种模制塑料的抗拉强度。

表 7-23　不同温度和不同压力下生产的某种模制塑料的抗拉强度　　　单位：MPa

压力	温度		
	B_1	B_2	B_3
A_1	11	12	13
	12	13	14
	11	12	13
	10	13	14
A_2	12	13	11
	12	12	12
	13	11	11
	14	12	11
A_3	12	15	11
	11	14	12
	11	14	12
	13	15	11

试依据上述资料，在 0.05 的显著性水平下研究温度、压力及两者的交互作用对模制塑料抗拉强度有无显著影响。

项目八

相关分析与回归分析

■ 知识目标

1. 理解函数关系和相关关系的异同。
2. 掌握相关系数的计算和分析方法。
3. 掌握线性回归的基本原理和参数的最小二乘估计方法。
4. 掌握线性回归的拟合优度计算和分析方法。
5. 掌握线性回归方程的显著性检验方法。
6. 掌握利用线性回归方程进行估计和预测的方法,培养精益求精的工匠精神。

■ 技能目标

1. 能够使用 Excel 函数或 Excel 宏工具计算相关系数,完成相关分析。
2. 能够借助 Excel 进行回归分析,得出回归方程,并进行拟合优度评价、对回归方程和系数进行显著性检验。
3. 能够使用线性回归方程进行显著性检验,并解读相关指标。

■ 课程思政目标

通过介绍相关分析与回归分析的基本概念和原理,引导学生理解数据分析的重要性,并逐步形成运用数据分析和解决问题的思维模式。相关分析与回归分析涉及的数学知识和计算方法比较丰富,通过教学可以提高学生的数学素养和计算能力,为其未来的学习和工作打下基础。通过引入相关分析与回归分析在社会发展和社会科学等领域的应用,学生能认识到统计分析在解决社会问题中的重要作用,增强其社会责任感和科学素养。

■ 案例引入

税负对银行业经营状况影响的实证研究(节选)
——基于24家上市银行数据的面板回归分析

我国的金融体系以商业银行为主导,商业银行既是直接参与市场经济活动的主体,也是货币流通的重要媒介,其行业的高质量发展对整个金融体系和国民经济发展至关重要。银行业税负水平对其经营行为具有影响,银行可以根据税负测算和税收优惠政策来调整经营战略,从而改变资产配置行为,具体表现为资产规模、营收水平和盈利能力的变化。从这个角度看,税收政策改变银行业税负的效果类似于改变信贷利差,与货币政策类似,同时会对货币政策产生干扰。鉴于银行业金融机构的经营行为对实体经济具有重大影响,研究银行业税负对银行业金融机构经营状况的影响对财政政策与货币政策的协调配合具有参考意义。本文尝试综合已有方法测算银行业税负,分析税负对银行业经营指标的影响,并结合分析结论从优化银行业税负、促进财政政策与货币政策协调配合的角度提出政策建议。

已有文献主要从宏观和微观两个方面测算银行业税负。宏观方面采用银行业税收除以银行业增加值进行测算,微观方面采用税费总计除以银行业营业收入进行测算。本文选取24家上市银行,以第二种方法计算银行业税负,并区分银行规模类型、所有制类型比较不同类型银行的税负差异。

一、我国银行业税负的特点

(1) 我国银行业税负维持在9%左右,全面"营改增"之后税负稳定性增强。2011—2021年我国银行业税负平均值为8.83%,2011—2016年由9.93%降至6.96%,之后有所反弹,2019年升至10.05%,近年有所下降,2021年降至8.53%。税收制度对银行业税负影响较大,2016年全面推开"营改增",银行业税负降到历史低点,2017—2021年税负稳定性明显增强,除2019年外均维持在8.5%~9.5%之间。

(2) 银行业税负与营业收入正相关,现有税制能够发挥经济"自动稳定器"功能。银行业税负与其营业收入变动趋势基本一致,2012年我国提出经济进入新常态的论述,经济由高速增长转变为中高速增长,2011—2016年银行业营业收入增速随之逐年下降,由27.97%降至1.15%,与此对应,银行业税负也逐步下降。2017—2021年,银行业营业收入增速整体回升,税负也有所提高,税收制度对银行业经营起到了逆向调节的"自动稳定器"作用。

(3) 不同规模类型银行税负趋同,国有大型银行税负仍略高于中小规模银行。2011年不同规模类型银行税负差别相对较大,从规模类型分,税负由高到低分别为国有大型银行、股份制银行和城市商业银行,三类银行的税负分别为10.61%、8.09%和6.22%。随着"营改增"的推进和税收制度不断完善,不同规模类型的银行税负差别弱化,目前来看,国有大型银行税负仍相对较高,2021年三种类型银行的税负分别为9.01%、7.62%和7.76%。

(4) 不同所有制类型银行税负稳定性差别较大,近年来公众企业类银行税负降幅较大。整体看,中央国有银行和公众企业银行税负波动较大,地方国有银行税负稳定性较强。2012—2015年国有银行税负显著高于公众企业类银行,"营改增"之后公众企业类银行税负拉升,2017年甚至高于国有银行,近年来公众企业类银行税负降幅较大,三类银行税负差别缩小,2021年中央国有银行、地方国有银行、公众企业类银行的税负分别为8.64%、9.37%和7.27%。

二、税负影响银行业经营状况的实证分析

为分析银行税负变化对其经营行为的影响,本文选取银行资产规模代表其成长能力、营业收入衡量其营运状况、净利润测度其盈利能力,将三者分别作为被解释变量,构建3个面板回归模型,分别测度银行税负对其成长能力、运营状况和盈利能力的影响。因此,面板回归模型中,选取银行税负作为主要解释变量。同时,为提高变量解释力和模型合理性,引入资本充足率、成本收入比作为控制变量。面板回归模型指标说明见表8-1。模型

中所有数据均为上市银行年报数据,来源于 Wind 数据库,样本区间为 2011—2021 年。单位根检验、协整检验和 Hausman 检验表明,所选变量可以进行面板回归,且固定效应模型的拟合效果更好,调整的拟合优度和 F 检验值均显著,表明面板模型估计结果显著,模型效果较好。

表 8-1 面板回归模型指标说明

变量性质	测度内容	指标名称	单位
被解释变量	成长能力	总资产(取对数处理)	亿元
	运营情况	营收收入(取对数处理)	亿元
	盈利能力	净利润(取对数处理)	亿元
控制变量	安全指标	资本充足率	%
	成本指标	成本收入比	%
解释变量	税负水平	总税负率	%

从实证结果(表 8-2)看:

(1) 银行税负对其成长能力影响不大。资产规模模型中,银行税负的参数估计值不显著,且估计值为正,表明银行税负越大,资产规模越大。近年来,金融发展水平不断提高,中间业务、表外业务发展较快,这些业务在银行业务中的占比不断提高,但并不反映在银行的资产负债表中,使得资产规模反映银行经营状况的能力下降。

(2) 银行税负对其运营情况的解释力不强。营业收入模型中,银行税负的参数估计值显著,且估计值为正,这与理论存在一定差异,可能的解释是中间业务和表外业务占比的提高导致营业收入对银行营运能力的测度能力减弱。从资产规模模型和营业收入模型来看,银行税负对其资产规模和经营收入的影响要么不显著,要么与理论不符,说明行业税负对二者的解释能力较弱。

(3) 银行税负与其净利润显著负相关。净利润模型中,银行税负的参数估计值为负,且估计值显著,银行税负越高,净利润水平越低;资本充足率和成本收入比的参数估计值一正一负,资本充足率越高,利润水平也越高,成本收入比越高,则越会压低银行盈利能力,模型较为成功。综合来看,银行税负主要通过盈利能力对商业银行的经营产生影响,资产规模和营业收入两个渠道的影响力则较弱。

表 8-2 面板回归模型拟合结果

指标	资产规模	营业收入	净利润
常数项	11.38*** (89.00)	10.25 (0.95)	−177.41* (−1.91)
银行税负	0.01 (1.31)	1.08** (2.93)	−9.33** (−2.95)
资本充足率	−0.08*** (−9.43)	1.45** (2.03)	61.94** (10.15)

续表

指标	资产规模	营业收入	净利润
成本收入比	-0.01** (-2.99)	-0.69*** (-3.42)	-1.56 (-0.90)
调整的 R^2	0.989 5	0.986 8	0.982 9
回归残差	0.125 8	10.667 5	91.168 8
F 统计量	686.92	8.51	420.80
F 统计量的 P 值	0.000 0	0.000 0	0.000 0

注：表8-2每一列代表一个面板回归模型的估计结果，表的上半部分中每个指标对应2行，第一行为参数估计值，"***"表示在1%的显著性水平下显著，"**"表示在5%的显著性水平下显著，"*"表示在10%的显著性水平下显著，第二行括号中数字为 t 检验值。

三、基本结论与政策建议

1. 基本结论

结合我国银行业税负现状、税负对商业银行经营状况影响的实证分析，总结得出如下结论：

（1）我国银行业税负维持在9%左右，近年来税负稳定性增强，但不同规模、不同所有制类型银行的税负存在差异，总体看国有大型银行税负相对较高。

（2）商业银行中间业务、表外业务占比提高，资产规模和营业收入对其运营情况的解释力趋弱。

（3）相比资产规模和营业收入，银行净利润在测度其经营状况时可以排除中间业务和表外业务的影响，代表性更强，银行税负对其盈利能力的解释性较强，盈利能力是银行税负影响其经营状况的主要渠道。

2. 政策建议

（1）建立追踪比较与评估机制，保障银行业效益的稳定性。一是商业银行应该建立税负监测机制，避免税负过重引起的税务风险，全面及时地掌握自身的税负竞争力。二是商业银行还应建立自身税负对其经营绩效的追踪评估机制，将总体税负进一步细化到各个税种，将绩效评价细化到成长能力、营运能力和盈利能力各个方面。三是税负水平对经营绩效的影响力超过某一临界值时，需引起重视，避免税负过重对银行业效益稳定性造成不利影响。

（2）利用税收优惠政策调节经营行为，减轻税负压力。一是商业银行应合理利用税收优惠政策，积极扶持"三农"及小微企业成长，同时尽力争取国家给予的各项税收补贴。二是商业银行应合理利用加计扣除的所得税税收优惠政策加大固定资产以及研发投入占比，合理利用固定资产累计折旧、研发支出加计扣除、无形资产可在计算企业所得税时进行摊销等税收优惠，调整自身的经营行为。三是商业银行应积极响应经济高质量发展和国家产业转型升级需要，将业务方向更多倾向绿色金融、普惠金融和"专精特新"企业，充分享受国家税收优惠政策。

（3）加强财政政策与货币政策的协调配合，充分考虑银行业税负对货币政策的影响。一是宏观层面建立银行业税负监测机制，将银行业税负作为财政政策与货币政策的参考，充分考虑其对财政政策和货币政策的抵消作用。二是提高财政政策与货币政策的精细化程度，充分考虑银行业内部不同类型商业银行的税负差异，创新结构化政策，提高政策精准度。三是通过银行业税负提高财政政策与货币政策的协调配合能力,"双松"政策时应保证银行业税负下降,"双紧"政策时应保证银行业税负适度提高。

(案例来源:刘少华,韩雪,马红.税负对银行业经营状况影响的实证研究:基于24家上市银行数据的面板回归分析[J].吉林金融研究,2023(1):4-7,17.)

思考题

1. 什么是相关分析?它与回归分析有什么区别和联系?
2. 在进行相关分析时,如何选择合适的相关系数?
3. 如何利用回归分析进行预测?预测的准确度如何评估?
4. 相关分析与回归分析在经济学、社会科学和医学等领域有哪些常见应用?

课程任务

任务一 统计知识

客观现象之间的数量依存关系有两种类型:一种是函数关系,另一种是相关关系。相关分析是根据实际观测的数据资料,研究现象间相互依存关系的形式和密切程度的统计分析方法;回归分析则是对相关的变量进行测定,建立回归方程并进行估计或预测的统计分析方法。本项目的重点是相关关系的概念和种类,相关系数的理解、计算和应用,回归方程的建立、评价和应用。

一、相关分析

1. 相关关系的概念

相关关系是指变量之间存在的一种非确定性的数量依存关系。

2. 相关关系的种类

变量之间的相关关系按不同的标准分类如图 8-1 所示,图中 r 为两变量的相关系数。

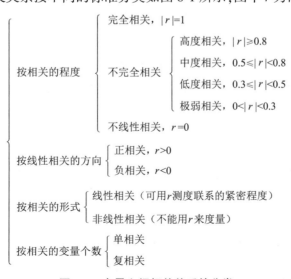

图 8-1 变量之间相关关系的分类

3. 相关系数的性质

(1) r 的取值范围为区间 $[-1,1]$。

(2) r 具有对称性,即 x 与 y 的相关系数等于 y 与 x 的相关系数。

(3) r 数值的大小与 x 和 y 的原点及尺度无关,即 x 和 y 的量纲不会影响它们之间的相关系数。这也意味着,x 或 y 所有观测值都加(减)一个数或乘(除以)一个非零的数,x 与 y 的相关系数都不会发生变化。

(4) r 不能用于描述非线性关系。$r=0$ 只意味着不存在线性相关关系,并不能肯定是否存在非线性相关关系。

(5) r 是两变量之间线性关系的一个度量,却不一定意味着 x 与 y 一定有因果关系。

4. 相关分析的基本思路

(1) 定性分析。现象间内在的本质联系,决定它们的客观规律性,需要结合实际经验去分析,并要用有关理论去加以说明。对于本来没有内在联系的现象,仅凭数据进行相关分析和回归分析,有可能会是一种"伪相关"或"伪回归",这样不仅没有实际意义,而且会导致荒谬的结论。

(2) 绘制散点图。依据散点图对变量之间相关的方向、形式和密切程度做出直观的判断,计算相关系数。

(3) 相关系数是定量研究线性相关关系的工具,根据相关系数的符号和大小,可以判定现象之间线性相关的方向和密切程度。计算公式为

$$r = \frac{n\sum_{i=1}^{n} x_i y_i - \sum_{i=1}^{n} x_i \sum_{i=1}^{n} y_i}{\sqrt{n\sum_{i=1}^{n} x_i^2 - (\sum_{i=1}^{n} x_i)^2} \sqrt{n\sum_{i=1}^{n} y_i^2 - (\sum_{i=1}^{n} y_i)^2}}$$

(4) 检验相关系数的显著性。原假设为 $H_0: \rho=0$(总体的两个变量不存在线性相关关系),$H_1: \rho \neq 0$。一般使用 t 检验法进行检验,检验统计量为

$$t = \frac{r\sqrt{n-2}}{\sqrt{1-r^2}}$$

若 $|t| > t_{\frac{\alpha}{2}}(n-2)$,则否定原假设,表明总体的两个变量之间存在显著的线性相关关系;若 $|t| \leq t_{\frac{\alpha}{2}}(n-2)$,则不否定原假设,表明总体的两个变量之间不存在显著的线性相关关系。

二、回归分析

1. 回归分析的概念

回归分析是对相关变量的数量变化进行测定,根据实际的观测值建立变量间的回归方程,并据此进行估计和预测的统计分析方法。

2. 回归分析的基本思路

(1) 建立回归模型。一元线性回归模型为

$$Y = \beta_0 + \beta_1 X + \varepsilon$$

多元线性回归模型为(p 为自变量个数,$p>1$)

$$Y = \beta_0 + \sum_{i=1}^{p} \beta_i X_i + \varepsilon$$

其中，ε 一般称为随机扰动项。对建立的回归模型有两个方面的基本假定：一是对变量和模型的假定（包括：假定自变量非随机，或自变量虽然是随机的，但与随机扰动项也是不相关的；模型中的变量没有测量误差；模型对变量和函数形式的设定是正确的）。二是对随机扰动项 ε 统计分布的假定，即古典假定（或称为高斯假定），具体包括：① 零均值假定，即 $E(\varepsilon|X)=0$。② 同方差假定，即对于给定的每一个 X 的取值，随机扰动项的条件方差都相同。③ 无自相关假定，即随机扰动项 ε 的逐次值互不相关，或者说协方差 $Cov(\varepsilon_i, \varepsilon_j)=0 (i \neq j)$。④ 随机扰动项与自变量不相关，这样才能分清自变量与随机扰动项分别对因变量的影响各为多少。⑤ 正态性假定，即假定随机扰动项服从正态分布，即有 $\varepsilon \sim N(0, \sigma^2)$。满足这些假定的线性回归模型称为古典线性回归模型。

（2）根据样本观测值估计回归系数。一般使用最小二乘法估计，并借助软件完成计算。

在一元线性回归方程 $\hat{y}=\hat{\beta}_0+\hat{\beta}_1 x$ 中，按最小二乘法所得回归系数的计算表达式为

$$\begin{cases} \hat{\beta}_1 = \dfrac{n\sum_{i=1}^{n} x_i y_i - \sum_{i=1}^{n} x_i \sum_{i=1}^{n} y_i}{n\sum_{i=1}^{n} x_i^2 - \left(\sum_{i=1}^{n} x_i\right)^2} \\ \hat{\beta}_0 = \bar{y} - \hat{\beta}_1 \bar{x} \end{cases}$$

若借助 Excel 软件进行回归分析，则 Excel 报告的主要结果的一般形式如图 8-2 所示，图中对各统计量的含义做了简要说明。

	A	B	C	D	E	F	G
	SUMMARY OUTPUT						
	回归统计						
	Multiple R	负相关系数					
	R Square	可决系数					
	Adjusted R Square	调整的可决系数					
	标准误差	估计标准误差					
	观测值	样本容量n					
	方差分析						
		df	SS	MS	F	Significance F	
	回归分析	回归自由度	回归平方和	回归均方	F统计量	对应于单位F检验的P值	
	残差	残差自由度	残差平方和	残差均方			
	总计	n-1	总离差平方和				
		Coefficients	标准误差	t Stat	P-value	Lower 95%	Upper 95%
	Intercept	截距（常数项）	系数估计值的标准误差	t统计量	P值	系数区间估计的下限	系数区间估计的上限
	X Variable 1	斜率（自变量系数）	系数估计值的标准误差	t统计量	P值	系数区间估计的下限	系数区间估计的上限

图 8-2　Excel 回归分析报告结果的含义

（3）回归模型的检验，一般包括如下 4 个方面。

① 检查回归系数的符号与大小是否与实际问题相符。以消费 y 对收入 x 的回归方程 $\hat{y}=\hat{\beta}_0+\hat{\beta}_1 x$ 为例，根据消费理论可知，$\hat{\beta}_0$ 称为自发消费，一般应大于 0；$\hat{\beta}_1$ 称为边际消费倾向，一般应大于 0 且小于 1。

② 用可决系数 R^2 进行拟合优度评价。回归平方和 SS_R 占总平方和 SS_T 的比例称为

可决系数(或判定系数),记为R^2,即有

$$R^2 = \frac{SS_R}{SS_T} = 1 - \frac{SS_E}{SS_T}$$

可决系数R^2的取值范围在$[0,1]$之间。R越靠近1,说明回归方程拟合得越好;R越靠近0,说明回归方程拟合得越差。可决系数在数值上等于两个变量相关系数的平方,即有$R^2 = r^2$。

若是多元线性回归,则需要用调整的可决系数$\bar{R}^2$进行拟合优度评价:

$$\bar{R}^2 = 1 - (1-R^2) \times \frac{n-1}{n-p-1}$$

式中,R^2是可决系数,p是自变量个数,n是样本容量。

③ 用F检验对回归方程的显著性进行检验。目的是检验线性方程是否有意义,或者检验所有的自变量联合起来是否对因变量存在显著影响(原假设是"自变量联合起来对因变量无显著影响")。在一元线性回归方程中,对回归方程显著性的F检验与对自变量系数显著性的t检验是等价的,且有$F = t^2$。

④ 用t检验对回归系数的显著性进行检验。在多元线性回归分析中,回归方程显著并不意味着每一个系数都显著,因此,还需要用t检验逐个检验自变量是否对因变量存在显著影响(原假设是$H_0: \beta_i = 0$,即该系数为0,该自变量对因变量无显著影响)。

(4) 回归方程的应用,包括:① 根据回归系数解释现象之间的数量依存特征;② 根据回归方程进行预测与控制。

一元线性回归自变量系数的含义是:当自变量每增加一个单位时,因变量的平均增加值。

多元线性回归自变量系数的含义是:当其他自变量不变,该自变量每增加一个单位时,因变量的平均增加值。

利用回归系数也可以判断自变量与因变量相关的方向:当自变量系数大于0时,自变量与因变量正相关;当自变量系数小于0时,自变量与因变量负相关。

预测:以一元线性回归模型为例,当自变量$X = x_0$时,因变量的预测值(估计值)$\hat{y}_0$为

$$\hat{y}_0 = \beta_0 + \beta_1 x_0$$

控制:对于给定的因变量的取值,按照回归方程确定自变量的控制取值。

任务二 统计实验

一、实验目的

掌握借助Excel完成相关分析与回归分析有关计算的方法。

二、实验内容

(1) 绘制散点图,观察两变量相关关系的特征。

(2) 使用Excel函数或Excel宏工具计算相关系数,完成相关分析。

(3) 借助Excel进行回归分析,得出回归方程,并进行拟合优度评价、对回归方程及其系数进行显著性检验。

三、实验操作

相关分析主要是通过绘制散点图和计算相关系数来展开相关变量的分析。散点图的绘制需要在 Excel 的"插入"工具栏找到图表中的 ,根据对话框的提示进行绘制。这里主要介绍相关系数的计算。样本相关系数的计算公式为

$$r = \frac{n\sum_{i=1}^{n}x_iy_i - \sum_{i=1}^{n}x_i\sum_{i=1}^{n}y_i}{\sqrt{n\sum_{i=1}^{n}x_i^2 - \left(\sum_{i=1}^{n}x_i\right)^2}\sqrt{n\sum_{i=1}^{n}y_i^2 - \left(\sum_{i=1}^{n}y_i\right)^2}}$$

在 Excel 中有两种方法可以计算相关系数,一种是使用相关系数函数,另一种是利用相关分析工具。

1. 利用相关系数函数计算相关系数

在 Excel 中,函数 PEARSON 或 CORREL 都可以计算相关系数,调用格式为

PEARSON(array 1,array 2)

CORREL(array 1,array 2)

array 1 与 array 2 分别为第一组、第二组数值单元格区域。

【例 8.1】 为分析某种商品的销售量受其价格以及销售地区居民人均收入的影响情况,对以下 11 个地区进行了调查,所得资料见表 8-3。试做相关分析。

表 8-3 某种商品的销售量与其价格及销售地区居民人均收入的相关数据

地区编号	销售量 y/件	价格 x_1/(元/件)	人均收入 x_2/(元/月)
1	5 920	24	2 450
2	6 540	24	2 730
3	6 300	32	3 200
4	6 400	32	3 350
5	6 740	31	3 570
6	6 450	34	3 800
7	6 600	35	4 050
8	6 800	35	4 300
9	7 200	39	4 780
10	7 580	40	5 400
11	7 100	47	5 790

【分析】 这里略去散点图的绘制,直接进行相关分析,包括相关系数的计算和显著性检验。

【操作步骤】

(1) 录入样本数据。将表 8-3 中数据录入 B2:D12 区域。

(2) 调用相关系数计算函数。在 A14、A15 单元格中分别输入:

"=PEARSON(B2:B12,C2:C12)"

"=PEARSON(B2:B12,D2:D12)"

Excel 分别返回 0.761 与 0.882,即销售量 y 与价格 x_1 的相关系数 $r=0.761$,销售量 y 与收入 x_2 的相关系数 $r=0.882$。

(3) 显著性检验。检验样本数据得到的相关系数是否显著,一般用 t 检验,检验函数是 $t=\dfrac{r\sqrt{n-2}}{\sqrt{1-r^2}}$。在 B14 单元格中输入:

"=A14*SQRT(11-2)/SQRT(1-A14^2)"

Excel 返回检验统计量的值 $t=3.519$。

若按临界值规则检验,则在 C14 单元格计算出临界值(显著性水平 $\alpha=0.05$):

"=T.INV.2T(0.05,11-2)"

Excel 返回临界值 $t_{\alpha/2}(9)=2.262$。由于 $t=3.519>2.262$,所以否定"总体相关系数为零"的原假设,即认为销售量与价格之间确实存在着显著的线性相关关系。

若按 P 值规则检验,则在 C14 单元格计算出 P 值:

"=T.DIST.2T(B14,11-2)"

Excel 返回 P 值为 0.006 5,该值小于 α,也说明销售量与价格之间的相关关系是显著的。

同理,可以对销售量 y 与收入 x_2 的相关系数的显著性进行检验。

2. 利用相关分析工具计算相关系数

仍以例 8.1 的数据为例。

【操作步骤】

(1) 录入样本数据。将表 8-3 中样本数据录入工作表 B2:D12 区域。

(2) 调用分析工具。单击"数据"菜单中的"数据分析"工具,在弹出的分析工具对话框中选择"相关系数";单击"确定"后弹出"相关系数"对话框(图 8-3),在"输入区域"输入数据所在区域"A1:D12",选择"分组方式"为"逐列";这里引用区域的第一行是数据名称,所以要勾选"标志位于第一行";选择"输出区域",输入"A14",单击"确定",Excel 返回这 3 个变量的相关系数矩阵,结果参见图 8-3 右上角。

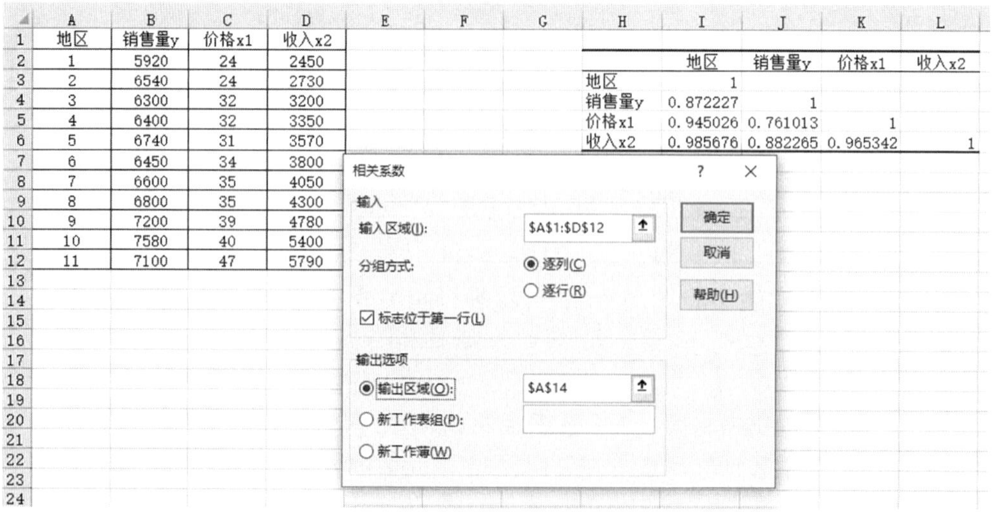

图 8-3 "相关系数"对话框

（3）从 Excel 返回的相关系数矩阵可知，销售量 y 与价格 x_1 的相关系数 $r=0.761$，销售量 y 与收入 x_2 的相关系数 $r=0.8823$，价格 x_1 与收入 x_2 的相关系数 $r=0.9653$。如果需要进一步对这些相关系数做显著性检验，方法与前述一致。

3. 一元线性回归分析

仍以例 8.1 的数据为例，要求建立销售量 y 对价格 x 的一元线性回归方程。设方程为

$$y = a + bx$$

【操作步骤】

（1）录入样本数据。将样本数据录入工作表 B2:D12 区域。

（2）调用回归分析工具。单击"数据"菜单中的"数据分析"工具，在弹出的分析工具对话框中选择"回归"；单击"确定"后弹出"回归"对话框（图 8-4），在"Y 值输入区域"输入因变量数据所在区域"B1:B12"，在"X 值输入区域"输入自变量数据所在区域"C1:C12"；因为数据引用时包含了变量名称，所以应勾选"标志"；单击"输出区域"，输入"A14"，可根据需要勾选"残差"部分相应的复选框，单击"确定"后，Excel 返回的结果参见图 8-4 左下部分。

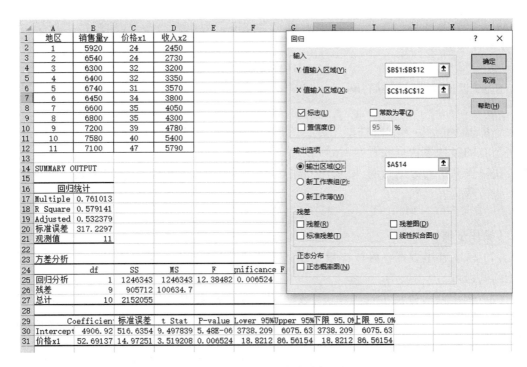

图 8-4　Excel 一元线性回归分析

在 Excel 回归分析报告结果中，第一部分为"回归统计"，"Multiple R"指多重相关系数，"R Square"指可决系数（判定系数）R^2，"Adjusted R Square"指调整的可决系数 $\overline{R}^2$（主要用于多元线性回归方程拟合优度的评价），"标准误差"指估计的标准误差，"观测值"指样本容量 n。第二部分为"方差分析"，"df"指自由度，"SS"指平方和，"SS"与"回

归分析"交叉位置的数就是回归平方和,"SS"与"残差"交叉位置的数就是残差平方和,"SS"与"总计"交叉位置的数就是总平方和,"MS"指均方,"F"指用于回归方程显著性检验的 F 统计量,"Significance F"是 F 统计量对应的 P 值。第三部分包括:"Intercept"指截距,"X Variable"为自变量(若数据引用时包含了变量名称,则显示为变量名),"Coefficient"指系数,"t Stat"指用于系数显著性检验的 t 统计量,"P-value"指 t 统计量对应的 P 值。

由图 8-4 所示结果得到例 8.1 的回归分析结果。

① 回归方程为

$$\hat{y} = 4\ 906.92 + 52.69x$$

② 可决系数 $R^2 = 0.579$,说明价格变动解释了销售量总变差的 57.9%。

③ 销售量与价格之间线性关系显著性的 F 检验:对应的 P 值 $= 0.006\ 523\ 6 < \alpha = 0.05$(或根据 $F = 12.38 > F_\alpha = 5.12$ 判断),否定"无显著线性关系"的原假设,说明销售量与价格之间存在显著的线性关系。

④ 自变量 x 的系数显著性的 t 检验:对应的 P 值为 0.006 523 6,说明 x 对 y 的影响是显著的(对于一元线性回归来说,自变量系数显著性的 t 检验与方程显著性的 F 检验是等价的)。

另外,可利用回归方程进行点预测。如当价格 x 为 50 元/件时,预测销售量 y,可在 Excel 中直接编写算式:

"=B30+B31*50"

Excel 返回预测值 7 541.49(件)。

4. 多元线性回归

借助 Excel 进行多元线性回归分析的操作,与一元线性回归分析基本相同,只是要注意将所有的自变量数据放置在 Excel 的相邻区域。

仍以例 8.1 的数据为例,要求建立销售量 y 对价格 x_1 和收入 x_2 的多元线性回归方程。设方程为

$$y = a + bx_1 + cx_2$$

【操作步骤】

(1) 录入样本数据。将样本数据录入工作表 B2:D12 区域(注意多个自变量的值录在相邻的区域)。

(2) 调用回归分析工具。单击"数据"菜单中的"数据分析"工具,在弹出的分析工具对话框中选择"回归";单击"确定"后弹出"回归"对话框(图 8-5),在"Y 值输入区域"输入因变量数据所在区域"B1:B12",在"X 值输入区域"输入自变量数据所在区域"C1:D12"(注意多个自变量相邻,引用整个区域);选择"输出区域",输入"A14",可根据需要勾选"残差"部分相应的复选框,单击"确定",Excel 返回的结果参见图 8-5 左下部分。

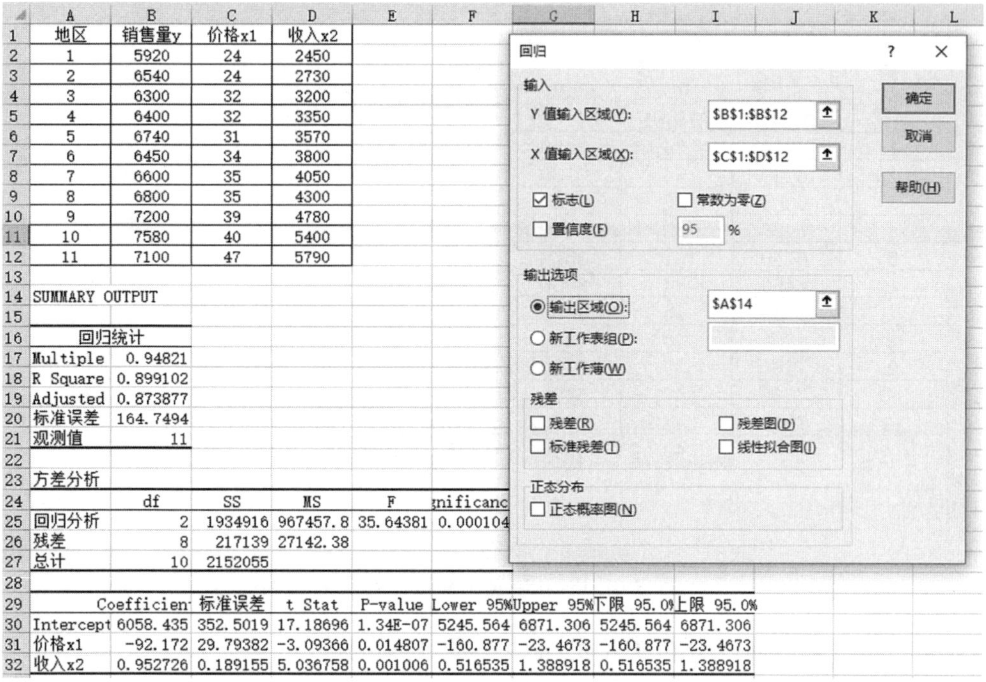

图 8-5　Excel 多元线性回归分析

由图 8-5 所示的结果,可以写出线性回归方程为
$$\hat{y}=6\,058.435-92.172x_1+0.953x_2$$

模型评价:方程调整的可决系数 $\overline{R}^2=0.8739$,说明模型对数据的拟合程度较好。统计量 $F=35.6438$,其对应的概率为 0.0001,小于显著性水平 α(取 0.05),因而否定"系数全为 0"的原假设,判断出回归方程是有意义的。$t_{\beta_1}=-3.0937$(对应的 P 值 $=0.0148$),$t_{\beta_2}=5.0368$(对应的 P 值 $=0.0010$)。若取显著性水平 $\alpha=0.05$,自变量 x_1、x_2 系数的 t 检验都是否定"系数等于 0"的原假设,也就是说,回归系数 $\hat{\beta}_1$、$\hat{\beta}_2$ 都是显著不为 0、有意义的,回归系数 $\hat{\beta}_1$ 的含义是:如果其他因素不变,价格每提高 1 元/件,销售量平均减少 92.172 件;$\hat{\beta}_2$ 的含义是:其他因素不变,地区居民收入每提高 1 元/月,销售量平均提高 0.953 件。

模型应用:拟合得到的回归方程可以用于预测。比如,预测当 $x_1=45$,$x_2=5\,000$ 时销售量是多少。在 Excel 中输入算式:

"=B30-B31*45+B32*5 000"

Excel 返回销售量的预测值 6 674.33(件)。

在 Excel 中,也可以直接使用趋势预测函数 TREND 获得预测值,在 C13 和 D13 中分别输入用于预测的自变量值 45 和 5 000 之后,在 E13 中输入函数(图 8-6):

"=TREND(B2:B12,C2:D12,C13:D13)"

Excel 即返回销售量的预测值 6 674.33(件)。

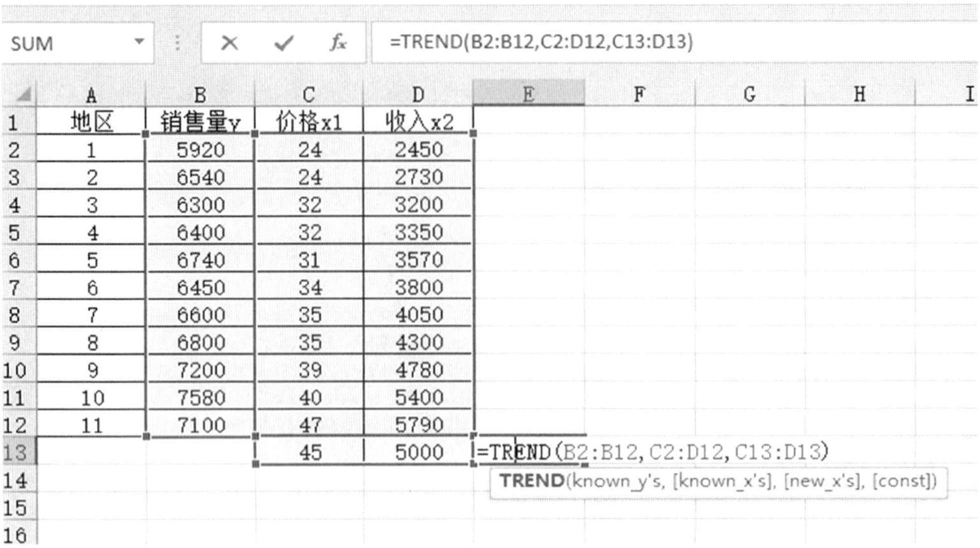

图 8-6　Excel 趋势预测函数的应用

如果只是想获得回归分析模型的某些参数,除使用回归分析工具外,也可以利用 Excel 函数计算。常用于建立回归分析模型和预测的 Excel 函数见表 8-4。

表 8-4　Excel 中主要的回归分析函数

函数名	函数功能
INTERCEPT	返回线性回归方程的截距
SLOPE	返回线性回归方程的斜率
RSQ	返回线性回归模型的判定系数
FORECAST	返回一元线性回归模型的预测值
STEYX	返回线性回归模型估计的标准误差
TREND	返回线性回归模型的趋势值
GROWTH	返回指数曲线的趋势值
LINEST	返回线性回归方程的参数
LOGEST	返回指数回归拟合曲线方程的参数

四、实验实践

(1) 凯恩斯绝对收入假说认为,消费取决于收入。表 8-5 是 2015 年四川省各地区农村居民人均可支配收入和人均生活消费支出情况(单位:元),试做相关分析与回归分析。

表 8-5　2015 年四川省各地区农村居民人均可支配收入和人均生活消费支出情况　　单位：元

地区	人均可支配收入	人均生活消费支出	地区	人均可支配收入	人均生活消费支出
成都	17 514.3	12 710.9	眉山	12 755.6	10 870.4
自贡	12 088.3	9 331.3	宜宾	11 745.0	9 577.0
攀枝花	12 861.2	9 902.5	广安	11 371.4	9 390.8
泸州	11 359.1	9 375.2	达州	10 688.0	7 752.2
德阳	12 787.2	9 815.9	雅安	10 195.3	8 483.1
绵阳	11 349.0	9 786.9	巴中	9 084.1	7 720.9
广元	8 939.2	7 397.0	资阳	12 283.6	9 444.2
遂宁	11 379.0	9 137.2	阿坝	9 711.3	8 516.7
内江	11 427.6	8 961.3	甘孜	8 408.0	6 117.1
乐山	11 648.7	9 684.9	凉山	9 422.1	7 385.4
南充	10 291.8	8 519.4			

（2）有研究发现，家庭人均文教娱乐支出受家庭人均收入及户主受教育年限的影响。表 8-6 为对某地区家庭进行抽样调查得到的样本数据。

表 8-6　某地区家庭人均文教娱乐支出、家庭人均收入及户主受教育年限情况

人均文教娱乐支出/元	家庭人均收入/元	户主受教育年限/年	人均文教娱乐支出/元	家庭人均收入/元	户主受教育年限/年
1 125	12 072	9	1 983	21 786	19
1 269	12 252	12	1 652	23 760	12
1 535	14 058	12	1 982	22 854	15
1 409	14 922	15	1 452	23 274	9
1 254	14 964	12	1 532	23 340	15
1 954	16 224	16	2 227	24 114	18
1 355	18 210	15	2 803	27 918	16
1 528	19 488	12	2 736	33 234	19
2 010	21 300	15	3 133	34 010	22
3 055	21 612	18	2 900	38 046	16

试建立模型对家庭人均文教娱乐支出进行统计分析，并分析家庭人均收入及户主受教育年限是否对家庭人均文教娱乐支出有显著影响。

（3）能源消费问题一直广受关注。一般认为，能源消费主要受到经济发展水平、产业结构、技术进步和城市化水平等因素的影响，请尝试查阅文献，搜集有关变量数据，建立回归分析模型进行研究。

任务三 统计实训

一、单项选择题

1. 现象之间存在着不确定的数量依存关系,这种关系称为(　　)。
   A. 函数关系　　　　B. 平衡关系　　　　C. 指数关系　　　　D. 相关关系
2. 下列现象属于正相关的是(　　)。
   A. 居民收入越多,消费支出也越多　　　　B. 样本容量越大,边际误差越小
   C. 产品单位成本越低,企业盈利越高　　　　D. 吸烟越多,寿命越短
3. 在相关分析中要求相关的两个变量(　　)。
   A. 都是随机变量　　　　　　　　　　B. 自变量是随机变量
   C. 都不是随机变量　　　　　　　　　D. 因变量是随机变量
4. 相关系数能够测度(　　)。
   A. 曲线相关的程度和方向
   B. 直线相关的方向和曲线相关的程度
   C. 直线相关的程度和方向
   D. 直线相关的程度和曲线相关的方向
5. 相关系数 r 的取值范围为(　　)。
   A. $[-1,1]$　　　　B. $[0,1]$　　　　C. $[0,+\infty)$　　　　D. $[1,+\infty)$
6. 相关系数 r 值越接近于 -1,说明两个变量(　　)。
   A. 负相关程度越弱　　　　　　　　　B. 负相关程度越强
   C. 无相关关系　　　　　　　　　　　D. 正相关程度越弱
7. 相关关系为 0 时,表明两个变量之间(　　)。
   A. 无相关关系　　　　　　　　　　　B. 无曲线相关关系
   C. 无直线相关关系　　　　　　　　　D. 有中度相关关系
8. 下列四个相关系数中,反映变量之间关系最密切的数值是(　　)。
   A. 0.55　　　　B. 0.92　　　　C. -0.81　　　　D. -0.95
9. 下列各回归方程中,肯定错误的是(　　)。
   A. $y=500+0.01x, r=0.72$　　　　B. $y=-160+19x, r=-0.89$
   C. $y=-10+2x, r=0.56$　　　　　　D. $y=-18-3x, r=-0.95$
10. 已知某一元线性回归方程的可决系数为 0.64,则对应两个变量的相关系数最可能是(　　)。
    A. 0.80　　　　B. 0.64　　　　C. 0.409 6　　　　D. 0.32
11. 在回归分析中,已知 $SS_R=27, SS_E=3$,则可决系数为(　　)。
    A. 9　　　　B. 1/9　　　　C. 0.1　　　　D. 0.9
12. 在一元线性回归分析中,已知 $n=20, SS_R=27, SS_E=3$,则线性关系检验的统计量 F 值是(　　)。
    A. 9　　　　B. 36　　　　C. 162　　　　D. 171

13. 在有 3 个自变量的线性回归分析中,已知 $n=26$,则线性关系检验的统计量 F 服从的分布是(　　)。

　　A. $F(3,22)$　　　　B. $F(3,24)$　　　　C. $F(1,23)$　　　　D. $F(1,24)$

14. 利用最小二乘法估计回归系数,要求(　　)。

　　A. $\sum_{i=1}^{n}(y_i-\hat{y}_i)$ 达到最小　　　　B. $\sum_{i=1}^{n}(y_i-\hat{y}_i)^2$ 达到最小

　　C. $\sum_{i=1}^{n}(\hat{y}_i-\hat{y})$ 达到最小　　　　D. $\sum_{i=1}^{n}(y_i-\hat{y})^2$ 达到最小

15. 在回归模型 $y=\beta_0+\beta_1 x+\varepsilon$ 中,ε 反映的是(　　)。

　　A. x 引起的 y 的线性变化部分

　　B. y 引起的 x 的线性变化部分

　　C. 除 x 引起的 y 的线性变化之外的随机因素对 y 的影响

　　D. x 和 y 的线性关系对 y 的随机影响

为预测我国居民家庭对电力的需求量,建立了我国居民家庭电力消耗量 y(单位:千瓦时)与可支配收入 x_1(单位:百元)、居住面积 x_2(单位:平方米)的多元线性回归方程:

$$y=124.3068+0.5464x_1+0.2562x_2$$

请根据上述结果,回答第 16—20 题。

16. 对于多元线性回归模型,以下假设正确的有(　　)。

　　A. 由于有多个自变量,所以因变量与自变量之间的关系不是线性关系

　　B. 随机误差项的均值为 1

　　C. 随机误差项之间是不独立的

　　D. 随机误差项的方差是常数

17. 回归系数 $\hat{\beta}_2=0.2562$ 的经济意义为(　　)。

　　A. 我国居民家庭居住面积每增加 1 平方米,居民家庭电力消耗量平均增加 0.2562 千瓦时

　　B. 在可支配收入不变的情况下,我国居民家庭居住面积每增加 1 平方米,居民家庭电力消耗量平均增加 0.2562 千瓦时

　　C. 在可支配收入不变的情况下,我国居民家庭居住面积每减少 1 平方米,居民家庭电力消耗量平均增加 0.2562 千瓦时

　　D. 我国居民家庭居住面积每增加 1 平方米,居民家庭电力消耗量平均减少 0.2562 千瓦时

18. 根据计算,上述回归方程式的多重判定系数为 0.9235,其正确的含义是(　　)。

　　A. 在 y 的总变差中,有 92.35% 可以由解释变量 x_1 和 x_2 解释

　　B. 在 y 的总变差中,有 92.35% 可以由解释变量 x_1 解释

　　C. 在 y 的总变差中,有 92.35% 可以由解释变量 x_2 解释

　　D. 在 y 的变化中,有 92.35% 是由解释变量 x_1 和 x_2 决定的

19. 根据样本观测值和估计值计算回归系数 $\hat{\beta}_2$ 的 t 统计量,其值为 $t=8.925$。根据显著性水平($\alpha=0.05$)与自由度,由 t 分布表查得 t 分布的右侧临界值为 2.431。因此,可以

得出的结论是(　　　)。
   A. 不否定原假设,拒绝备择假设
   B. 在5%的显著性水平下,可以认为$\beta_2 = 0$
   C. 在5%的显著性水平下,可以认为$\hat{\beta}_2$是由$\beta_2 = 0$这样的总体产生的
   D. 在5%的显著性水平下,居住面积对居民家庭电力消耗量的影响是显著的
20. 检验回归方程是否显著,正确的假设是(　　　)。
   A. $H_0 : \beta_1 = \beta_2 = 0, H_1 : \beta_1 \neq \beta_2 \neq 0$
   B. $H_0 : \beta_1 = \beta_2 \neq 0, H_1 : \beta_1 \neq \beta_2 = 0$
   C. $H_0 : \beta_1 = \beta_2 = 0, H_1 : \beta_1 = \beta_2 \neq 0$
   D. $H_0 : \beta_1 = \beta_2 = 0, H_1 : \beta_1$、$\beta_2$中至少有一个不为0

二、多项选择题

1. 下列现象属于负相关的是(　　　)。
   A. 逃课越多,学习成绩越差　　　　　B. 广告投入越多,产品销售量越大
   C. 产品单位成本越低,企业赢利越多　D. 家庭人均收入越高,恩格尔系数越小
   E. 受教育年限越长,失业概率越低
2. 现象之间的依存关系,可以分为(　　　)。
   A. 函数关系　　　B. 指数关系　　　C. 相关关系　　　D. 平衡关系
   F. 回归关系
3. 相关关系按其变动方向的不同可分为(　　　)。
   A. 完全相关　　　B. 负相关　　　C. 非线性相关　　　D. 不完全相关
   E. 正相关
4. 下列相关系数的取值,肯定错误的是(　　　)。
   A. 0.3　　　　　B. 1.05　　　　　C. 0　　　　　D. -0.99
   E. -2.1
5. 可用来判断现象之间相关方向的指标有(　　　)。
   A. 两个变量的均值　　　　　　　　B. 相关系数
   C. 回归系数　　　　　　　　　　　D. 估计标准误差
   E. 两个变量的标准差
6. 相关系数$r = 0$说明两个变量之间(　　　)。
   A. 可能完全不相关　　　　　　　　B. 可能是曲线相关
   C. 肯定不线性相关　　　　　　　　D. 肯定不曲线相关
   E. 高度曲线相关
7. 确定直线回归方程必须满足的条件是(　　　)。
   A. 现象间确实存在数量上的相互依存关系
   B. 相关系数r必须等于1
   C. y与x必须同方向变化
   D. 现象间存在着较密切的线性相关关系
   E. 相关系数r必须大于0

8. 回归分析的高斯假定包括(　　)。
   A. 随机误差的数学期望为 0
   B. 因变量服从正态分布
   C. 自变量与随机误差项不相关
   D. 随机误差的方差相同
   E. 随机误差服从正态分布

9. 若居民消费(单位:元)随收入(单位:元)变化的回归方程为 $y = 400 + 0.8x$,则(　　)。
   A. 收入为 3 000 元时,消费估计为 2 800 元
   B. 收入为 1 元时,消费平均为 0.8 元
   C. 收入增加 1 元时,消费平均增加 400.8 元
   D. 收入增加 1 元时,消费平均增加 0.8 元
   E. 收入增加 400 元时,消费平均增加 0.8 元

10. 在回归分析中,根据样本数据计算得到如表 8-7 所示的方差分析表,则(　　)。

表 8-7　方差分析表

变差来源	df	SS	MS	F 值	P 值
回归分析	1	117 491	117 491	86.97	3.23E-05
残差	10	13 509	1 350.9	—	—
总计	11	131 000	—	—	—

   A. 这是一元线性回归模型
   B. 样本容量为 12
   C. 可决系数 $R^2 = \dfrac{117\ 491}{131\ 000}$
   D. 在 5% 的显著性水平下,自变量对因变量的影响是显著的
   E. 残差平方和 $SS_E = 1\ 350.9$

三、判断题

1. 若相关系数越接近 -1,则表明两个变量之间的相关程度越低。(　　)
2. 负相关是指两个变量之间的变动方向都是下降的。(　　)
3. 进行相关分析时,两个变量都是随机变量,地位是对等的。(　　)
4. 进行相关分析时,必须明确自变量与因变量。(　　)
5. 相关关系是指现象之间存在着严格的依存关系。(　　)
6. 相关关系即为函数关系。(　　)
7. 相关系数是用来判断现象之间是否存在线性相关关系的指标。(　　)
8. 当相关系数 $r = 0$ 时,说明变量之间不存在任何相关关系。(　　)
9. 相关系数的大小与数据的计量尺度无关。(　　)
10. 相关关系不是因果关系。(　　)
11. 样本的相关系数能否说明总体的相关程度,需要通过对相关系数进行显著性检验来回答。(　　)

12. 从回归直线方程 $\hat{y}=560-12x$,可以看出变量 x 和 y 之间存在正相关关系。
( )
13. 回归系数 $\hat{\beta_1}$ 和相关系数 r 都可用来判断现象之间相关的密切程度。( )
14. 在一元线性回归分析中,对模型的 F 检验与对系数的 t 检验是等价的。( )
15. 在多元线性回归分析中,若模型的 F 检验是显著的,则每一个自变量系数的 t 检验也是显著的。
( )

四、综合应用题

1. 表 8-8 是某企业一个随机样本的观测值。

表 8-8 某企业一个随机样本的观测值

序号	1	2	3	4	5	6	7	8	9	10
产量 X/吨	260	270	280	290	300	350	380	390	400	420
单位成本 Y/(万元/吨)	3.6	3.5	3.4	3.3	3.3	3.1	2.9	2.9	2.8	2.6

依据上述资料:
(1) 绘制产量与单位成本的散点图。
(2) 计算产量与单位成本的相关系数。
(3) 在 0.05 的显著性水平下,检验两个变量之间是否显著线性相关。
(4) 以产品产量为自变量做回归分析,写出回归方程。
(5) 解释回归系数的经济意义。
(6) 检验回归方程的显著性($\alpha=0.05$)。

2. 已知某公司广告投入 x(单位:万元)与销售量 y(单位:万件)的 10 组观测值,经计算得

$$\sum_{i=1}^{10} x_i y_i = 12\,000,\ \sum_{i=1}^{10} x_i = 500,\ \sum_{i=1}^{10} y_i = 210,$$
$$\sum_{i=1}^{10} x_i^2 = 30\,000,\ \sum_{i=1}^{10} y_i^2 = 4\,900$$

(1) 该公司广告投入与销售量是否显著相关?($\alpha=0.05$)
(2) 拟合 y 对 x 的回归直线,并解释回归系数的实际意义。
(3) 当广告投入为 90 万元时,预测销售量为多少。

3. 一家公司在 8 个时期的年均资金占用量与实际销售收入情况见表 8-9。

表 8-9 年均资金占用量与实际销售收入情况

时期	1	2	3	4	5	6	7	8
年均资金占用量/万元	540	660	710	780	810	835	880	900
实际销售收入/万元	4 030	4 500	5 120	5 800	5 860	5 950	6 100	6 320

(1) 以年均资金占用量为因变量建立回归模型。
(2) 对回归结果做出评价。

（3）该公司预计第 9 期的销售收入为 6 800 万元，试预测第 9 期的资金需求量。

4. 随机调查某地 10 名成年男子及其父亲的身高（单位：cm），对所得资料借助 Excel 做线性回归分析，得到图 8-7 所示的结果。

	A	B	C	D	E	F	G	H	I	J	K
1	父亲身高x	男子身高y	SUMMARY OUTPUT								
2	166	167									
3	168	170	回归统计								
4	170	173	Multiple	0.870292							
5	169	170	R Square	0.757409							
6	174	176	Adjusted	0.727085							
7	171	173	标准误差	1.502031							
8	168	167	观测值	10							
9	172	171									
10	169	171	方差分析								
11	165	168		df	SS	MS	F	gnificance F			
12			回归分析	1	56.35122	56.35122	24.9773	0.001056			
13			残差	8	18.04878	2.256098					
14			总计	9	74.4						
15											
16				Coefficien	标准误差	t Stat	P-value	Lower 95%	Upper 95%	下限 95.0%	上限 95.0%
17			Intercept	13.78049	31.38175	0.439124	0.67219	-58.586	86.14693	-58.586	86.14693
18			父亲身高x	0.926829	0.18545	4.997729	0.001056	0.499181	1.354478	0.499181	1.354478
19											

图 8-7　线性回归分析结果

（1）回归模型的可决系数、回归估计标准误差分别是多少？

（2）写出男子身高 y 关于父亲身高 x 的线性回归方程。

（3）男子身高 y 与父亲身高 x 的线性关系是否显著？（$\alpha=0.05$）

（4）某位父亲的身高为 170 cm，预计其儿子成年后的身高为多少。

5. 随机调查了 12 位同学考前复习统计学的时间 x（单位：h）和考试分数 y（单位：分），通过回归分析研究复习时间 x 对考试分数 y 的影响，计算得到如表 8-10、表 8-11 所示的有关结果。

表 8-10　方差分析表

变差来源	*df*	*SS*	*MS*	*F* 值	*P* 值
回归					1.658E-07
残差		49.330			—
总计	11	850.250	—	—	—

表 8-11　参数估计表

	系数	标准误差	*T* 检验值	*P* 值
截距	40.301	3.316		2.589E-07
自变量 x 的参数估计值	1.545	0.121		1.658E-07

（1）完成上面的分析表。

（2）考试分数与复习时间之间的相关系数是多少？

（3）写出估计的回归方程并解释回归系数的实际意义。

（4）检验线性关系的显著性。（$\alpha=0.05$）

（5）在考试分数的总变差中，有多少是由于复习时间的不同引起的？

6. 在教育统计研究中，经常关注同一对象的两次考试成绩或两门学科成绩之间的关系。今在某校高三学生中随机抽取了14名学生，其数学成绩 X 与物理成绩 Y 见表8-12。

表8-12 数学成绩 X 与物理成绩 Y

X	89	74	90	86	90	86	85	77	89	87	86	92	79	86
Y	91	74	99	87	85	95	90	86	86	97	95	99	85	95

（1）数学成绩与物理成绩是否存在显著的相关关系？（$\alpha=0.05$）

（2）建立回归模型，分析数学成绩是否对物理成绩存在显著影响。（$\alpha=0.05$）

7. 现有某地早稻产量与生长期平均温度和施肥量的观测数据，见表8-13。

表8-13 某地早稻产量与生长期平均温度和施肥量的观测数据

产量 $y/(\text{kg/hm}^2)$	温度 $x_1/℃$	施肥量 $x_2/(\text{kg/hm}^2)$	产量 $y/(\text{kg/hm}^2)$	温度 $x_1/℃$	施肥量 $x_2/(\text{kg/hm}^2)$
2 950	7	350	4 510	11	400
3 100	8	360	5 560	12	450
3 320	8	370	6 020	12	500
3 480	9	350	6 400	13	500
4 002	9	360	6 650	14	480
4 390	10	390	7 050	15	520

（1）试确定早稻产量对温度和施肥量的二元线性回归方程。

（2）检验回归方程和回归系数的显著性。（$\alpha=0.05$）

（3）解释回归系数的实际意义。

8. 将定性变量转化为数值型的人工变量引入回归模型，该变量一般被称为虚拟变量。虚拟变量的取值一般为0或1。比如，当性别为男时，$x=1$；当性别为女时，$x=0$。从某行业中的同一岗位随机抽取15名学历相同的职工进行调查，其月工资 y、工龄 x_1 与性别 x_2 见表8-14。

表8-14 月工资 y、工龄 x_1 与性别 x_2

月工资 $y/$元	工龄 $x_1/$年	性别 x_2	月工资 $y/$元	工龄 $x_1/$年	性别 x_2
3 250	5.6	1	3 100	4.6	1
2 020	3.7	0	1 970	4.4	0
2 450	4.8	0	3 220	5.0	1
3 490	5.2	1	2 560	3.8	1
3 550	6.2	1	2 430	4.6	1
2 030	4.5	0	1 980	3.6	0
3 090	4.4	1	3 170	5.0	1
2 380	4.8	0			

试进行回归分析,分析该行业中的工资有无性别歧视。

9. 某企业 2011—2022 年总成本和产量数据见表 8-15。

表 8-15　某企业 2011—2022 年总成本和产量数据

年份	总成本 Y/万元	产量 X/件	年份	总成本 Y/万元	产量 X/件
2011	325	409	2017	865	895
2012	521	610	2018	1 360	1 230
2013	426	509	2019	1 211	1 110
2014	620	719	2020	1 764	1 360
2015	739	804	2021	2 402	1 490
2016	998	987	2022	2 796	1 518

（1）试建立 Y 对 X 的一元二次方程：
$$\hat{Y} = \hat{\beta}_0 + \hat{\beta}_1 X + \hat{\beta}_2 X^2$$

（2）检验回归方程和回归系数的显著性。（$\alpha = 0.05$）

（3）预测当产量达到 1 600 件时,总成本是多少。

10. 某公司最近 11 年的网络销售额(单位:万元)见表 8-16,试拟合指数曲线 $\hat{y} = \alpha \beta^x$,预测下一年的销售额。

表 8-16　某公司最近 11 年的网络销售额

时间 x	1	2	3	4	5	6	7	8	9	10	11
销售额 y	3 997	3 933	4 172	4 168	4 263	4 505	5 044	5 285	5 113	5 156	5 623

项目九

时间序列分析

知识目标

1. 理解时间序列的作用,掌握时间序列的类型,用动态的、发展的、联系的和全面的观点看待问题。
2. 了解时间序列的编制原则。
3. 掌握时间序列分析的水平指标和速度指标。
4. 理解时间序列的影响因素,掌握长期趋势及季节变动趋势测定的方法。

技能目标

1. 能够对时期序列或时点序列进行水平分析、速度分析。
2. 能够借助 Excel 用移动平均法测定时间序列的长期趋势。
3. 能够借助 Excel 用数学模型法测定时间序列的长期趋势。
4. 能够借助 Excel 对时间序列的季节变动进行测定。

课程思政目标

通过本项目的学习,能够培养严谨的专业态度、实事求是的科学素养,激发不畏艰难、尽心尽力的敬业精神;通过丰富的经济、管理时间序列案例分析,养成遵守学术道德与学术规范的习惯,了解国家发展过程中取得的历史性成就,厚植爱国主义情怀,自觉确定"爱国情操、强国志向、报国行动"的发展定位。

案例引入

时间序列分析在某地区经济预测中的应用

为了配合应用统计学课程时间序列分析部分的课堂教学,提高学生运用统计方法分析和解决实际问题的能力,现组织案例教学,其内容是:对某地区的未来经济发展状况做预测分析,数据取该地区 1996—2018 年地区生产总值(GDP)的年度数据,并以此为依据建立预测模型,对 2019 年和 2020 年该地区的 GDP 做出预测并检验其预测效果。GDP 是指一个国家或地区所有常住单位在一定时期内生产活动的最终成果,是反映国民经济活动最重要的经济指标之一,科学地预测该指标,对制定经济发展目标以及与之相配套的方针政策具有重要的理论与实际意义。

一、确定性时间序列分析法

1. 平均增长量法

该方法是先利用历史资料计算出它的平均增长量,然后再假定在以后各期中,它仍按这样的平均增长量增长,从而得出在未来一段时期内的预测值。根据1996—2018年某地区的GDP的观察值,我们计算出GDP的平均增长量为150 647.69万元(水平法)和38 437.81万元(累计法),利用其对该地区2019年和2020年的GDP进行预测并与实际GDP①比较,结果见表9-1。

表9-1 平均增长量法预测结果

方法	2019年		2020年	
	GDP预测值/万元	预测相对误差/%	GDP预测值/万元	预测相对误差/%
水平法	7 550 647.7	5.69	7 701 295.4	12.44
累计法	7 438 437.8	7.10	7 476 875.6	15.00

2. 平均发展速度法

该方法就是先利用时间序列资料计算出它的平均发展速度,然后再假定在以后各期中,它仍按这样的平均发展速度变化,从而得出时间序列的预测值。我们计算出该地区GDP在1996—2018年间的平均发展速度为118.277%(几何法)和118.170%(方程法)②,利用其对该地区2019年和2020年的GDP进行预测,得到的结果见表9-2。

表9-2 平均发展速度法预测结果

方法	2019年		2020年	
	GDP预测值/万元	预测相对误差/%	GDP预测值/万元	预测相对误差/%
几何法	8 364 664	-4.47	9 455 081.6	-7.49
方程法	8 306 352	-3.74	9 323 713.9	-6.00

3. 移动平均法

移动平均法是根据时间序列资料,采取逐项移动平均的办法,计算一定项数的时序平均数,以反映长期趋势的方法。移动平均法主要有简单移动平均法、加权移动平均法、趋势移动平均法等。这里主要介绍简单移动平均法。

记 $M_t = \dfrac{y_t + y_{t-1} + \cdots + y_{t-N+1}}{N}$ $(t \geq N)$ 为 t 期移动平均数,N 为移动平均项数。由于移动平均法可以对数据进行平滑处理,消除周期变动和不规则变动的影响,使长期趋势显示出来,因而可以利用其进行外推预测。预测公式为 $\hat{y}_{t+1} = M_t$,即以第 t 期移动平均数作为第 $t+1$ 期的预测值。移动平均法预测结果见表9-3。

---

① 2019年为8 010 000万元,2020年为8 700 000万元。
② 在该问题中几何法与方程法计算出的平均发展速度差别不大。

表 9-3　移动平均法预测结果　　　　　　　　　　　　　　　单位：万元

年份	序号 t	原始 GDP	三期移动平均值($t=3$)	五期移动平均值($t=5$)
1996	0	191 185	154 895.33	143 853.60
1997	1	218 721	171 449.00	157 573.80
1998	2	257 782	195 941.00	174 918.40
1999	3	276 146	222 562.67	198 170.00
2000	4	304 923	250 883.00	224 350.20
2001	5	311 590	279 617.00	249 751.40
2002	6	340 400	297 553.00	273 832.40
2003	7	407 773	318 971.00	298 168.20
2004	8	470 404	353 254.33	328 166.40
2005	9	572 569	406 192.33	367 018.00
2006	10	660 180	483 582.00	420 547.20
2007	11	847 263	567 717.67	490 265.20
2008	12	1 150 970	693 337.33	591 637.80
2009	13	1 258 556	886 137.67	740 277.20
2010	14	1 485 282	1 085 596.33	897 907.60
2011	15	1 721 637	1 298 269.33	1 080 450.20
2012	16	2 296 046	1 488 491.67	1 292 741.60
2013	17	3 254 235	1 834 321.67	1 582 498.20
2014	18	4 278 600	2 423 972.67	2 003 151.20
2015	19	5 394 000	3 276 293.67	2 607 160.00
2016	20	6 152 400	4 308 945.00	3 388 903.60
2017	21	6 750 000	5 275 000.00	4 275 056.20
2018	22	7 400 000	6 098 800.00	5 165 847.00
2019	23	8 006 600	6 767 466.67	5 995 000.00

我们可以得出如下结论：移动平均法对原始序列产生了修匀作用，并且移动平均法所使用的间隔期越长，即 N 越大，修匀的程度也越大，但对原始数据的反应越不灵敏。为此，我们需要依据误差分析选择间隔时期 N，见表 9-4。

表 9-4　某地区 GDP 移动平均预测法的误差分析

类别	单位	$N=3$	$N=5$
平均误差（ME）	万元	295 708.35	431 300.80
平均绝对百分误差（MAPE）	%	28.33	40.61
2019 年的预测相对误差	%	20.58	27.36

由表9-4可知,在 $N=3$ 时产生的误差较小,因此,选定 $N=3$ 进行预测,得到2019年该地区 GDP 的预测值为 6 767 466.67 万元。

4. 指数平滑法

指数平滑法的计算公式为 $S_t^{(1)} = ay_t + (1-a)S_{t-1}^{(1)}$,其中 a 为权数,$S_t^{(1)}$ 为一阶指数平滑值。二阶指数平滑值就是在一阶指数平滑值的基础上再进行一次指数平滑,高阶指数的情况依此类推。由于指数平滑存在滞后现象,所以,无论一次指数平滑值还是二次、三次指数平滑值①(数据略),都不宜直接作为预测值。但可以利用它们来修匀时间序列,以获得时间序列的变化趋势,从而建立预测模型。由相应的指数平滑数值,可以建立如下指数平滑二次曲线趋势预测模型:

$$\widehat{\text{GDP}}_{t+l} = a_t + b_t l + c_t l^2$$

其中
$$\begin{cases} a_t = 3S_t^{(1)} - 3S_t^{(2)} + S_t^{(3)} \\ b_t = \dfrac{a}{2(1-a)^2}[(6-5a)S_t^{(1)} - 2(5-4a)S_t^{(2)} + (4-3a)S_t^{(3)}] \\ c_t = \dfrac{a^2}{2(1-a)^2}[S_t^{(1)} - 2S_t^{(2)} + S_t^{(3)}] \end{cases}$$

$S_t^{(1)}$、$S_t^{(2)}$、$S_t^{(3)}$ 分别为当前时间点处的一次、二次、三次指数平滑值,l 为预测时段长。为了预测该地区 2019 年和 2020 年的 GDP,可以取 $t=69$,l 分别取 1 和 2。由指数平滑值可计算出:$a_{69} = 7\ 583\ 559.18$,$b_{69} = 936\ 865.62$,$c_{69} = 294\ 704.17$,故得二次曲线指数平滑预测模型为

$$\widehat{\text{GDP}}_{69+l} = 7\ 583\ 559.18 + 936\ 865.62 \times l + 294\ 704.17 \times l^2 \tag{1}$$

分别令 $l=1$,$l=2$ 得预测结果,见表9-5。

表9-5 指数平滑法预测结果

年份	2019年	2020年
预测值/万元	8 815 128.99	10 636 107.17
预测相对误差/%	-10.10	-20.92

注意:(1) 在用指数平滑法建立模型时,涉及初始值和权数 a 的选取问题,不同的取值会导致结果各不相同;(2) 由于指数平滑法也存在严重的滞后现象,所以直接用平滑值去预测未来值会产生较大的误差,当建立指数平滑模型进行预测时,就会大大地减小预测误差。

5. 曲线拟合法

曲线拟合法亦称趋势拟合法或时间回归法。该方法根据时间序列随时间变化的趋势,运用 LS(最小二乘法)拟合一条曲线,而后利用该曲线随时间变化的规律对时间序列的未来取值进行预测。我们根据某地区 GDP 资料(1998—2018)拟合出如下曲线:

GDP $= 29\ 669.339 + 12\ 267.158 \times T - 4\ 330.927 \times T^2 + 473.564 \times T^3 - 18.571 \times T^4 + 0.244 \times T^5$

$R^2 = 0.990\ 5$。这里 T 为趋势项(1998年取值为0,以后每隔一年递增1),各估计参数均通

---

① 在具体计算时,取 $a = 0.3$,$S_0^{(1)} = S_0^{(2)} = S_0^{(3)} = \text{GDP}_{1949} = 18\ 263$。

过了显著性检验。GDP 的实际值(Actual)、拟合值(Fitted)和拟合残差(Residual)如图 9-1 所示,图 9-1 表明曲线较好地拟合了数据的动态变化规律,拟合程度达到 99.05%。现在我们就用它来对 GDP 的未来取值进行预测,结果见表 9-6。

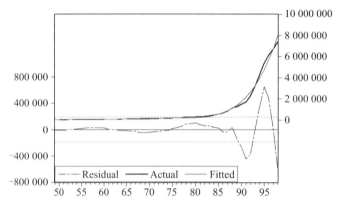

图 9-1 曲线拟合图

表 9-6 曲线拟合法预测结果

年份	2019	2020
预测值/万元	9 372 095	10 957 270
预测相对误差/%	-17.05	-24.57

二、随机性时间序列分析方法

在实际问题中,由于一些反映社会经济现象的时间序列可以看成是随机过程在现实中的一次样本实现,并且我们所遇到的经济时序大多是非平稳的(直观上看,它们带有明显的趋势性或周期性),所以可以将其视为均值非平稳的时序,用下面的模型来描述:

$$x_t = \mu_t + y_t \tag{2}$$

其中,μ_t 表示序列 x_t 中随时间变化的均值,是确定性趋势部分,可以用一定的函数形式来拟合;y_t 为 x_t 中剔除随时间变化的均值 μ_t 后余下的部分,可以认为是零均值的平稳过程,因而可以用平稳的 ARMA 模型(自回归滑动平均模型)来描述。

在具体处理时,有两种方法可供选择。一是不考虑 μ_t 的具体形式,通过一定的数学手段(差分运算、对数运算与差分运算结合)将其剔除,对余下的部分拟合 ARMA 模型,最后经过逆运算由 y_t 的结果得出 x_t 的结果,实际上是建立 ARIMA 模型(自回归差分移动平均模型);二是考虑到 μ_t 的具体形式,用一定的函数拟合 μ_t 得 $\hat{\mu}_t$,直到余差序列 $y_t = x_t - \hat{\mu}_t$ 平稳,再对 y_t 拟合 ARMA 模型得 $\hat{y}_t$,最后综合两部分可得 $\hat{x}_t = \hat{\mu}_t + \hat{y}_t$,实际上是建立组合模型。

在本案例中 GDP 是一个非平稳的序列。由 GDP 的时序图(图 9-1)可以看出它带有明显的增长趋势,初步将其识别为非平稳的,单位根检验结果(表 9-7)也证实了这一点。

表 9-7 单位根检验结果

变量	ADF 检验值	检验类型(c,t,k)	临界值	结论	D.W. 值
GDP	-0.931 9	($c,t,1$)	-3.504 5	不平稳	1.529 3
ΔGDP	-1.822 9	($c,0,1$)	-1.649 5*	平稳	1.934 5
y	-8.768 2	($c,0,1$)	-2.922 8	平稳	1.941 1

注:1. 检验类型中的 c 和 t 分别表示带有常数项和趋势项,k 表示所采用的滞后阶数。
2. 表中的临界值是由麦金农(Mackinnon)给出的数据计算出的在5%的显著性水平下的临界值,带 * 号的为在10%的水平下显著。

1. ARIMA 模型预测

第一步:模型识别。由于 GDP 水平序列是非平稳的,而一阶差分序列是平稳的,故对其一阶差分序列进行识别,根据样本自相关和偏自相关函数图初步将其识别为自回归(AR)类模型。

第二步:模型定阶。由于时间序列的自相关呈现拖尾性,而偏自相关函数呈现出 1 阶截尾,则可将模型初步定为 1 阶自回归模型,然后根据 AIC 准则确定最优阶仍为 1 阶,从而可以对 GDP 拟合 ARIMA(1,1,0)模型。自相关(Autocorrelation)、偏自相关(Partial Correlation)函数图如图 9-2 所示。

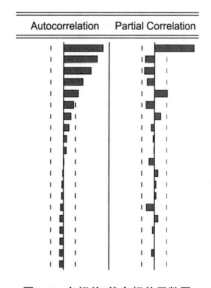

图 9-2 自相关、偏自相关函数图

第三步:模型估计。在 Eviews 3.0 中,我们采用 OLS 法对模型的参数进行估计,结果如下:

$$D(GDP,1) = 515\ 358.5 + [AR(1) = 0.964\ 310]^{①}(8.638\ 7)$$

---

① 软件中的这种做法避免了先对差分序列建立 ARMA 模型,然后再求和得到 GDP 序列的预测,它将这两个过程一次性完成。

$$R^2 = 0.876\ 2 \quad F = 325.467 \quad AIC = 25.989\ 2$$

其中 D(GDP,1) 为 GDP 的 1 阶差分序列,AR(1) 为 D(GDP,1) 的 1 阶自回归项。

第四步:诊断检验。我们发现模型拟合后的残差序列为白噪声序列,从而认为该模型是适应的,模型的拟合效果如图 9-3 所示。

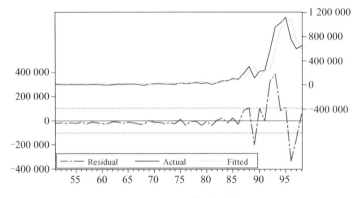

图 9-3 ARIMA 模型拟合图

至此,我们已经建立了时间序列 GDP 的 ARIMA(1,1,0)模型,接下来的工作就是利用该模型对数据进行预测。在 Eviews 软件中 forcast 菜单下使用 dynamic 方法,结果见表 9-8。

表 9-8 ARIMA 模型预测结果

年份	2019	2020
预测值/万元	8 045 195	8 685 755
预测相对误差/%	-0.48	1.25

2. 组合模型预测

首先,建立组合模型,其过程如下:

(1) 拟合确定性趋势部分 μ_t。由 GDP 的时间序列图,发现它具有指数上升的趋势。为此,我们可以将确定性趋势部分拟合成指数增长模型:$\hat{\mu}_t = 809.593\ 14 \times e^{0.187\ 996 \times T}$①,$T$ 为趋势项(取值同曲线拟合预测法)。

(2) 对剩余序列 y_t②用 Box-Jenkins 法拟合适应的 ARMA 模型,模型为 $y_t = 1.669\ 1 y_{t-1} - 1.180\ 4 y_{t-2} + \varepsilon_t$,模型是我们选择的最优模型,建立的方法和过程同 ARIMA 模型的建立。

(3) 建立组合模型。我们以已估计出来的指数增长模型的参数和 ARMA 模型的参数作为初始值,用非线性最小二乘法对组合模型的参数进行整体估计,得到最终的组合模型。最终的估计结果见表 9-9。

---

① 参数估计时,使用了 NLS(非线性最小二乘法),其初始值可由 1998 年的 GDP 数据初步确定;t 的取值同曲线拟合法。

② y_t 的单位根检验结果(表 9-7)表明它是一个平稳序列。

项目九 时间序列分析

表 9-9 组合模型的估计结果

估计方程	GDP=α×EXP(β×T)+φ_1×(GDP(-1)-α×EXP(β×(T-1)))+φ_2×(GDP(-2)-α×EXP(β×(T-2)))						
变量	α	β	φ_1	φ_2	R^2	F	D.W.值
对应值	605.178 5 (3.530 1)	0.193 8 (30.886 9)	1.692 3 (20.539 8)	-1.198 6 (-10.891 3)	0.998 7	278.133 2	2.244 0

注:括号中的值为系数估计对应的 t 统计量。

模型可以写成: $$GDP_t = \mu_t + y_t \tag{3}$$

其中, $\mu_t = 185\,939.2 \times e^{0.187\,463 \times t}$, $y_t = 1.664\,028 \times y_{t-1} - 1.151\,417 \times y_{t-2} + \varepsilon_t$。

我们对模型进行了一系列的统计检验。t 统计量表明模型中各参数均是显著的;F 检验表明模型在总体上是显著的;J-B 检验表明残差的分布是正态分布;D.W. 检验表明残差没有一阶自相关;Q 检验表明残差没有高阶自相关;ARCH 检验表明不存在异方差现象;RESET 检验表明模型的设置是正确的。因而该模型是适应的。由图 9-4 可以看出模型具有较高的拟合程度,拟合优度 R^2 达到了 0.998 1,它较真实地刻画了 GDP 序列的动态变化规律。故可以利用模型(3)对该地区 GDP 数据的未来取值进行预测。

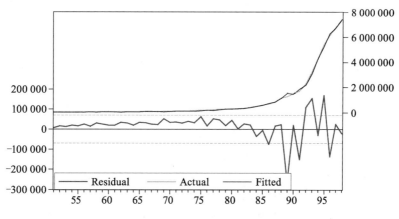

图 9-4 组合模型拟合图

利用该组合模型进行预测,其结果见表 9-10。

表 9-10 组合模型预测结果

年份	2019	2020
预测值/万元	8 526 540	9 529 310
预测相对误差/%	-6.49	-8.34

三、综合点评

我们对某地区的 GDP 数据尝试通过多种预测方法进行预测,得出了预测结果,并计算出预测的相对误差。其中最大的误差值达到 -17.68%,是由平均发展速度法得出的;最小的只有 -0.518%,是由 ARIMA 模型预测法得到的。总体来看,随机性时间序列分析的预测误差较确定性时间序列分析的小,而时间序列模型法的预测误差又较指标法的小。在案例中解决问题的方案不是唯一的,但存在一个比较优良的解决方案,学生应该根据限制条件在各种方案的优缺点比较中找出比较优良的方案。

思考题

1. 试叙述时间序列分析的基本思想。
2. 分析和比较各种不同预测方法的特点、适用条件和在计算过程中应该注意的问题等,并对预测效果做出评价。

课程任务

任务一 统计知识

一、时间序列的概念和种类

1. 时间序列的概念

时间序列也叫动态数列、时间数列,是指将同类指标数值按时间先后顺序加以排列的结果。时间序列有两个构成要素:一是反映现象所处的不同时间,二是现象在不同时间下的指标数值。

2. 时间序列的种类

(1) 绝对数时间序列。将同类绝对指标数值按时间先后顺序加以排列的结果。

绝对数时间序列又分为时期序列与时点序列两类。

将同类时期指标数值按时间先后顺序加以排列的结果,就形成时期序列。

将同类时点指标数值按时间先后顺序加以排列的结果,就形成时点序列。

时期序列与时点序列之间的区别:① 时期序列中指标数值的原始资料必须连续登记,时点序列中指标数值的原始资料不需要连续登记;② 时期序列中指标数值的大小与时间间隔长短有直接关系,时点序列中指标数值的大小与时间间隔长短无直接关系;③ 时期序列中指标数值可以直接相加,时点序列中指标数值不能直接相加。

(2) 相对数时间序列。将同类相对指标数值按时间先后顺序加以排列的结果。

(3) 平均数时间序列。将同类平均指标数值按时间先后顺序加以排列的结果。

3. 编制时间序列的原则

(1) 指标数值所属的时期长短或时间间隔应该一致。这是时间序列编制的首要原则,确保序列中各个指标数值与时期长短直接相关,能进行比较。

(2) 指标数值所属的总体范围应该一致。时间序列中各项指标的总体范围应保持前后一致,包括地区范围、隶属关系范围、分组范围等。若总体范围有所变动,前后指标就不能直接比较,需要调整后再做动态分析。

(3) 指标的经济含义应该相同。时间序列中各个指标的经济性质与经济内容应该相同,才能保证序列的准确性和可比性。

(4) 指标数值的计算方法、计算价格和计量单位应该一致。在指标名称及其经济内容一致的前提下,序列中各个指标数值的计算口径、计算单位、计算价格和计算方法要保持前后一致,以保证各个指标的可比性。

二、时间序列的水平分析指标

1. 发展水平

构成动态序列的指标数值称为发展水平。发展水平可以是绝对数,也可以是相对数和平均数。

2. 平均发展水平

平均发展水平也叫序时平均数,是对动态序列在不同时间下的指标数值进行平均的结果,用来反映现象在一段时间内发展水平所达到的一般水平。

序时平均数与一般平均数既有区别又有联系。区别:① 计算的对象不同。序时平均数是对总体现象在不同时间下的指标数值计算的平均数,而一般平均数是对总体各单位在同一时间下的变量值计算的平均数;② 计算的依据不同。序时平均数是根据动态序列计算的,而一般平均数是依据变量序列计算的。联系:两种平均数都说明现象的一般水平,在计算方法(公式)上有一致的地方。

(1) 绝对数时间序列计算序时平均数。

① 时期序列计算序时平均数。

$$\bar{a} = \frac{a_1 + a_2 + a_3 + \cdots + a_{n-1} + a_n}{n} = \frac{\sum a}{n}$$

其中,n 代表年数、季数、月数、日数、小时数等不同的时期数。

② 时点序列计算序时平均数。

Ⅰ. 连续时点序列。相邻时点之间以"天数"作为间隔,通过序列能够掌握一段时间内每天的时点指标。

a. 连续变动的连续时点序列,采用简单算术平均的方法计算序时平均数:

$$\bar{a} = \frac{a_1 + a_2 + a_3 + \cdots + a_{n-1} + a_n}{n} = \frac{\sum a}{n}$$

其中,n 代表总天数,不能代表其他时间长度。

b. 非连续变动的连续时点序列,应采用加权算术平均的方法计算序时平均数:

$$\bar{a} = \frac{\sum af}{\sum f}$$

其中,f_i 代表时点水平 a_i 保持(非连续变动)的时间长度。

Ⅱ. 间断时点序列。相邻时点之间以"月""季""年"作为间隔,时点通常位于年初(末)、季初(末)、月初(末)。

a. 如果相邻时点之间间隔相等,那么

$$\bar{a} = \frac{\frac{a_1}{2} + a_2 + a_3 + \cdots + a_{n-1} + \frac{a_n}{2}}{n-1}$$

其中,n 代表时点水平数。

b. 如果相邻时点之间间隔不等,那么

$$\bar{a} = \frac{\frac{a_1+a_2}{2}f_1 + \frac{a_2+a_3}{2}f_2 + \cdots + \frac{a_{n-1}+a_n}{2}f_{n-1}}{f_1+f_2+\cdots+f_{n-1}}$$

其中,f_i为对应于a_i与a_{i+1}之间的时间间隔长度。

（2）相对数时间序列计算序时平均数。

$$\bar{c} = \frac{\bar{a}}{\bar{b}}$$

该序时平均数计算的关键在于分别计算相对数子项指标和母项指标动态序列的平均数,具体有三种情况:$\bar{a}$和$\bar{b}$都根据时期序列计算;$\bar{a}$和$\bar{b}$都根据时点序列计算;$\bar{a}$和$\bar{b}$中有一个根据时期序列计算,另一个根据时点序列计算。

（3）平均数时间序列计算序时平均数。

① 静态平均数时间序列计算序时平均数。

$$\bar{c} = \frac{\bar{a}}{\bar{b}}$$

② 动态平均数时间序列计算序时平均数。

若每个动态平均数所代表的时间长度相等,则

$$\bar{a} = \frac{a_1+a_2+a_3+\cdots+a_{n-1}+a_n}{n} = \frac{\sum a}{n}$$

若每个动态平均数所代表的时间长度不等,则

$$\bar{a} = \frac{\sum af}{\sum f}$$

3. 增减量

$$增减量 = 报告期水平 - 基期水平$$
$$逐期增减量 = 报告期水平a_i - 上一期水平a_{i-1}$$
$$累计增减量 = 报告期水平a_i - 固定基期水平a_0$$

逐期增减量与累计增减量的关系是:逐期增减量之和等于相应的累计增减量。

4. 平均增减量

$$平均增减量 = \frac{逐期增减量之和}{逐期增减量的项数} = \frac{最后一期累计增减量}{时间序列项数-1}$$

三、时间序列的速度分析指标

1. 发展速度

$$发展速度 = \frac{报告期发展水平}{基期发展水平} \times 100\%$$

$$环比发展速度 = \frac{报告期发展水平a_i}{基期发展水平a_{i-1}} \times 100\%$$

$$定基发展速度 = \frac{报告期发展水平a_i}{固定基期发展水平a_0} \times 100\%$$

环比发展速度与定基发展速度的关系是:环比发展速度的连乘积等于相应的定基发展速度。

2. 增减速度

增减速度也称增长速度、增长率、增长幅度、增长百分比等。

$$增减速度 = \frac{增减量}{基期发展水平} \times 100\% = 发展速度 - 100\%$$

$$环比增减速度 = \frac{逐期增减量(a_i - a_{i-1})}{上期发展水平\ a_{i-1}} \times 100\% = 环比发展速度 \frac{a_i}{a_{i-1}} - 100\%$$

$$定基增减速度 = \frac{累计增减量(a_i - a_0)}{固定基期发展水平\ a_0} \times 100\% = 定期发展速度 \frac{a_i}{a_0} - 100\%$$

环比增减速度与定基增减速度之间没有直接的数量关系,但有间接的数量关系:环比增减速度加 1 的连乘积等于相应的定基增减速度加 1。

3. 平均发展速度与平均增减速度

平均发展速度一般采用水平法计算,有以下几种形式的计算公式:

$$\bar{x} = \sqrt{\frac{a_n}{a_0}}$$

$$\bar{x} = \sqrt[n]{R}\ (R\ 为定基发展速度)$$

$$\bar{x} = \sqrt[n]{\frac{a_1}{a_0} \cdot \frac{a_2}{a_1} \cdot \frac{a_3}{a_2} \cdot \ldots \cdot \frac{a_n}{a_{n-1}}}$$

$$平均发展速度 = 平均增减速度 + 100\%$$

因此,在计算平均增减速度时,通常先计算平均发展速度,然后按照"平均增减速度 = 平均发展速度 - 100%"获得平均增减速度。

4. 环比增减 1% 的绝对值

$$环比增减1\%的绝对值 = \frac{逐期增减量(a_i - a_{i-1})}{环比增减速度\left(\frac{a_i}{a_{i-1}} - 1\right) \times 100} = \frac{上期水平\ a_{i-1}}{100}$$

注意:在把握好每个水平分析指标、速度分析指标计算方法的基础上,还要弄清楚各种水平分析指标之间、速度分析指标之间以及水平分析指标与速度分析指标之间的相互关系。

5. 计算和使用速度分析指标应注意的问题

(1) 根据具体的目的选择合适的基期。基期水平对平均速度指标影响较大,如果基期水平因受特殊因素的影响而过高或过低,那么用这样的资料来计算平均速度就会削弱这一指标的意义甚至会失去代表性,不能说明现象发展变化的真实情况。

(2) 要结合研究时期的中间资料。注意中间各期发展水平波动过大或不同时期发展变化的方向,以免影响平均发展速度的代表性。当研究现象发展时期过长时,应注意结合分段平均发展速度,补充总平均发展速度,以便全面了解现象的整个发展变化过程。

(3) 结合发展水平、经济效益研究平均速度指标,防止高速度低效益现象的发生。

四、现象发展的趋势分析

1. 现象发展的影响因素

（1）长期趋势因素（T）。

在时间序列分析中，长期趋势因素是指使社会经济现象在一段较长时期内呈现持续发展变化趋势的因素，具体表现为持续上升、持续下降或水平发展。长期趋势因素多种多样，包括经济周期、技术进步、人口增长等。这些因素可能以不同的方式影响时间序列中的数据，如改变市场需求、竞争格局或生产效率等。

（2）季节变动因素（S）。

在时间序列分析中，季节变动因素是指由于季节性因素导致的时间序列数据在一定时间周期内呈现规律性变动的因素。季节变动因素通常可以通过观察时间序列数据的周期性变化规律来识别，例如通过观察时间序列数据的年度、季度、月度等时间周期内的变动规律来识别季节性因素。

（3）循环变动因素（C）。

时间序列分析中的循环变动因素是指由于经济或其他因素影响导致的时间序列数据在一定时间范围内呈现周期性波动的因素。这些循环变动因素通常与经济周期、政策调整、市场需求等因素相关。

（4）不规则变动因素（I）。

时间序列分析中的不规则变动因素是指由于各种随机和不确定性因素导致的时间序列数据在一定时间范围内呈现不规则、无规律变动的因素。这些不规则变动因素有自然灾害、突发事件、随机误差和其他不确定性因素。

2. 时间序列的分析模型

加法模型：$Y=T+S+C+I$

乘法模型：$Y=T\times S\times C\times I$

3. 长期趋势的测定

（1）时距扩大法。

时距扩大法是一种时间序列分析方法，目的是通过扩大时间序列中各个时期的数值，形成新的时间序列，以消除短时间内所受到的季节因素或偶然性因素的影响。该方法可以通过逐项递进的方式来实现，即将原时间序列中的若干项数据进行平均，这样可以呈现现象发展变化的长期趋势。

（2）移动平均法。

移动平均法是一种常用的预测方法，它用一组最近的实际数据值来预测未来一期或几期内公司产品的需求量、公司产能等。这种方法适用于近期预测，尤其在产品需求既不快速增长也不快速下降，且不存在季节性因素时，移动平均法能有效地消除预测中的随机波动。移动平均法的基本思想是：根据时间序列资料，逐项推移，依次计算包含一定项数的序时平均值，以反映长期趋势。

（3）数学模型法。

常用的数学模型包括线性回归模型、指数平滑模型、ARIMA 模型等。利用所选数学模型对时间序列数据进行拟合，得到模型参数和拟合曲线等指标。将拟合结果与实际数据相比较,对模型的准确性和可信度进行评价。根据模型的预测结果,结合其他因素和实际情况,制订相应的决策或措施。

① 直线趋势模型:

$$\hat{y}_t = \hat{a} + \hat{b}t$$

利用最小平方法可以得到如下正规方程组:

$$\begin{cases} \sum y = n\hat{a} + \hat{b}\sum t \\ \sum ty = \hat{a}\sum t + \hat{b}\sum t^2 \end{cases}$$

解上述方程组,即可得出参数 a、b 的计算公式:

$$\begin{cases} \hat{b} = \dfrac{n\sum ty - \sum t \sum y}{n\sum t^2 - (\sum t)^2} \\ \hat{a} = \bar{y} - \hat{b}\bar{t} = \dfrac{\sum y}{n} - \dfrac{\hat{b}\sum t}{n} \end{cases}$$

通过对 t 适当取值,使得在 $\sum t = 0$ 的情况下,关于 a、b 参数的方程组可作如下简化:

$$\begin{cases} \hat{b} = \dfrac{\sum ty}{\sum t^2} \\ \hat{a} = \dfrac{\sum y}{n} \end{cases}$$

使用该公式进行手工计算更简便,但如果采用统计软件(参见项目八回归分析部分内容),则不必刻意让 t 取值使得 $\sum t = 0$,而通常取 $t = 1, 2, 3, \cdots$。

② 二次抛物线模型:

$$\hat{y}_t = a + bt + ct^2$$

关于参数 a、b、c 的计算,一般采用最小二乘法并借助统计软件完成(参见项目八可线性化的非线性回归方程)。

③ 指数曲线模型:

$$\hat{y}_t = ab^t$$

计算指数曲线趋势的参数,通常需要将指数曲线方程转化为相对简单的直线方程。对指数曲线方程两边取常用对数,可得

$$\lg \hat{y}_t = \lg a + t\lg b$$

令 $y' = \lg \hat{y}_t$,$A = \lg a$,$B = \lg b$,则公式可表示为

$$y' = A + Bt$$

4. 季节变动的测定

(1) 按月(季)平均法。

$$月(季)季节指数 S = \frac{各年同月(季)平均数}{所有月(季)观测值总平均数} \times 100\%$$

(2) 趋势剔除法。

第一步,计算时间序列的趋势值(移动平均法或数学模型法)。

第二步,计算时间序列观察值与其对应趋势值的比值(剔除趋势)。

$$\frac{Y}{T} = \frac{T \times S \times C \times I}{T} = S \times C \times I$$

第三步,用平均的方法消除循环变动和不规则变动,计算各比值的季度(或月份)平均值。

第四步,计算季节指数。

$$月(季)季节指数 = \frac{各年同月(季)平均数}{所有比值的总平均数}$$

可应用季节指数对时间序列进行外推预测。

任务二 统计实验

一、实验目的

掌握借助 Excel 进行时间序列水平分析、速度分析和趋势分析的方法。

二、实验内容

(1) 对时期序列或时点序列进行水平分析、速度分析。
(2) 用移动平均法测定时间序列的长期趋势。
(3) 用数学模型法测定时间序列的长期趋势。
(4) 对时间序列的季节变动进行测定。

三、实验操作

1. 时间序列的水平分析与速度分析

时间序列的水平分析与速度分析主要是通过在 Excel 中编写对应的公式完成。

【例 9.1】 某公司 2022 年商品库存额数据见表 9-11,计算全年平均库存额。

表 9-11 某公司 2022 年商品库存额数据　　　　　　　　单位:万元

时间	一季度初	二季度初	三季度初	四季度初	四季度末
库存额	100	86	104	114	132

【分析】 该例数据为间隔时间相等的间断时点序列,应该用首尾折半法计算序时平均数。将数据录入 Excel 工作表的 B2:F2 区域,输入下列公式即可得出平均数:

"=SUM(B2/2,C2:E2,F2/2)/4"

【例 9.2】 2006—2015 年某省第三产业地区生产总值见表 9-12。试计算水平分析指标和速度分析指标。

表 9-12　2006—2015 年某省第三产业地区生产总值　　　　　　　单位:亿元

年份	2006	2007	2008	2009	2010	2011	2012	2013	2014	2015
产值	3 320	3 882	4 562	5 821	6 840	8 043	9 387	10 645	12 166	13 128

【分析】 该例数据为时期序列,对它的水平分析和速度分析主要涉及逐期增长量、累计增长量、环比发展速度、定基发展速度、环比增长速度、定基增长速度、增长1%的绝对额、平均发展速度以及平均增长速度等指标的计算。

【操作】 将数据录入 Excel 工作表的 B2:K2 区域(图 9-5)。

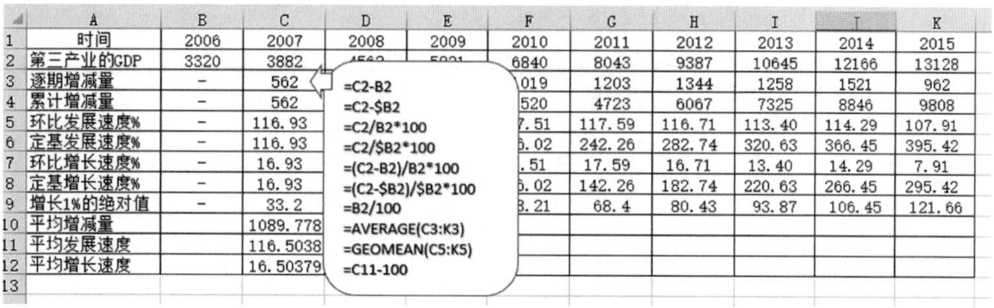

	A	B	C	D	E	F	G	H	I	J	K
1	时间	2006	2007	2008	2009	2010	2011	2012	2013	2014	2015
2	第三产业的GDP	3320	3882	[illegible]	[illegible]	6840	8043	9387	10645	12166	13128
3	逐期增减量	–	562			019	1203	1344	1258	1521	962
4	累计增减量	–	562			520	4723	6067	7325	8846	9808
5	环比发展速度%	–	116.93			7.51	117.59	116.71	113.40	114.29	107.91
6	定基发展速度%	–	116.93			6.02	242.26	282.74	320.63	366.45	395.42
7	环比增长速度%	–	16.93			.51	17.59	16.71	13.40	14.29	7.91
8	定基增长速度%	–	16.93			6.02	142.26	182.74	220.63	266.45	295.42
9	增长1%的绝对值	–	33.2			8.21	68.4	80.43	93.87	106.45	121.66
10	平均增减量		1089.778								
11	平均发展速度		116.5038								
12	平均增长速度		16.50379								
13											

图 9-5　水平分析与速度分析指标

(1) 计算各年逐期增长量:在 C3 中输入公式"=C2-B2",并向右填充。

(2) 计算累计增长量:在 C4 中输入公式"=C2-$B2",注意公式中对 B 列的绝对引用,然后向右填充。

(3) 计算环比发展速度:在 C5 中输入公式"=C2/B2 * 100",并向右填充。

(4) 计算定基发展速度:在 C6 中输入公式"=C2/$B2 * 100",这里对 B 列也是绝对引用,然后向右填充。

(5) 计算环比增长速度:在 C7 中输入公式"=(C2-B2)/B2 * 100"或"=C3/B2 * 100"或"=C5T00",并向右填充。

(6) 计算定基增长速度:在 C8 中输入公式"=(C2-$B2)/$B2 * 100"或"=C4/ $B2 * 100"或"=C6T00",并向右填充。

(7) 计算增长 1%的绝对额:在 C9 中输入公式"=B2/100",并向右填充。

(8) 计算平均增减量:输入"=AVERAGE(C3:K3)"或"=(K2-B2)/9"。

(9) 计算平均发展速度:

① 通过计算环比发展速度的几何平均数获得平均发展速度:"=GEOMEAN(C5:K5)";

② 通过对初期水平与末期水平之比开方获得平均发展速度:"=(K2/B2)(1/9) * 100%"。

(10) 计算平均增长速度:平均增长速度=平均发展速度-1,输入"=C11-100"。

2. 现象发展的趋势分析

(1) 移动平均法测定长期趋势。

【例 9.3】 某村 2007—2016 年粮食产量见表 9-13,试分别采用 3 期、4 期移动平均法计算粮食产量的长期趋势值。

表 9-13　某村 2007—2016 年粮食产量　　单位:t

年份	2007	2008	2009	2010	2011	2012	2013	2014	2015	2016
粮食产量	286	283	305	332	321	325	354	387	407	379

【分析】 移动平均数的计算既可以自己编写公式,通过"填充"完成,也可以使用"数据分析"工具中的"移动平均"工具来完成。

方法一:自己编写公式。

【操作步骤】

① 录入原始数据。在 A2:A11 录入年份,在 B2:B11 录入粮食产量(图9-6)。

	A	B	C	D	E
1	年份	粮食产量	3期移动平均	4期移动平均	2项移动平均
2	2007	286			
3	2008	283	=AVERAGE(B2:B4)	=AVERAGE(B2:B5)	
4	2009	305	=AVERAGE(B3:B5)	=AVERAGE(B3:B6)	=AVERAGE(D3:D4)
5	2010	332	=AVERAGE(B4:B6)	=AVERAGE(B4:B7)	=AVERAGE(D4:D5)
6	2011	321	=AVERAGE(B5:B7)	=AVERAGE(B5:B8)	=AVERAGE(D5:D6)
7	2012	325	=AVERAGE(B6:B8)	=AVERAGE(B6:B9)	=AVERAGE(D6:D7)
8	2013	354	=AVERAGE(B7:B9)	=AVERAGE(B7:B10)	=AVERAGE(D7:D8)
9	2014	387	=AVERAGE(B8:B10)	=AVERAGE(B8:B11)	=AVERAGE(D8:D9)
10	2015	407	=AVERAGE(B9:B11)		
11	2016	379			
12					

图9-6 移动平均趋势分析

② 计算3期移动平均。在C3单元格输入"=AVERAGE(B2:B4)",然后向下填充至C10单元格,就得到所有按3期移动平均值法计算的趋势值(注意前后各有一期没有移动平均值)。

③ 计算4期移动平均。计算4期移动平均的长期趋势值的方法与计算3期移动平均相似,在D3单元格中输入"=AVERAGE(B2:B5)",然后向下填充至C9单元格(注意:在图9-6中,按照移动平均法测定长期趋势的思路,D列数据实际都应下沉半格对齐),由于位置还没有对齐时间点,所以还需再计算一次2项移正平均,在E4单元格中输入"=AVERAGE(D3:D4)",然后向下填充至E9单元格,就得到所有按4期移动平均值法计算的趋势值(注意前后各有两期没有移动平均值)

方法二:使用"移动平均"工具。

【操作步骤】

① 录入原始数据。在A2:A11录入年份,在B2:B11录入粮食产量数据。

② 调用计算工具。单击"数据"菜单中的"数据分析"工具,选择"移动平均",然后在对话框的"输入区域"输入"B2:B11",在"间隔"输入"3"(如果要计算4期移动平均,这里就填"4"),在"输出区域"输入"C1"(从C1位置开始输出的原因参见提示9.1),单击"确定"即可(参见图9-7,C列为输出结果,"#N/A"表示没有对应的移动平均值)。

> 提示9.1:
> Excel的"移动平均"工具是基于移动平均值作为移动期末期的预测值来设计的,所以它会将移动平均值对应于移动末期放置。这与我们将移动平均值作为移动期中期的趋势值有所不同。并且如果移动平均的时期数为偶数,使用"移动平均"工具得出的结果也没有进行"移正"。

图 9-7 "移动平均"工具测定长期趋势

（2）数学模型法测定长期趋势。

以例 9.3 资料为例，分析该村粮食产量的长期趋势。

【分析】 首先绘制出粮食产量的时间序列折线图（绘图方法参见项目二统计实验）。从时间序列图可以发现，产量 Y 随时间 t 基本呈线性增长趋势，因而建立线性方程 $Y=a+bt$ 来获得趋势值。

方法一：使用"数据分析"工具。

【操作步骤】

① 录入原始数据。在 A2:A11 录入年份，在 B2:B11 录入粮食产量。

② 单击"数据"菜单中的"数据分析"工具，选择"回归"，单击"确定"后将弹出回归分析对话框（图 9-8）；在"Y 值输入区域"输入产量所在区域"B1:B11"，在"X 值输入区域"输入时间所在区域"A1:A11"，这里输入的区域包含了第一行的名称，所以注意勾选"标志"；单击"输出区域"，输入起始位置"G1"，注意勾选"残差"，单击"确定"后，Excel 在报告回归方程结果的下方，报告的"预测粮食产量"就是各年的趋势值，如图 9-8 右下角所示。

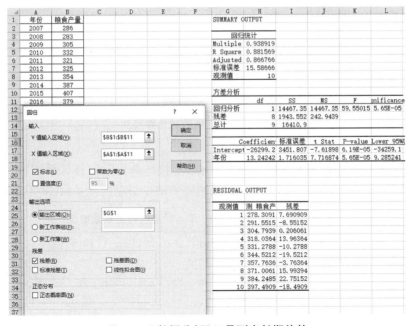

图 9-8 "数据分析"工具测定长期趋势

方法二:使用 TREND 函数。

【操作步骤】

① 录入原始数据。在 A2:A11 录入年份,在 B2:B11 录入粮食产量。

② 计算趋势值。按照数组函数的操作方式,先选中 C2:C11 作为输出区域,然后输入函数“=TREND(B2:B11)”(图 9-9),按组合键“Ctrl+Shift+Enter”,Excel 即返回 2007—2016 年的趋势值。

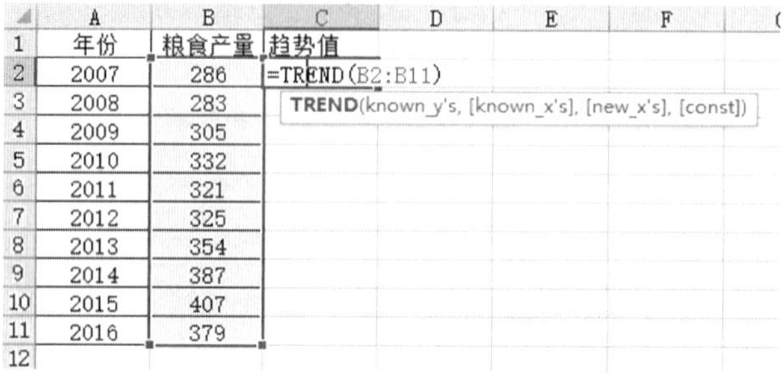

	A	B	C
1	年份	粮食产量	趋势值
2	2007	286	=TREND(B2:B11)
3	2008	283	
4	2009	305	
5	2010	332	
6	2011	321	
7	2012	325	
8	2013	354	
9	2014	387	
10	2015	407	
11	2016	379	

图 9-9 TREND 函数测定长期趋势

③ 预测 2017—2018 年的产量。使用 TREND 函数还可以直接进行外推预测。在 A12 与 A13 单元格输入代表这两个年份的数字,这里输入“2017”与“2018”,然后选中 C12:C13 单元格作为输出区域(图 9-10),输入“=TREND(B2:B11,A2:A11,A12:A13)”。接下来按组合键“Ctrl+Shift+Enter”,Excel 即返回这两年的产量预测值“410.733、423.976”。

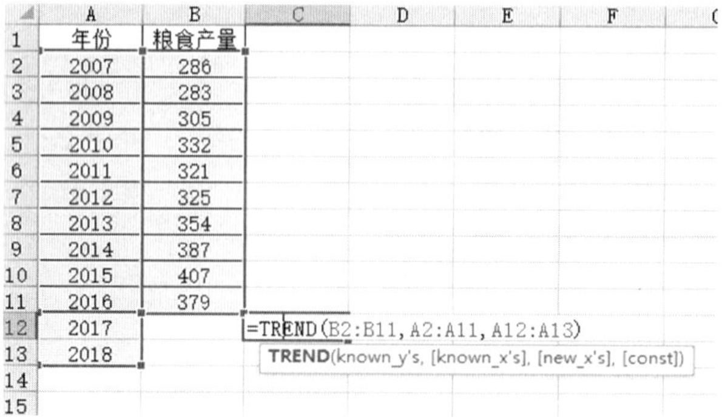

	A	B	C
1	年份	粮食产量	
2	2007	286	
3	2008	283	
4	2009	305	
5	2010	332	
6	2011	321	
7	2012	325	
8	2013	354	
9	2014	387	
10	2015	407	
11	2016	379	
12	2017		=TREND(B2:B11,A2:A11,A12:A13)
13	2018		

图 9-10 TREND 函数做外推预测

3. 季节变动的测定

这里用一个具体的例子来说明如何借助 Excel 按趋势剔除法计算季节指数。

【例 9.4】 某企业 2009—2016 年各季度的啤酒销量情况见表 9-14,试计算季节指数。

表 9-14 某企业 2009—2016 年各季度的啤酒销量情况 单位:t

年份	2009	2010	2011	2012	2013	2014	2015	2016
一季度	11	13	16	17	19	21	23	25
二季度	15	17	18	20	21	23	26	29
三季度	18	20	23	25	27	30	35	40
四季度	12	14	15	18	21	24	26	30

【分析】 不妨先通过时间序列折线图看看该企业啤酒销量的趋势特征,若时间序列没有长期趋势,则可以直接使用按季平均法计算季节指数,否则应当先剔除趋势因素。

【操作步骤】

① 录入观测数据。在 A 列输入年份,在 B 列输入季度(把年份和季度分为两列录入,以便后续分析),在 C 列录入时间点的连续取值(便于作图),在 D 列对应各时间录入销售量观察值(图9-11),绘制时间序列折线图。选中 C1:D33 区域,单击"插入"菜单中的"散点图",子图选"带折线和数据标记的散点图"。在自动生成的图形中,右击图中任一位置,在弹出的快捷菜单中选择"添加趋势线",在弹出的对话框中使用默认值即可,单击"关闭"后即添加了线性趋势线(图9-11)。从图9-11可以看出,该企业的销量具有明显的增长趋势和季节变动特征。因此,应当先分离趋势因素,然后再进行季节变动的测定(计算季节指数)。这里,我们采用乘法模型分离各因素,即认为 $Y = T \times S \times C \times I$。

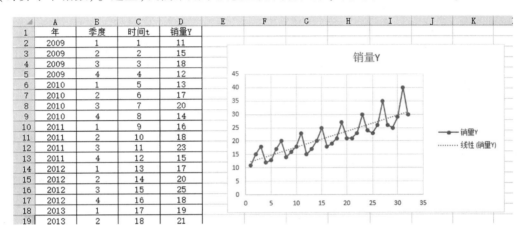

图 9-11 时间序列折线图

② 计算趋势值。计算趋势值可以使用移动平均法或数学模型法。移动平均法对时间序列的长期趋势特征没有要求,而数学模型法要求能够用一定的数学函数刻画长期趋势,以便进行回归拟合,再得出相应的趋势值。

③ 移动平均法。在 E3 单元格输入计算 4 项移动平均的公式(采用移动平均法计算趋势值,时期数为 4 的原因是,该例为季度数据,4 个季度就是 1 年):

"= AVERAGE(D2:D5)"

然后向下填充至 E31,在 F4 单元格输入计算 2 期移动平均的公式:

"= AVERAGE(E3:E4)"

然后向下填充至 F31,得到趋势值 T(参见图9-12)。

④ 数学模型法。先选中 E2:E33 区域,输入计算函数"= TREND(D2:D33)",按组合键"Ctrl+Shift+Enter",Excel 即返回 2009—2016 年各季度的趋势值。由于方法不同,数学模型法与移动平均法测定的趋势值会略有不同。下文介绍以移动平均法测定的趋势值来进一步计算季节指数。

⑤ 剔除长期趋势。在 G4 单元格计算季节比值(剔除趋势值),输入"= D4/F4",然后向下填充至 G31。

图 9-12 移动平均法测定趋势值

⑥ 按年度和季度整理季节比值,可以通过建立数据透视表实现。单击"插入"菜单中的"数据透视表"工具,选择"数据透视表",在弹出的"创建数据透视表"对话框(图 9-13)的"选择一个表或区域"中输入"A1:G33",将"选择放置数据透视表的位置"设置为"现有工作表"位置"H1",单击"确定"后得到图 9-14。

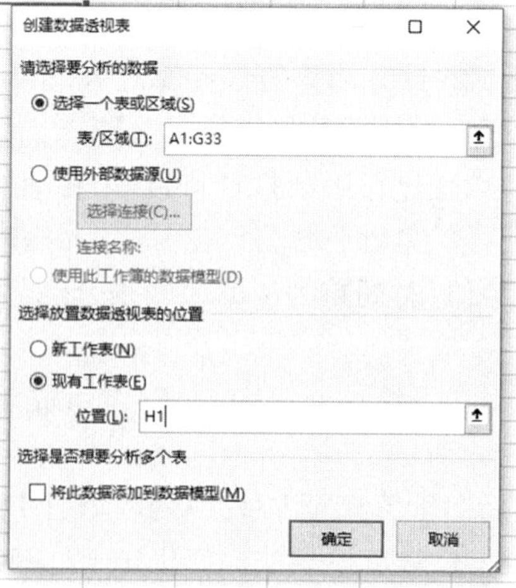

图 9-13 建立数据透视表

项目九 时间序列分析

	A	B	C	D	E	F	G
1	年	季度	时间t	销量Y	4项移动平均	趋势值（T）	比值Y/T
2	2009	1	1	11			
3	2009	2	2	15	14		
4	2009	3	3	18	14.5	14.25	1.2631579
5	2009	4	4	12	15	14.75	0.8135593
6	2010	1	5	13	15.5	15.25	0.852459
7	2010	2	6	17	16	15.75	1.0793651
8	2010	3	7	20	16.75	16.38	1.221374
9	2010	4	8	14	17	16.88	0.8296296
10	2011	1	9	16	17.75	17.38	0.9208633
11	2011	2	10	18	18	17.88	1.006993
12	2011	3	11	23	18.25	18.13	1.2689655
13	2011	4	12	15	18.75	18.50	0.8108108
14	2012	1	13	17	19.25	19.00	0.8947368
15	2012	2	14	20	20	19.63	1.0191083
16	2012	3	15	25	20.5	20.25	1.2345679
17	2012	4	16	18	20.75	20.63	0.8727273
18	2013	1	17	19	21.25	21.00	0.9047619
19	2013	2	18	21	22	21.63	0.9710983
20	2013	3	19	27	22.5	22.13	1.2134831
21	2013	4	20	21	23	22.75	0.9230769
22	2014	1	21	21	23.75	23.38	0.8983957
23	2014	2	22	23	24.5	24.13	0.9533679
24	2014	3	23	30	24.75	24.63	1.2121212
25	2014	4	24	24	25.5	25.38	0.9458128
26	2015	1	25	23	27	26.38	0.8720379
27	2015	2	26	25	27.5	27.25	0.9541284
28	2015	3	27	35	28	27.75	1.2612613
29	2015	4	28	25	28.75	28.38	0.9162996
30	2016	1	29	25	30	29.38	0.8510638
31	2016	2	30	29	31	30.50	0.9508197
32	2016	3	31	40			
33	2016	4	32	30			

图 9-14　数据透视对话框

接下来，在工作表右侧出现的字段列表中，勾选"年""季度""比值 Y/T"，在右下角区域之间拖动这些字段，把"年"作为"行标签"，将"季度"作为"列标签"，将"比值 Y/T"作为"数值"。"数值"区域默认是"计数"，单击旁边的小三角，在弹出的列表中选择"值字段设置"，在弹出的对话框中选择计算类型为"平均值"，单击"确定"后得到图 9-15 所示的结果。

图 9-15　数据透视表字段设置

⑦ 计算季节指数。在图 9-15 中,由于 M11 单元格的总平均(所有观测值的总平均数)不是 1,所以还需要用各季平均数除以所有观测值的总平均数,在 I12 单元格输入"=I11/$M11",然后向右填充至 L12 得出最终的季节指数:"0.887 56、0.993 68、1.243 02、0.875 72"。

四、实验实践

(1) 我国 1990—2015 年的粮食产量和年末人口数据见表 9-15。
① 分别对粮食产量和人口数做水平分析、速度分析。
② 计算人均粮食产量并分析其特征。

表 9-15 我国 1990—2015 年粮食产量及年末人口数据

年份	粮食产量/百万吨	年末人口/百万人	年份	粮食产量/百万吨	年末人口/百万人
1990	446.2	1 143.3	2003	430.7	1 292.3
1991	435.3	1 158.2	2004	469.5	1 299.9
1992	442.7	1 171.7	2005	484.0	1 307.6
1993	456.5	1 185.2	2006	498.0	1 314.5
1994	445.1	1 198.5	2007	501.6	1 321.3
1995	466.6	1 211.2	2008	528.7	1 328.0
1996	504.5	1 223.9	2009	530.8	1 334.5
1997	494.2	1 236.3	2010	546.5	1 340.9
1998	512.3	1 247.6	2011	571.2	1 347.4
1999	508.4	1 257.9	2012	589.6	1 354.0
2000	462.2	1 267.4	2013	601.9	1 360.7
2001	452.6	1 276.3	2014	607.0	1 367.8
2002	457.1	1 284.5	2015	621.4	1 374.6

(2) 某企业 2008—2016 年生产 A 产品的产量见表 9-16。
① 试建立线性趋势方程,并计算出 2008—2016 年各年的趋势值。
② 预测 2017 年和 2018 年的产品产量。

表 9-16 某企业 2008—2016 年 A 产品产量数据

年份	2008	2009	2010	2011	2012	2013	2014	2015	2016
产量/台	510	541	576	613	613	678	727	752	801

(3) 2009—2016 年各季度我国社会消费品零售总额见表 9-17。试分析该时间序列的季节变动特征,并对 2017 年各季度的社会消费品零售总额做出预测。

表 9-17　2009—2016 年我国各季度社会消费品零售总额　　　　单位：亿元

季度	金额							
	2009 年	2010 年	2011 年	2012 年	2013 年	2014 年	2015 年	2016 年
1	29 399	36 374	43 458	49 319	55 451	62 081	70 715	78 024
2	29 312	36 295	42 911	48 903	55 313	62 118	70 862	78 114
3	30 966	38 360	44 978	51 201	58 053	64 952	74 503	82 344
4	35 667	43 526	50 415	57 745	65 563	73 243	84 851	93 834

任务三　统计实训

一、单项选择题

1. 动态序列中的指标数值应该是(　　)。
   A. 相对指标　　　B. 平均指标　　　C. 总量指标　　　D. 三者均可

2. 平均增减速度等于(　　)。
   A. 总增减速度开 n 次方　　　　B. 环比增减速度的简单算术平均数
   C. 平均发展速度-1　　　　　　D. 环比增减速度的几何平均数

3. 下面的动态序列中,指标数值直接相加具有现实意义的是(　　)。
   A. 相对数动态序列　　　　　　B. 平均数动态序列
   C. 时期序列　　　　　　　　　D. 时点序列

4. 若连续 3 年的环比增减速度分别为 5%、6%、7%,则总增减速度为(　　)。
   A. 105%×106%×107%　　　　B. 5%×6%×7%
   C. 5%+6%+7%　　　　　　　D. $\sqrt[3]{105\% \times 106\% \times 107\%}$

5. 时间序列的构成要素是(　　)。
   A. 时间和指标数值　　　　　　B. 频数和频率
   C. 变量值和频数　　　　　　　D. 时间和标志

6. 已知各环比发展速度分别为 110%、120%、98%,则平均增减速度为(　　)。
   A. 110%×120%×98%　　　　　B. $\dfrac{110\%+120\%+98\%}{3}$
   C. $\sqrt[12]{(116\%)^5 \times (127\%)^7}$　　D. $\sqrt[11]{(116\%)^4 \times (127\%)^7}$

7. 将某地区 2016—2022 年新生婴儿数量按年份排列而成的动态序列属于(　　)。
   A. 相对数动态序列　　　　　　B. 时期序列
   C. 平均数动态序列　　　　　　D. 时点序列

8. 最基本的动态序列是(　　)。
   A. 绝对数动态序列　　　　　　B. 相对数动态序列
   C. 时期序列　　　　　　　　　D. 时点序列

9. 某乡粮食产量 2018 年为 8.3 万吨,2019 年比 2018 年增产 0.6 万吨,2020 年比 2019 年增产 0.5 万吨,2020 年产量为 9.8 万吨,2021 年比 2020 年增产 0.7 万吨,则 2018—2022 年该乡粮食产量的平均增减量为( )。
   A. 0.44 万吨　　　　B. 0.55 万吨　　　　C. 0.6 万吨　　　　D. 0.75 万吨

10. 某企业 2010—2015 年净利润的年平均增减速度为 16%,2015—2022 年净利润的年平均增减速度为 27%,则该企业 2010—2022 年净利润的年平均增减速度为( )。
   A. $\dfrac{16\% \times 5 + 27\% \times 7}{5+7}$　　　　B. $\dfrac{16\% \times 4 + 27\% \times 7}{4+7}$
   C. $\sqrt[12]{(116\%)^5 \times (127\%)^7}$　　　　D. $\sqrt[3]{(116\%)^4 \times (127\%)^7}$

11. 计算平均发展速度采用几何平均法的理由是( )。
   A. 总发展速度等于各环比发展速度之和
   B. 总发展速度等于各环比发展速度之积
   C. 总增减速度等于各环比增减速度之积
   D. 总增减速度等于各环比增减速度之和

12. 某公司连续五年净利润均环比增长 15%,则各年的净利润增减量( )。
   A. 每年相等　　　　　　　　　　　B. 一年比一年多
   C. 一年比一年少　　　　　　　　　D. 不能确定

13. 某地区工业增加值 2022 年是 2016 年的 1.95 倍,则该地区工业增加值平均增减速度为( )。
   A. $\sqrt[6]{1.95}$　　　　B. $\sqrt[6]{1.95}-1$　　　　C. $\sqrt[7]{1.95}$　　　　D. $\sqrt[7]{1.95}-1$

14. 某企业单位产品成本连年下降,2022 年较 2016 年降低了 36%,则平均每年降低( )。
   A. 36%/6　　　　B. 36%/7　　　　C. $1-\sqrt[6]{1-36\%}$　　　　D. $\sqrt[7]{36\%}$

15. 序时平均数和一般平均数的共同点是( )。
   A. 都是反映同质总体各单位标志值的一般水平
   B. 都是反映现象的一般水平
   C. 都是反映现象在不同时间上的一般水平
   D. 都是反映现象的离中趋势

16. 逐期增减量( )。
   A. 与累计增减量没有关系　　　　　B. 又叫总增减量
   C. 只能依据时期序列计算　　　　　D. 等于报告水平减去前期水平

17. 环比发展速度( )。
   A. 等于报告水平除以前期水平　　　B. 不能根据定基发展速度推算
   C. 等于报告水平除以固定基期水平　D. 等于定基增减速度

18. 将某地区的人均地区生产总值按时间先后顺序排列形成的时间序列属于( )。
   A. 绝对数动态序列　　　　　　　　B. 相对数动态序列
   C. 时期序列　　　　　　　　　　　D. 时点序列

19. 定基增减速度（　　）。
   A. 等于定基发展速度之和　　　　　　B. 等于累计增减量除以固定基期水平
   C. 不可以用来构成动态序列　　　　　D. 等于逐期增减量除以上期水平

20. 某市居民实际收入水平在 2021 年、2022 年分别环比增长 8%、11%，则两年间居民实际收入的总增长率为（　　）。
   A. 8%+11%
   B. 8%×11%
   C. 108%×111%−1
   D. $\sqrt{108\% \times 111\%} - 1$

21. 某企业 2022 年 9—12 月职工人数资料见表 9-18。

表 9-18　某企业 2022 年 9—12 月职工人数资料

日期	9 月 30 日	10 月 31 日	11 月 30 日	12 月 31 日
职工人数	1 400	1 510	1 460	1 420

该企业第四季度的平均职工人数为（　　）。
   A. 1 447.5 人　　　B. 1 500 人　　　C. 1 480 人　　　D. 1 460 人

22. 某企业产品库存量的统计资料如下：1 月 1 日为 200 吨，4 月 1 日为 240 吨，8 月 1 日为 220 吨，12 月 31 日为 250 吨。则该企业全年平均库存量应依公式（　　）计算。
   A. $\bar{a} = \dfrac{200+240+220+250}{4}$
   B. $\bar{a} = \dfrac{200\times3+240\times4+220\times4+250}{3+4+4+1}$
   C. $\bar{a} = \dfrac{\dfrac{200}{2}+240+220+\dfrac{250}{2}}{4-1}$
   D. $\bar{a} = \dfrac{\dfrac{200+240}{2}\times3+\dfrac{240+220}{2}\times4+\dfrac{220+25}{2}\times5}{3+4+5}$

23. 定基增减速度与环比增减速度之间的关系是（　　）。
   A. 定基增减速度等于相应各环比增减速度的连乘积
   B. 定基增减速度等于相应各环比增减速度之和
   C. 各环比增减速度加 1 后的连乘积等于相应定基增减速度加 1
   D. 各环比增减速度加 1 后的连乘积等于相应定基增减速度

24. 某公司 1 月份平均职工人数为 200 人，2 月份平均职工人数为 250 人，3 月份平均职工人数为 220 人，4 月份平均职工人数为 230 人，则该单位第一季度的平均职工人数的计算公式应为（　　）。
   A. $\dfrac{200+250+220}{3}$
   B. $\dfrac{200+250+220+230}{4}$
   C. $\dfrac{\dfrac{220}{2}+250+220+\dfrac{230}{2}}{4-1}$
   D. $\dfrac{\dfrac{200+250}{2}\times1+\dfrac{250+220}{2}\times2+\dfrac{220+230}{2}\times3}{1+2+3}$

25. 已知某地区 2022 年粮食产量比 2015 年增长了 1 倍，比 2010 年增长了 2.5 倍，那么该地区 2015 年粮食产量比 2010 年增长了（　　）。
   A. 0.33 倍　　　B. 0.5 倍　　　C. 0.75 倍　　　D. 1.5 倍

26. 由间断时点序列计算序时平均数需假定(   )。
   A. 相邻两个时点间的指标数值是均匀变动的
   B. 相邻两个时点间的指标数值呈增长趋势
   C. 相邻两个时点间的指标数值呈递减趋势
   D. 相邻两个时点间的指标数值是季节性变化的

27. 某企业2018年的销售收入为2014年的280%,2022年为2019年的230%,则该企业2014—2022年销售收入的年平均发展速度的计算式为(   )。
   A. $\sqrt[9]{2.8 \times 2.3}$
   B. $\sqrt[7]{2.8 \times 2.3}$
   C. $\sqrt[7]{2.8^4 \times 2.3^3}$
   D. $\sqrt[9]{2.8^5 \times 2.3^4}$

28. 按水平法计算平均发展速度,要求以平均发展速度推算的(   )。
   A. 各期水平之和等于各期实际水平之和
   B. 最后一期的水平等于最后一期实际水平
   C. 各期增减量之和等于各期实际逐期增减量之和
   D. 各期定基发展速度之和等于各期实际定基发展速度

29. 某企业全年各季初、季末资产总额分别用 a_1、a_2、a_3、a_4、a_5 表示,那么全年平均资产总额的计算式为(   )。
   A. $\dfrac{a_1+a_2+a_3+a_4+a_5}{5}$
   B. $\dfrac{a_1+a_2\times 2+a_3\times 3+a_4\times 4+a_5\times 5}{1+2+3+4+5}$
   C. $\dfrac{\dfrac{a_1}{2}+a_2+a_3+a_4+\dfrac{a_5}{2}}{5-1}$
   D. $\dfrac{\dfrac{a_1}{2}+a_2+a_3+\dfrac{a_4}{2}}{4-1}$

30. 某地区GDP 2022年比2015年增长127%,则该地区在这一时期GDP的年平均发展速度的计算式为(   )。
   A. $\sqrt[7]{127\%}$
   B. $\sqrt[8]{127\%}$
   C. $\sqrt[7]{227\%}$
   D. $\sqrt[8]{227\%}$

二、多项选择题

1. 以下各指标构成的时间序列中,属于时期序列的是(   )。
   A. 职工人数   B. 商品库存量   C. 商品销售额   D. 工资总额
   E. 出生人口数

2. 增减速度(   )。
   A. 等于发展速度减去100%   B. 可分为定基增减速度与环比增减速度
   C. 等于增减量与基期水平之比   D. 等于平均发展速度减去100%
   E. 等于发展速度的连乘积

3. 动态序列的发展水平可以是(   )。
   A. 绝对指标数值   B. 相对指标数值   C. 统计分组   D. 变量数列
   E. 平均指标数值

4. 平均增减量等于(   )。
   A. 逐期增减量之和除以逐期增减量项数
   B. 累计增减量除以动态序列项数

C. 最后一期总增减量/(动态序列项数-1)

D. 累计增减量之和/(动态序列项数-1)

E. 逐期增减量之和除以动态序列项数

5. 定基增减速度等于(　　)。

A. 环比增减速度之和　　　　　B. 相应环比发展速度的连乘积减去100%

C. 累计增减量除以固定基期水平　D. 定基发展速度减去100%

E. 环比增减速度之和

6. 下列等式正确的有(　　)。

A. 增减速度=发展速度-1　　　B. 环比发展速度=环比增减速度+1

C. 定基发展速度=定基增减速度+1　D. 平均发展速度=平均增减速度+1

E. 平均增减速度=平均发展速度-1

7. 下列序列属于时点序列的有(　　)。

A. 某银行每天的储蓄存款余额　B. 我国历年的货币发行总额

C. 某企业每年末的在册工人数　D. 某农场每年耕地面积

E. 某地区每年因癌症死亡的人数

8. 环比发展速度与定基发展速度之间的数量关系是(　　)。

A. 观察期内各环比发展速度之和等于最后一期的定基发展速度

B. 观察期内各环比发展速度的连乘积等于最后一期的定基发展速度

C. 本期定基发展速度除以上期定基发展速度等于本期的环比发展速度

D. 环比发展速度的连乘积等于相应的定基发展速度

E. 上期定基发展速度乘本期环比发展速度等于本期定基发展速度

9. 设某企业1—5月各月初商品库存资料见表9-19。

表 9-19　企业1—5月各月初商品库存资料

月份	1	2	3	4	5
月初库存量/t	10	11	13	12	10

该动态序列的特点有(　　)。

A. 序列中各项指标数值可以相加

B. 序列中各项指标数值不能相加

C. 序列中每一指标数值大小与时间间隔长短存在直接关系

D. 序列中每一指标数值大小与时间间隔长短不存在直接关系

E. 序列中每一指标数值是采用一次性调查取得的

10. 在直线趋势方程 $\hat{y}_t = a + bt$ 中,b 表示(　　)。

A. 趋势线在 y 轴上的截距

B. 当 $t=0$ 时的趋势值

C. 趋势线的斜率

D. 时间变动一个单位时观察值的平均变动量

E. 观察值变动一个单位时 t 的平均变动量

11. 测定长期趋势的基本方法有( )。
    A. 时距扩大法   B. 移动平均法   C. 序时平均数法   D. 数学模型法
    E. 最小平方法
12. 以下属于两个时期序列对比构成的相对数动态序列的有( )。
    A. 工业企业全员劳动生产率动态序列   B. 产品合格率动态序列
    C. 某产品产量计划完成程度动态序列   D. 营业收入发展速度动态序列
    E. 资金利税率动态序列
13. 动态序列水平分析指标有( )。
    A. 发展水平指标   B. 增减量指标   C. 平均增减量   D. 平均发展水平
    E. 环比增减1%的绝对值
14. 动态序列的构成要素包括( )。
    A. 变量值   B. 频数   C. 时间   D. 指标数值
    E. 频率
15. 动态序列按统计指标的表示形式不同,可分为( )。
    A. 绝对数动态序列   B. 变量指标
    C. 时间   D. 相对数动态序列
    E. 平均数动态序列
16. 某公司2019年、2022年净利润分别为3 800万元、5 600万元。下列说法正确的有( )。
    A. 2019年至2022年,公司净利润由3 800万元发展到5 600万元
    B. 2019年至2022年,公司净利润增加了1 800万元
    C. 2019年至2022年,公司净利润由3 800万元增加到5 600万元
    D. 2019年至2022年,公司净利润由3 800万元增加了5 600万元
    E. 公司2019年净利润较2022年减少1 800万元
17. 计算平均发展速度的公式可采用( )。
    A. $\bar{x} = \sqrt[n]{\prod \dfrac{a_i}{a_{i-1}}}$ B. $\bar{x} = \sqrt[n]{\dfrac{a_n}{a_0}}$
    C. $\bar{x} = \sqrt[n]{\prod \dfrac{a_i}{a_0}}$ D. $\bar{x} = \sqrt[n]{\sum \dfrac{a_i}{a_0}}$
    E. $\bar{x} = \sqrt[n]{\sum \dfrac{a_i}{a_{i-1}}}$
18. 影响时间序列变化的因素有( )。
    A. 长期趋势因素   B. 不规则变动因素
    C. 主观判断因素   D. 循环变动因素
    E. 季节变动因素

三、判断题
1. 发展水平就是动态序列中的每一项具体指标数值,它只能表现为绝对数。(   )
2. 相对数动态序列中,各项指标数值相加具有实际意义。(   )

3. 时点序列中各项指标数值的大小与其时间间隔长短无直接关系。（ ）
4. 在一定期间内,定基增减速度等于相应各个环比增减速度的连乘积。（ ）
5. 在各种动态序列中,指标数值的大小都受到时间间隔长短的制约。（ ）
6. 增减速度等于增减量与基期水平之比。（ ）
7. 发展速度是以相对数形式表示的速度分析指标,增减量是以绝对数形式表示的速度分析指标。（ ）
8. 平均增减量是对时间序列中各逐期增减量计算的序时平均数。（ ）
9. 定基发展速度等于相应各个环比增减速度的连乘积。（ ）
10. 如果某企业增加值的逐期增减量年年相等,那么各年的环比增减速度也必然相等。（ ）
11. 累计增减量与逐期增减量之间的关系是:累计增减量等于相应各个逐期增减量之和。（ ）
12. 平均增减量等于各逐期增减量之和除以逐期增减量的项数。（ ）
13. 移动平均法能够对现象的波动加以"修匀",测定现象长期趋势。（ ）
14. 在直线趋势方程 $y_t = a + bt$ 中,a 表示时间值为 0 那一期的趋势值。（ ）
15. 平均发展速度的水平法就是运用几何平均法计算平均发展速度。（ ）
16. 在时点都处于期初或期末,且相邻时点之间间隔不等的情况下,应采用对分层平均数进行加权算术平均的方法计算序时平均数。（ ）
17. 累计增减量等于报告期水平与前期水平之差。（ ）
18. 环比增减 1% 的绝对值＝上期水平/100。（ ）

四、简答题

1. 时期序列与时点序列有哪些区别?
2. 序时平均数与一般平均数有何区别和联系?
3. 计算和使用速度分析指标应注意哪些问题?

五、综合应用题

1. 某市财政收入以 2006 年为基础,到 2022 年翻了三番,问在此期间该市财政收入年平均增长率是多少?
2. 某商店 2022 年各月商品流通费用率和费用额见表 9-20。

表 9-20　某商店 2022 年各月商品流通费用率和费用额

月份	1	2	3	4	5	6	7	8	9	10	11	12
商品流通费用率/%	3.50	2.99	2.95	2.98	4.58	3.81	3.02	4.00	3.75	3.27	3.95	4.58
商品流通费用额/万元	98.6	87.8	85	99.1	110	120	98.4	109	116	78.6	80.5	103

计算全年平均商品流通费用率(商品流通费用率＝商品流通费用总额/商品销售净额)。

3. 甲、乙两市 2018—2022 年财政收入资料见表 9-21。

表 9-21　甲、乙两市 2018—2022 年财政收入资料

年份	2018	2019	2020	2021	2022
甲市财政收入/亿元	65.7	76.5	84.1	91.8	102.9
乙市财政收入/亿元	98.3	104.9	112.5	123.2	128.4

（1）按照 2018—2022 年两市现有的平均发展速度，甲市要超过乙市还需要几年时间？

（2）如果乙市仍按现有的平均发展速度发展，甲市打算从 2023 年开始用 8 年时间，即到 2030 年的财政收入达到乙市同期的 1.5 倍，那么甲市在 2023 年后平均每年的递增速度需要达到多少？

4. 某地区 2017—2022 年定期储蓄存款占全部储蓄存款总额的比重资料见表 9-22。

表 9-22　某地区 2017—2022 年定期储蓄存款占全部储蓄存款总额的比重资料

年份	2017	2018	2019	2020	2021	2022
年末定期储蓄存款占储蓄存款总额的百分比/%	74.25	72.16	70.15	67.28	65.25	64.40
年末定期储蓄存款/亿元	6 838.7	7 778.2	8 973.4	11 226.7	14 791.6	18 955.1

计算该期间定期储蓄存款占全部储蓄存款总额的平均比重。

5. 某公司 2014—2022 年产品净利润数据见表 9-23。

表 9-23　某公司 2014—2022 年产品净利润数据

年份	2014	2015	2016	2017	2018	2019	2020	2021	2022
净利润/万元	841	862	899	925	952	990	1 020	1 048	1 077

用最小二乘法配合线性趋势方程预测 2023 年、2024 年的净利润。

6. 根据动态分析指标之间的相互关系，计算表 9-24 中空缺指标。

表 9-24　某企业 2017—2022 年相关指标数据

年份	2017	2018	2019	2020	2021	2022
净利润/万元						
逐期增减量/万元			300			
累计增减量/万元		200				
环比发展速度/%					120	
定基发展速度/%				200		
环比增减速度/%						25
定基增减速度/%		20				
环比增减 1% 的绝对值/万元						

7. 某商场 2019—2022 年某季节性商品各季度销售数据见表 9-25。

表 9-25　某商场 2019—2022 年某季节性商品各季度销售数据　　单位：万元

年份	销售额			
	一季度	二季度	三季度	四季度
2019	270	210	70	300
2020	350	240	100	400
2021	430	290	120	520
2022	500	350	170	660

（1）采用趋势剔除法计算该季节性商品各季度的季节比率。

（2）假定 2023 年第一季度的销售额为 550 万元，预测 2023 年第二、三、四季度的销售额。

8. 某企业连续六年的产量资料见表 9-26。

表 9-26　某企业连续六年的产量资料

时间	第 1 年	第 2 年	第 3 年	第 4 年	第 5 年	第 6 年
产量/万吨	200	240	300	450	520	620

（1）计算各年的逐期增减量、累计增减量以及平均增减量。

（2）计算各年的环比发展速度、定基发展速度与平均发展速度。

（3）计算各年的环比增减速度、定基增减速度与平均增减速度。

（4）计算环比增减 1% 的绝对值。

9. 某企业 2022 年一季度 A 产品的库存变动情况见表 9-27。

表 9-27　某企业 2022 年一季度 A 产品的库存变动情况　　单位：t

日期	1月1日	1月13日	2月5日	2月19日	3月13日	3月25日
库存量	210	60	250	120	30	170
增加数量			190	70		140
减少数量		150		200	90	

根据表中数据计算一季度 A 产品平均库存量。

10. 某公司 2022 年各季度银行存款余额变动情况见表 9-28。

表 9-28　某公司 2022 年各季度银行存款余额变动情况

时点	一季度初	二季度初	三季度初	四季度初	四季度末
银行存款/万元	218	146	352	226	184

计算 2022 年上半年、下半年以及全年银行存款平均余额。

11. 某公司 12 月份职工人数增减变动情况如下：1 日职工总数 560 人，其中管理人员 48 人；15 日职工 15 人离职，其中 3 人为管理人员；22 日新招聘 20 名工人报到。

计算本月管理人员平均数、全部职工平均人数及管理人员占全部职工的比重。

12. 某公司 2022 年 A 材料库存量变动情况见表 9-29。

表 9-29　某公司 2022 年 A 材料库存量变动情况

时点	1月初	3月初	7月初	10月初	12月末
库存量/吨	168	216	250	166	234

计算 A 材料全年平均库存量。

13. 某公司 2022 年各季度营业收入计划完成程度见表 9-30。

表 9-30　某公司 2022 年各季度营业收入计划完成程度

季度	一季度	二季度	三季度	四季度
实际营业收入/万元	2 350	3 140	4 070	5 230
营业收入计划完成程度/%	108	124	135	143

计算全年营业收入平均计划完成程度。

14. 某公司 2022 年各季度净利润及季初净资产数据见表 9-31。

表 9-31　某公司 2022 年各季度净利润及季初净资产数据

季度	一季度	二季度	四季度	四季度
净利润/万元	8 750	7 680	9 940	11 290
季初净资产/万元	25 700	22 400	27 500	29 300

已知四季度末净资产额为 28 100 万元,计算 2022 年全年平均净资产收益率。

15. 某公司 2022 年各月产品库存量数据见表 9-32。

表 9-32　某公司 2022 年各月产品库存量数据

时点	1月初	4月初	7月初	8月初	12月初	12月末
库存量/台	206	124	26	280	126	130

计算全年平均库存量。

16. 某企业 2016—2022 年各年初职工总数及生产工人数见表 9-33。

表 9-33　某企业 2016—2022 年各年初职工总数及生产工人数

年份	2016	2017	2018	2019	2020	2021	2022
全部职工总数	1 500	1 550	1 600	1 580	1 560	1 620	1 680
生产工人数	1 200	1 320	1 350	1 400	1 410	1 420	1 440

计算 2016 年年初至 2022 年年初生产工人占职工总数的平均比重。

17. 某企业 2010—2016 年净利润的平均增长率为 32%,2017—2022 年的平均增长率为 45%,试计算该企业 2010—2022 年净利润的年平均增长率。

项目十 统计指数

■ 知识目标

1. 理解统计指数的概念,了解统计指数的种类及作用。
2. 掌握综合指数和平均指数编制方法,培养严谨务实的科学态度。
3. 掌握指数体系的因素分析法,能透过现象看本质,用科学思维分析社会现象的经济学意义。
4. 了解常见的经济指数并学以致用,尝试分析社会经济现象的统计指数实例。

■ 技能目标

1. 能够使用 Excel 工作表完成综合指数计算。
2. 能够在 Excel 工作表中用统计指数缩减经济时间序列。

■ 课程思政目标

统计指数是分析数据的重要工具,具有很强的应用性和创新性。通过本项目的学习,学生能了解数据的来源、收集和处理方法,培养对数据的敏感性和判断力,能够从数据中发现问题、解决问题;并能够了解指数的起源和发展历程,运用创新思维和方法设计新的指数和方法,培养科学素养和创新精神。统计指数涉及统计学的多个概念和方法,如指标选择、数据清洗、权重计算等。通过对这些概念和方法的学习,学生能掌握统计学的基础知识,为后续学习和实际应用打下基础。

■ 案例引入

CPI 指数的编制与分析

CPI(Consumer Price Index)是世界各国普遍编制的一种指数,但不同国家对这一指数赋予的名称很不一致,我国称之为居民消费价格指数。CPI 是反映一定时期内城乡居民所购买的生活消费品价格和服务项目价格变动趋势及程度的相对数。本案例选取 CPI 这个指标进行详细分析,是考虑到如下几个因素:① 经济学必然涉及对经济形势的宏观把握,CPI 是其中一个重要指标;② CPI 的编制涉及调查内容选择、调查方法、调查的组织实施等多个方面,可以把教材中很多内容串联起来;③ CPI 是比较成熟的统计指标,能方便地获取各国资料进行比较。

CPI 不仅是观察、分析消费品的零售价格和服务项目价格变动趋势,及其对城乡居民实际生活费支出的影响程度的重要测度,也是分析和研究居民实际收入状况、社会有效购买能力、经济紧缩或膨胀程度的重要依据,还是剔除价格波动对国民经济指标数值扰动影响,揭示宏观经济长期趋势的重要工具。

具体来说,居民消费价格指数有以下几个方面的作用。第一,反映居民生活消费品和服务项目价格变动趋势及程度,这是 CPI 的基本功能。第二,测定通货膨胀程度。"高增长、低通胀"是经济发展的理想模式。从世界各国实践经验来看,一个国家或地区的宏观经济运行有多种模式,若形成"高增长、高通胀"或"低增长、高通胀"的局面,国民经济迟早都会面临崩溃的危机。如果形成"低增长、低通胀"或"不增长、低通胀""负增长、负通胀"等模式,就会把国民经济引向"通缩",最后不可避免地面临崩溃的危机。所以建立"高增长、低通胀"的发展模式是我国经济运行比较理想的模式。

何谓"增长"?何谓"通胀"?这两个名词必须转化成可以衡量数值大小的指标,否则"高"和"低"就毫无意义,统计上是用 GDP 增长率衡量增长,用 CPI 衡量通货膨胀。我们现在就利用这两个指标把经济发展的理想模式具体化:寻找增长与通胀的最佳组合,即 GDP 年增长 9%~10%,同时容忍 CPI 有 3%但最多不超过 6%的增幅。

一、适度通货膨胀刺激经济增长

所谓"适度通货膨胀",用数字表示就是:CPI 增长率为 3%~5%。适度或温和的通货膨胀对经济增长有刺激作用,对经济发展利大于弊。在农业方面,农副产品涨价有利于农民增加收入、扩大消费;在产业结构优化方面,物价适度上涨,将引导企业生产向有需求、有效益的行业和产品转移,利用价格这只"看不见的手"实现产业结构调整和资源的最优配置,从而避免行政干预过多,防止经济无序发展;在投资方面,物价适度上涨,企业盈利空间增大,将增强企业家信心,企业更愿意加大投入再生产,从而刺激经济增长。可见,经济要保持高速增长,适度或温和的通货膨胀是必要和合理的。

二、恶性通货膨胀抑制经济增长

所谓"恶性通货膨胀",用数字表示就是:CPI 增长率在 20%以上。恶性通货膨胀对经济增长有抑制作用。这是因为价格大幅上涨,导致价格信号严重失真,容易使生产者误入生产歧途,导致生产盲目发展,造成国民经济非正常发展,使产业结构和经济结构畸形化,从而导致整个国民经济的比例失调。当通货膨胀引起的经济结构畸形化需要矫正时,国家必然会采取各种措施来抑制通货膨胀,结果会导致生产和建设的意愿大幅度下降,出现经济萎缩(所谓"硬着陆")。因此,恶性通货膨胀不利于经济的稳定、协调发展。

三、通货紧缩对经济增长的副作用

通货紧缩对经济增长的负面作用甚至大于通货膨胀。这是因为价格持续走低会使企业效益下降、产品积压增多、就业机会减少、居民收入下降、市场消费不足,从而使整个国民经济体系陷入一种互相牵制的恶性循环中。1998 年到 1999 年我国受亚洲金融危机、国际性通货紧缩,以及国内需求不旺、生产过剩等因素影响,物价呈负增长,虽然国家采取降息、增发国债等一系列扩大内需和刺激经济增长的政策措施,但效果不明显。

通货膨胀指物价总水平或平均物价水平的上涨,但是市场上商品价格总是有涨有跌,每个人关心的商品也不一样,如何才能表现总水平?解决思路是选取一组代表性消费商品及服务项目,计算其价格变动,这就是 CPI 的"市场篮子",通过这种方法计算出的 CPI 指数就成为衡量通货膨胀的指标。

通货膨胀的严重程度用通货膨胀率来反映,它说明了一定时期内商品价格持续上升的幅度。通货膨胀率一般以CPI来表示,即

$$通货膨胀率 = \frac{报告期CPI - 基期CPI}{基期CPI}$$

度量货币购买力。货币购买力是指单位货币能够购买到的消费品和服务的数量。一般用货币购买力指数来表示,它是单位货币所购买货物和服务的数量变动程度的测度。CPI上涨,货币购买力下降,反之则上升。因此,CPI的倒数就是货币购买力指数,即

$$货币购买力指数 = \frac{1}{CPI}$$

计算实际工资水平。居民的实际消费水平,不仅受到名义工资增减的影响,还受到CPI的制约。在名义工资一定时,CPI提高等价于减少了居民的实际收入总量,降低了居民的实际消费水平;反之,CPI下降就等价于提高了居民的实际消费水平。所以,可以利用CPI将居民的名义工资转换为实际工资来反映居民的实际消费水平。

实际工资是将名义工资中的价格变动影响剔除之后的真实工资水平,即

$$实际工资 = \frac{名义工资}{CPI}$$

在更多场合,使用具有广泛可比性的相对数——实际工资指数来度量实际工资与名义工资的差异程度及其变动幅度。

实际工资指数同时考虑了名义工资和CPI两个因素综合变动对居民实际收入和生活水平的影响程度。

$$实际工资指数 = \frac{名义工资指数}{CPI} = 名义工资指数 \times 货币购买力指数$$

任何以货币单位为量纲的数据都不可避免地要受到价格水平波动的影响,当进行不同时间上的时间序列数据计算和分析时,需要使用CPI来剔除不同时间货物和服务单位价格水平的差异。利用CPI来剔除价格变动影响的方式称为缩减或平减。通过CPI缩减,剔除了价格变动影响后的数据,称为缩减数据或缩减指标。

$$缩减指标 = \frac{按现价计算的指标}{CPI}$$

四、CPI的编制方法

1. 消费品分类和代表规格品的选择

CPI包括居民用于日常生活的全部消费品和服务项目。现行国家统计制度规定,将居民消费的商品分为八大类:① 食品;② 烟酒及用品;③ 衣着;④ 家庭设备用品及维修服务;⑤ 医疗保健及个人用品;⑥ 交通和通信;⑦ 娱乐教育文体用品及服务;⑧ 居住。每个大类包括若干个中类,中类之下又有基本分类,基本分类中包括若干代表规格品。例如,衣着类分为服装、衣着材料、鞋帽袜及其他衣着四个中类,在鞋帽袜中类下又分为鞋类、袜子、帽子三个基本分类。

由于社会商品的种类极其繁多,每种商品的牌号、型号、规格、等级、花色、式样等千差万别,要编制包括所有商品规格的价格指数,在客观上是不可能的。因此,必须从全部商品中选择一些购销量较大的商品作为代表规格品。用这些代表规格品的价格升降情况来

综合反映全部商品价格变动的趋势和程度。我国CPI计算了8大类、251个基本分类约700个品种、120万个以上商品的价格。

2. CPI的调查方法

编制CPI采用抽样调查方法,从各省、自治区、直辖市中抽选550个样本县市,近30 000个采样点进行经常性的价格调查,由国家统计局城调总队组织直属的全国调查系统以定时、定点、定人的直接调查方式采集数据。

3. CPI的编制方法

(1) 基本分类商品价格指数的计算。

第一,计算某基本分类所属各规格品的环比价格指数。计算公式如下:

$$G_{t_i} = \frac{p_{t_i}}{p_{(t-1)_i}} \quad (i=1,2,3,\cdots,n)$$

式中,G_{t_i}代表t期第i种代表规格品的环比价格指数,如果所属代表规格品有n种,就可以分别计算n个环比价格指数。

第二,计算各规格品环比价格指数的几何平均数。计算公式如下:

$$K_t = \sqrt[n]{G_{t_1} \times G_{t_2} \times \cdots \times G_{t_n}} \times 100\%$$

式中,K_t表示基本分类指数;$G_{t_1}, G_{t_2}, \cdots, G_{t_n}$分别为第1个至第$n$个代表规格品的环比价格指数。

(2) 计算中类指数。

基本分类指数乘相应的权数,便得到中类指数。计算公式如下:

$$I_{\text{中类}} = \frac{\sum W_{t-1} K_t}{\sum W_{t-1}}$$

(3) 计算大类指数。

各中类指数乘相应的权数,便得到大类指数。计算公式的形式同中类指数。

(4) 计算总指数

大类指数乘相应的权数,便得到总指数。计算公式如下:

$$I_{\text{总}} = \frac{\sum W_{t-1} I_{t\text{类}}}{\sum W_{t-1}}$$

4. 权数的确定和调整

CPI计算方法中涉及的权数即市场篮子中每种商品或服务的数量。根据近12万户城乡居民家庭(城市5万户、农村7万户)用于各种商品和服务的支出占总支出的比重确定权数。

权数是根据调查结果确定的,反映了居民消费结构,因此随着消费结构变化,权数也应相应调整。表10-1是对权数调整所举的几个例子。

表 10-1　权数调整案例

类别	权数	
	1995 年	2004 年
消费品类	91.0%	76.6%
粮食类	6.4%	3.1%
服务类	9.0%	23.4%

思考题

1. 结合所学知识，讨论 2016 年以后我国猪肉价格上涨的情况，并分析 CPI 有何走势。

2. 基于 CPI 编制的方法，是否能够尝试编制较小区域范围的居民消费价格指数？

课程任务

任务一　统计知识

一、统计指数的概念和种类

1. 统计指数的概念

统计指数有狭义指数与广义指数之分。广义的统计指数是指两个同类指标数值对比形成的相对数，如计划完成程度相对数、比较相对数以及动态相对数就是典型的广义指数；狭义的统计指数是用来综合说明复杂现象总体在数量上总变动程度的一种特殊相对数，它是一种特殊的动态相对数。本章主要研究狭义的统计指数。

2. 统计指数的作用

（1）综合反映复杂现象总体在数量上变动的方向和程度。

（2）分析复杂现象总体变动中各个因素的变动，以及它们的变动对总体变动的影响程度。

（3）研究社会经济现象的长期变动趋势。

（4）分析现象的平均指标的变动受各组平均水平和总体结构变动的影响程度。

（5）综合评价和测定社会经济现象。

3. 统计指数的分类

（1）统计指数按其所反映现象的范围不同分为个体指数与总指数。个体指数是反映单个事物数量变动程度的一种普通相对数，属于广义的统计指数，如个体价格指数、个体销售量指数等。

总指数是综合反映复杂现象总体综合变动程度的特殊相对数，如股票价格指数、工业生产指数等。

（2）统计指数按编制方法不同分为综合指数与平均指数。综合指数是将两个时期不能直接相加的复杂现象总体，通过同度量因素转换为可以加总的价值量指标后，再进行不同时期对比所形成的特殊相对数。平均指数是以基期或报告期的价值量为权数,对个体指数进行加权算术平均或加权调和平均所形成的总指数。

(3) 统计指数按指数化指标的性质不同分为数量指标指数与质量指标指数。以数量指标为指数化因素编制而成的统计指数称为数量指标指数,如产品产量指数、商品销售量指数等。以质量指标为指数化因素编制而成的统计指数称为质量指标指数,如居民消费价格指数(CPI)、股票价格指数等。

(4) 统计指数按指数选用的基期不同分为定基指数与环比指数。在指数序列中,采用固定基期编制而成的统计指数称为定基指数。股票价格指数即典型的定基指数。以报告期的上一期为基期编制而成的统计指数称为环比指数。

二、综合指数

1. 综合指数的意义

编制综合指数必须使用同度量因素。同度量因素是指把不能直接相加的现象转化为可以相加的、在指数编制过程中起着媒介作用的因素。同度量因素在综合指数编制中具有两大功能:一是同度量功能,二是权重功能。

2. 数量指标综合指数的编制

(1) 拉氏公式。

选择与数量指标关联的基期质量指标作为同度量因素。拉氏数量指标指数公式为

$$\overline{k_q} = \frac{\sum_{i=1}^{n} q_{i1}p_{i0}}{\sum_{i=1}^{n} q_{i0}p_{i0}}$$

其中,n 为用于指数计算的个体数,q_{i1}、q_{i0} 分别为第 i 个个体在报告期、基期的数量指标数值,p_{i0} 为第 i 个个体在基期的质量指标数值。拉氏数量指标指数公式通常简记为(下面类似公式均采用一般的简记形式,不再单独说明)

$$\overline{k_q} = \frac{\sum q_1 p_0}{\sum q_0 p_0}$$

差额 $\sum q_1 p_0 - \sum q_0 p_0$ 只单纯反映了数量指标变动引起的总量指标变动的绝对额。

(2) 派氏公式。

选择与数量指标关联的报告期质量指标作为同度量因素,$\overline{k_q} = \dfrac{\sum q_1 p_1}{\sum q_0 p_1}$。差额 $\sum q_1 p_1 - \sum q_0 p_1$ 不仅反映了数量指标变动引起的变动,还反映了数量指标与质量指标同时变动引起的总量变动结果。

结论:实际应用中,一般选择拉氏公式编制数量指标指数。

3. 质量指标综合指数的编制

(1) 拉氏公式。

选择与质量指标关联的基期数量指标作为同度量因素,$\overline{k_p} = \dfrac{\sum p_1 q_0}{\sum p_0 q_0}$。差额 $\sum p_1 q_0 -$

$\sum p_0q_0$ 只单纯反映了质量指标变动引起的总量指标变动的绝对额。

(2) 派氏公式。

选择与质量指标关联的报告期数量指标作为同度量因素，$\overline{k_p} = \dfrac{\sum p_1q_1}{\sum p_0q_1}$。差额 $\sum p_1q_1 - \sum p_0q_1$ 不仅反映了质量指标变动引起的变动，还反映了数量指标与质量指标同时变动引起的总量变动结果。

结论：实际应用中，一般选择派氏公式编制质量指标指数。只有选择派氏公式编制的质量指标指数才具有现实意义。

4. 编制综合指数应该明确的几个问题

(1) 确定指数化因素和同度量因素。每编制一个综合指数都需要选择相应的指数化因素及其对应的同度量因素。

(2) 指数的分子、分母都表示价值量指标。其中，分子是报告期的指数化因素与同度量因素之积；分母是基期的指数化因素与同度量因素之积。

(3) 同度量因素选择的一般原则：编制数量指标指数，应选择基期的质量指标作为同度量因素；编制质量指标指数，应选择报告期的数量指标作为同度量因素。

三、平均指数

1. 加权算术平均指数

(1) 加权算术平均数量指标指数：

$$\overline{k_q} = \dfrac{\sum k_q \cdot p_0q_0}{\sum p_0q_0}$$

(2) 加权算术平均质量指标指数：

$$\overline{k_p} = \dfrac{\sum k_p \cdot p_0q_0}{\sum p_0q_0}$$

加权算术平均指数变形后与拉氏公式一致。

2. 加权调和平均指数

(1) 加权调和平均数量指标指数：

$$\overline{k_q} = \dfrac{\sum p_1q_1}{\sum \dfrac{p_1q_1}{k_q}}$$

(2) 加权调和平均质量指标指数：

$$\overline{k_p} = \dfrac{\sum p_1q_1}{\sum \dfrac{p_1q_1}{k_p}}$$

加权调和平均指数变形后与派氏公式一致。

3. 平均指数与综合指数的比较

（1）解决复杂总体不能同度量问题的基本思路不同。综合指数的特点是"先综合后对比"，即对不能同度量的现象的数值进行变换，使其变为能同度量的数值，然后进行对比，以表明事物综合变动的指标。而平均指数的特点是"先对比后综合"，其构造原理是对股票收盘价进行算术平均，并根据计算结果来进行分析，用于判断价格未来走势的变动趋势。

（2）运用资料的条件不同。综合指数要求全面的资料，而平均指数既可用于全面资料，也可用于非全面资料。

（3）在经济分析中的作用不同。平均指数除作为综合指数变形加以应用外，主要是用以反映复杂现象总体的变动方向和程度，一般不用于因素分析。而综合指数因用以对比的总量指标有明确的经济内容，因此在经济分析中，不仅用于分析复杂现象总体的变动方向和程度，而且用于因素分析，表明因素变动对结果变动影响的程度。

四、指数体系与因素分析

1. 指数体系的意义

指数体系的作用表现在以下两个方面：一是利用指数体系可以进行因素分析；二是利用指数体系可以进行指数间的相互推算。

2. 总量指标变动的因素分析

$$\frac{\sum p_1 q_1}{\sum p_0 q_0} = \frac{\sum q_1 p_0}{\sum q_0 p_0} \times \frac{\sum p_1 q_1}{\sum p_0 q_1}$$

$$\sum p_1 q_1 - \sum p_0 q_0 = \left(\sum q_1 p_0 - \sum q_0 p_0\right) + \left(\sum p_1 q_1 - \sum p_0 q_1\right)$$

利用指数体系进行因素分析的一般步骤：

第一步，计算现象总量的变动。

总量指标指数：$\overline{k}_{pq} = \dfrac{\sum p_1 q_1}{\sum p_0 q_0}$

总量指标变动的绝对额：$\sum p_1 q_1 - \sum p_0 q_0$

第二步，计算数量指标因素变动对现象总量的影响。

数量指标指数：$\overline{k}_q = \dfrac{\sum q_1 p_0}{\sum q_0 p_0}$

由于数量指标因素变动对总量指标影响的绝对额：$\sum q_1 p_0 - \sum q_0 p_0$

第三步，计算质量指标因素变动对现象总量的影响。

质量指标指数：$\overline{k}_p = \dfrac{\sum p_1 q_1}{\sum p_0 q_1}$

由于质量指标因素变动对总量指标影响的绝对额：$\sum p_1 q_1 - \sum p_0 q_1$

第四步：将以上三个步骤计算的结果代入指数体系进行检验，并说明现象总量变动的原因。

3. 复杂现象总量变动的多因素分析

相对数：$\dfrac{\sum q_1 m_1 p_1}{\sum q_0 m_0 p_0} = \dfrac{\sum q_1 m_0 p_0}{\sum q_0 m_0 p_0} \times \dfrac{\sum q_1 m_1 p_0}{\sum q_1 m_0 p_0} \times \dfrac{\sum p_1 m_1 p_1}{\sum p_0 m_1 p_0}$

绝对数：$\sum q_1 m_1 p_1 - \sum q_0 m_0 p_0 = \left(\sum q_1 m_0 p_0 - \sum q_0 m_0 p_0\right) + \left(\sum q_1 m_1 p_0 - \sum q_1 m_0 p_0\right) + \left(\sum q_1 m_1 p_1 - \sum q_1 m_1 p_0\right)$

参照两因素指数体系因素分析的步骤，三因素总量指标变动的因素分析有五个步骤。

（1）确定总量指标变动的因素，通常包括时间、总体和总体单位三个因素。

（2）将总量指标分解为各个因素，例如销售额可以分解为销售量和销售价格两个因素。

（3）分析各因素变动对总量指标的影响，例如分析销售量和销售价格的变动对销售额的影响。

（4）计算各因素变动对总量指标的影响程度，例如计算销售量增加或减少10%对销售额的影响程度。

（5）综合分析各因素对总量指标的影响程度，并得出结论。

五、平均指标指数及其因素分析

1. 加权算术平均数的影响因素

加权算术平均数的影响因素就是各组变量值 X 和各组变量值的频率（或结构）$\dfrac{f}{\sum f}$。

2. 平均指标指数及其体系

（1）反映平均指数本身变动程度的指数——平均指标可变构成指数：

$$I_{可变} = \dfrac{\overline{x_1}}{\overline{x_0}} = \dfrac{\sum x_1 f_1}{\sum f_1} \div \dfrac{\sum x_0 f_0}{\sum f_0}$$

平均水平变动的绝对值：

$$\overline{x_1} - \overline{x_0} = \dfrac{\sum x_1 f_1}{\sum f_1} - \dfrac{\sum x_0 f_0}{\sum f_0}$$

（2）反映变量值水平变动程度的指数——平均指标固定构成指数：

$$I_{固定} = \dfrac{\sum x_1 f_1}{\sum f_1} \div \dfrac{\sum x_0 f_1}{\sum f_1}$$

由于变量值水平变动引起的平均指标变动的绝对值：

$$\dfrac{\sum x_1 f_1}{\sum f_1} - \dfrac{\sum x_0 f_1}{\sum f_1}$$

（3）反映结构与变动程度的指数——平均指标结构影响指数：

$$I_{结构} = \dfrac{\sum x_0 f_1}{\sum f_1} \div \dfrac{\sum x_0 f_0}{\sum f_0}$$

由于结构变动引起的平均指标变动的绝对值：

$$\frac{\sum x_0 f_1}{\sum f_1} - \frac{\sum x_0 f_0}{\sum f_0}$$

（4）平均指标指数体系：

相对数：$\dfrac{\sum x_1 f_1}{\sum f_1} \div \dfrac{\sum x_0 f_0}{\sum f_0} = \left(\dfrac{\sum x_1 f_1}{\sum f_1} \div \dfrac{\sum x_0 f_1}{\sum f_1}\right) \times \left(\dfrac{\sum x_0 f_1}{\sum f_1} \div \dfrac{\sum x_0 f_0}{\sum f_0}\right)$

绝对值：$\dfrac{\sum x_1 f_1}{\sum f_1} - \dfrac{\sum x_0 f_0}{\sum f_0} = \left(\dfrac{\sum x_1 f_1}{\sum f_1} - \dfrac{\sum x_0 f_1}{\sum f_1}\right) + \left(\dfrac{\sum x_0 f_1}{\sum f_1} - \dfrac{\sum x_0 f_0}{\sum f_0}\right)$

六、几种常用的经济指数

1. 工业生产指数的一般公式

$$\overline{k_q} = \frac{\sum k_q \cdot p_0 q_0}{\sum p_0 q_0}$$

简化后可运用"固定权数的加权算术平均指数"方法，连续地编制各个时期的工业生产指数：$\overline{k_q} = \dfrac{\sum k_q \cdot W}{\sum W}$

2. 居民消费价格指数（CPI）

$$\overline{k_p} = \frac{\sum k_p \cdot W}{\sum W}$$

3. 股票价格指数

$$\overline{k_p} = \frac{\sum p_{i1} q_i}{\sum p_{i0} q_i} \times 基日股票价格指数$$

任务二 统计实验

一、实验目的

掌握借助 Excel 完成统计指数计算的方法，能够根据计算结果完成指数体系分析，能够应用统计指数缩减经济时间序列。

二、实验内容

（1）使用 Excel 工作表完成综合指数计算。
（2）在 Excel 工作表中用统计指数缩减经济时间序列。

三、实验操作

借助 Excel 计算统计指数的操作比较简单，下面举例说明。

1. 用 Excel 计算统计指数并进行因素分析

【例 10.1】 某蛋品专营店 11 月份和 12 月份的蛋品销售量和平均销售价格情况见

表 10-2。试根据表中数据分析：该专营店 12 月份销售额比 11 月份增加多少？其中多少是由于销售量的变化引起的？多少是由于销售价格变化引起的？

表 10-2　某蛋品专营店销售情况

种类	价格/(元/kg)		销售量/kg	
	11 月	12 月	11 月	12 月
鸡蛋	8. 10	8. 60	1 680	1 820
鸭蛋	11. 40	12. 10	850	910
鹅蛋	32. 50	34. 60	320	380
鹌鹑蛋	14. 80	15. 50	540	670

【操作提示】　按图 10-1 所示录入数据。在 F3 单元格中输入公式"=B3 * D3"，并把公式填充到 F4:F6，在单元格 F7 中输入公式"=SUM(F3:F6)"（或直接单击"开始"菜单中的求和符号" $\sum$ "），可以计算出 11 月份的总销售额 $\sum p_0q_0$。同样，在单元格 G7 中计算 p0 * q1 的合计值 $\sum p_0q_1$，在单元格 H7 中计算 12 月份的总销售额 $\sum p_1q_1$。

	A	B	C	D	E	F	G	H
1		价格（元/kg）		销售量（kg）				
2		11月份	12月份	11月份	12月份	p0*q0	p0*q1	p1*q1
3	鸡蛋	8.1	8.6	1680	1820	=B3*D3	=B3*E3	=C3*E3
4	鸭蛋	11.4	12.1	850	910	=B4*D4	=B4*E4	=C4*E4
5	鹅蛋	32.5	34.6	320	380	=B5*D5	=B5*E5	=C5*E5
6	鹌鹑蛋	14.8	15.5	540	670	=B6*D6	=B6*E6	=C6*E6
7						=SUM(F3:F6)	=SUM(G3:G6)	=SUM(H3:H6)
8						销售额指数：	销售量指数：	价格指数：
9						=H7/F7	=G7/G7	=H7/G7
10						销售额增长：	销售量引起：	价格引起：
11						=H7-F7	=G7-F7	=H7-G7
12								
13								
14								

图 10-1　借助 Excel 计算统计指数

在 F9 单元格中输入公式"=H7/F7"，在 F11 单元格中输入公式"=H7-F7"，可以得到 11 月份至 12 月份销售额变动的相对数和绝对数；在 G9 单元格中输入公式"=G7/F7"可以得到销售量指数（拉氏指数），在 G11 单元格中输入公式"=G7-F7"可以得到销售量变化引起的销售额变动绝对数；在 H9 单元格中输入公式"=H7/G7"可以得到价格指数（派氏指数），在 H11 单元格中输入公式"=H7-G7"可以得到价格变化引起的销售额变动绝对数。

因素分析：该专营店销售额增长了 20. 40%，销售额增加了 8 506 元，其中，由于销售量增长了 13. 65%引起销售额增加了 5 692 元，由于销售价格提高了 5. 94%引起销售额增加了 2 814 元。因而有 120. 40% = 113. 65%×105. 94%，8 506 元 = 5 692 元+2 814 元。

2. 用 Excel 进行时间序列的价格调整

在多数情况下,直接得到的经济总量数据(如 GDP、销售总额、投资总额等)都是以当年价格计算的,而在经济分析时需要首先剔除价格因素的影响,这时就需要用相应的价格指数来"缩减"现价指标。

【例10.2】 图 10-2 中 B 列所示为 2006—2015 年中国社会消费品零售总额(当年价),试以商品零售价格指数剔除社会消费品零售总额中的价格影响,得到以 2006 年价格衡量的各年社会消费品零售总额。

	A	B	C	D	E
1	指标	社会消费品零售总额(亿元)	商品零售价格指数(上年=100)	定基指数(2006年=100)	序列缩减(不变价)
2	2006年	79145.2	101	100	=B2/D2*100
3	2007年	93571.6	103.8	=D2*C3/100	=B3/D3*100
4	2008年	114830.1	105.9	=D3*C4/100	=B4/D4*100
5	2009年	133048.2	98.8	=D4*C5/100	=B5/D5*100
6	2010年	158008	103.1	=D5*C6/100	=B6/D6*100
7	2011年	187205.8	104.9	=D6*C7/100	=B7/D7*100
8	2012年	214432.7	102	=D7*C8/100	=B8/D8*100
9	2013年	242842.8	101.4	=D8*C9/100	=B9/D9*100
10	2014年	271896.1	101	=D9*C10/100	=B10/D10*100
11	2015年	300930.8	100.1	=D10*C11/100	=B11/D11*100

图 10-2 借助 Excel 缩减时间序列

【操作提示】 图 10-2 中 C 列给出的是环比价格指数,所以需要先计算以 2006 年为基期的定基价格指数。

先在单元格 D2 中输入数值 100,然后在单元格 D3 中输入公式"=D2*C3/100",再双击填充柄把公式复制到 D4:D11 区域,这样就得到了以 2006 年为基期的定基价格指数序列。在 E2 中输入公式"=B2/D2*100",再把公式填充到 E3:E11 区域,就得到了以 2006 年价格计算的各年社会消费品零售总额(不变价)。

四、实验实践

(1)某商店三种商品的销售资料见表 10-3。

表 10-3 某商店三种商品的销售资料

商品种类	计量单位	销售量		销售单价/元	
		基期	报告期	基期	报告期
甲	米	1 000	2 000	10	9
乙	件	2 000	2 200	25	28
丙	台	3 000	3 150	20	25

借助 Excel 完成:

① 编制三种商品销售量总指数。
② 编制三种商品销售价格总指数。
③ 分别从相对数和绝对数两个方面分析销售量及销售价格变动对销售额的影响。

（2）某地区2021—2022年三种商品的销售情况见表10-4。

表10-4　某地区2021—2022年三种商品的销售情况

商品类别	2022年销售价格比上一年增长的百分比/%	销售额/亿元	
		2021年	2022年
A	9	1 950	2 140
B	8	1 700	1 980
C	10	5 210	6 420

借助Excel完成：
① 编制三种商品销售量总指数。
② 编制三种商品销售价格总指数。
③ 从绝对数和相对数两个方面分析销售量及销售价格变动对销售额的影响。

（3）在实际中，一般通过价格指数的增长率来计算通货膨胀率。请查阅我国2005—2022年的居民消费价格指数（CPI），分析这期间的通货膨胀情况。

任务三　统计实训

一、单项选择题

1. 狭义的统计指数是一种（　　）。
   A. 绝对数　　　　　　　　　　B. 一般相对数
   C. 平均数　　　　　　　　　　D. 特殊相对数

2. 平均指标固定构成指数（　　）。
   A. 是反映各组变量值水平变动对总体平均水平变动影响程度的相对数
   B. 是反映总体平均水平变动程度的相对数
   C. 是反映各组结构变动对总体平均水平变动影响程度的相对数
   D. 是平均指数的一种

3. 统计指数按编制对象的范围不同可分为（　　）。
   A. 定基指数和环比指数
   B. 数量指标指数和质量指标指数
   C. 个体指数和总指数
   D. 综合指数和平均数指数

4. 某工业企业工业总产值比上一年增长56%，产量增长50%，则产品出厂价格提高（　　）。
   A. 4%　　　　B. 6%　　　　C. 106%　　　　D. 134%

5. 若商品销售量增长50%，商品销售价格下降4%，则销售总额增长（　　）。
   A. 44%　　　　B. 45%　　　　C. 55%　　　　D. 57.5%

6. 对平均指标变动进行影响因素分析,当分析各组变量值水平变动对总体平均水平变动的影响程度时,另一个影响因素应该采用( )。

A. $\dfrac{f_0}{\sum f_0}$ B. $\dfrac{f_0}{\sum f_1}$ C. $\dfrac{f_1}{\sum f_0}$ D. $\dfrac{f_1}{\sum f_1}$

7. 编制总指数的两种方法是( )。
   A. 数量指标指数和质量指标指数
   B. 综合指数和平均数指数
   C. 算术平均数指数和调和平均数指数
   D. 定基指数和环比指数

8. 编制质量指标综合指数时,同度量因素一般选择( )。
   A. 报告期的数量指标   B. 基期的数量指标
   C. 报告期的质量指标   D. 基期的质量指标

9. 综合指数是( )。
   A. 用非全面资料编制的指数   B. 平均指标指数的变形
   C. 总指数的基本形式   D. 编制总指数的唯一方法

10. 加权算术平均数量指标指数采用特定权数时,其结果与综合指数相同。特定权数是( )。
    A. q_1p_1 B. q_0p_1 C. q_1p_0 D. q_0p_0

11. 平均指数( )。
    A. 反映总体平均水平变动的相对数   B. 是总指数的一种形式
    C. 亦称可变构成指数   D. 是个体指数

12. 在编制综合指数时,把同度量因素固定在基期,称为( )。
    A. 质量指标指数   B. 数量指标指数
    C. 拉氏指数   D. 派氏指数

13. 某乡粮食亩产量水平比上一年提高8%,播种面积增加5%,则粮食总产量增长( )。
    A. 2.86%   B. 3%   C. 13%   D. 13.4%

14. 某连锁超市2019年商品零售总额为22 000万元,2022年增至45 600万元。如果这三年间物价上涨了7%,那么商品销售量指数为( )。
    A. 207.27%   B. 107.27%   C. 100.27%   D. 193.71%

15. 某发电厂2022年的发电量比2021年增长了13.6%,总成本增长了12.9%,则发电厂2022年单位发电成本比2021年( )。
    A. 降低0.62%   B. 降低5.15%   C. 增加12.9%   D. 增加1.75%

16. 若居民消费价格指数上涨8%,则现在的100元钱相当于过去的( )。
    A. 92元   B. 92.59元   C. 100元   D. 108元

17. 如果单位产品成本报告期比基期下降5%,产量增长5%,那么生产总成本( )。
    A. 增加   B. 减少   C. 没有变化   D. 无法判断

18. 某省统计公报显示"社会商品零售总额是上一年的 128.4%,剔除物价上涨因素实际上涨了 9.8%",则物价上涨了(　　)。

  A. 40.98%　　　B. 18.6%　　　C. 16.94%　　　D. 38.2%

19. 设甲、乙、丙三种商品的单价分别比基期上涨了 5%、6%、8%,三种商品在报告期的销售额分别是 2 300 元、4 600 元、1 900 元,则三种商品价格总指数的编制公式是(　　)。

  A. $\overline{k_p} = \dfrac{105\% + 106\% + 108\%}{3}$

  B. $\overline{k_p} = \dfrac{105\% \times 2\,300 + 106\% \times 4\,600 + 108\% \times 1\,900}{2\,300 + 4\,600 + 1\,900}$

  C. $\overline{k_p} = \dfrac{3}{\dfrac{1}{105\%} + \dfrac{1}{106\%} + \dfrac{1}{108\%}}$

  D. $\overline{k_p} = \dfrac{2\,300 + 4\,600 + 1\,900}{\dfrac{2\,300}{105\%} + \dfrac{4\,600}{106\%} + \dfrac{1\,900}{108\%}}$

20. 以下属于平均指标结构影响指数的是(　　)。

  A. $\dfrac{\sum x_0 f_0}{\sum f_0} \div \dfrac{\sum x_1 f_1}{\sum f_1}$ 　　B. $\dfrac{\sum x_1 f_1}{\sum f_1} \div \dfrac{\sum x_0 f_0}{\sum f_0}$

  C. $\dfrac{\sum x_1 f_1}{\sum f_1} \div \dfrac{\sum x_0 f_0}{\sum f_0}$ 　　D. $\dfrac{\sum x_0 f_1}{\sum f_1} \div \dfrac{\sum x_0 f_0}{\sum f_0}$

二、多项选择题

1. 居民消费价格指数(CPI)属于(　　)。

  A. 平均数指数　　　　　　　　　B. 总指数
  C. 质量指标指数　　　　　　　　D. 数量指标指数
  E. 加权算术平均指数

2. 下列指数属于质量指标指数的有(　　)。

  A. 商品销售量指数　　　　　　　B. 商品销售额指数
  C. 商品零售价格指数　　　　　　D. 股票价格指数
  E. 房地产价格指数

3. 平均指标指数(　　)。

  A. 受各组变量值水平变动的影响　　B. 受总体内部结构变动的影响
  C. 是反映简单现象变动的指数　　　D. 和平均指数实质上是相同的
  E. 可以说明总体平均水平的变动情况

4. 下列指数属于数量指标指数的有(　　)。

  A. 工业总产值指数　　　　　　　B. 股票价格指数
  C. 职工人数指数　　　　　　　　D. 产品产量指数
  E. 商品销售量指数

5. 总量指标指数体系包括( )。
   A. 总量指标指数
   B. 数量指标综合指数
   C. 平均指标指数
   D. 平均数指数
   E. 质量指标综合指数

6. 编制综合指标指数时,同度量因素选择的原则是( )。
   A. 质量指标指数一般以报告期的数量指标作为同度量因素
   B. 质量指标指数一般以基期的数量指标作为同度量因素
   C. 数量指标指数一般以基期的数量指标作为同度量因素
   D. 数量指标指数一般以基期的质量指标作为同度量因素
   E. 数量指标指数一般以固定基期的质量指标作为同度量因素

7. 平均指标指数体系包括( )。
   A. 平均数指数
   B. 平均指标可变构成指数
   C. 总量指标指数
   D. 平均指标结构影响指数
   E. 平均指标固定构成指数

8. 以下属于综合指数的有( )。
   A. $\dfrac{\sum p_1 q_1}{\sum p_0 q_0}$
   B. $\dfrac{\sum p_0 q_1}{\sum p_0 q_0}$
   C. $\dfrac{\sum p_1 q_1}{\sum p_0 q_1}$
   D. $\dfrac{\sum k_p \cdot p_0 q_1}{\sum p_0 q_0}$

9. 统计指数按其所反映对象的范围不同,可分为( )。
   A. 平均指标指数   B. 个体指数
   C. 数量指标指数   D. 总指数
   E. 综合指数

10. 对某连锁超市报告期商品销售总额变动情况进行分析,其指数体系包括( )。
    A. 销售量指数   B. 销售价格指数
    C. 总平均价格指数   D. 销售总额指数
    E. 个体指数

11. 加权算术平均指数( )。
    A. 属于总指数
    B. 在一定条件下可以是综合指数的变形
    C. 也称为综合指标指数
    D. 也称为平均指标指数
    E. 可以编制数量指标指数

12. 若 p 表示商品价格,q 表示商品销售量,则公式 $\sum p_0 q_1 - \sum p_0 q_0$ 表示的意义是( )。
   A. 综合反映销售额变动的绝对额
   B. 综合反映价格变动和销售量变动的绝对额
   C. 综合反映多种商品销售量变动而增减的销售额
   D. 综合反映由于销售量变动而使消费者多(或少)支付的金额
   E. 综合反映多种商品销售价格变动的绝对额

13. 以下属于平均指标指数的是( )。
   A. $\dfrac{\sum x_0 f_0}{\sum f_0} \div \dfrac{\sum x_1 f_1}{\sum f_1}$
   B. $\dfrac{\sum x_1 f_1}{\sum f_1} \div \dfrac{\sum x_0 f_0}{\sum f_0}$
   C. $\dfrac{\sum x_1 f_1}{\sum f_1} \div \dfrac{\sum x_0 f_1}{\sum f_1}$
   D. $\dfrac{\sum x_0 f_1}{\sum f_1} \div \dfrac{\sum x_1 f_0}{\sum f_0}$
   E. $\dfrac{\sum x_0 f_1}{\sum f_1} \div \dfrac{\sum x_0 f_0}{\sum f_0}$

14. 编制工业产品产量综合指数,可以选择的同度量因素有( )。
   A. 基期产品出厂价格   B. 报告期产品出厂价格
   C. 基期产品单位成本   D. 报告期产品单位成本
   E. 报告期计划产量

15. 同度量因素的作用有( )。
   A. 平衡作用   B. 比较作用
   C. 权数作用   D. 稳定作用
   E. 同度量作用

16. 加权算术平均数指数是一种( )。
   A. 综合指数   B. 总指数
   C. 平均数指数   D. 个体指数平均数
   E. 平均指标指数

三、判断题

1. 同度量因素在编制综合指数中只起着同度量的作用。( )
2. 同类指标数值直接对比形成的相对数属于广义的指数。( )
3. 加权算术平均指数可以变形为拉氏指数。( )
4. 用拉氏公式编制的综合指数,不包含指数化因素与同度量因素共同变动对现象产生的影响。( )
5. 在编制多因素构成的综合指数时,质量指标指数的同度量因素应全部固定在报告期。( )
6. 用派氏公式编制的综合指数,既包含指数化因素变动的结果,也包含指数化因素与同度量因素共同变动的结果。( )

7. 质量指标综合指数不仅反映了质量指标本身变动的结果,还反映了质量指标与同度量因素共同变动产生的影响。（　　）

8. 可变构成指数反映各组变量值水平变动程度对平均指标的影响。（　　）

9. 编制多因素构成的综合指数时,排在前面的因素作同度量因素应固定在报告期,排在后面的因素作同度量因素应固定在基期。（　　）

10. 可变构成指数是反映权数结构变动以及变量值水平变动对总体平均指标影响程度的指数。（　　）

11. 居民消费价格指数是采用固定权数的加权算术平均数指数编制的。（　　）

12. 如果某地区商品零售价格指数为105%,那么用同样多的人民币要比原来少买5%的商品。（　　）

四、简答题

1. 什么是广义的指数和狭义的指数？
2. 什么叫同度量因素？它在综合指数中有何作用？
3. 数量指标综合指数与质量指标综合指数如何选择同度量因素？为什么？
4. 由多因素构成的总量指标进行因素分析,应如何确定各因素的排列顺序及其同度量因素？

五、综合应用题

1. 某市场商品销售情况统计见表10-5。

表10-5　某市场商品销售情况

品名	销售量		基期销售额/万元
	基期	报告期	
甲	2 500 台	3 000 台	1 200
乙	1 800 吨	2 000 吨	900
丙	5 000 件	4 500 件	400

编制三种商品销售量总指数,并分析由于销售量变动对销售额的影响。

2. 某市肉蛋类商品调价前后的零售价格及比重权数资料见表10-6。

表10-6　某市肉蛋类商品调价前后的零售价格及比重权数资料

品名	平均零售价/(元/千克)		权重 W/%
	基期 p_0	报告期 p_1	
猪肉	24.00	25.00	70
牛肉	33.50	46.00	6
羊肉	45.00	78.00	2
鸡	33.00	44.00	10
鸡蛋	9.60	9.80	12
合计	—	—	100

试编制该市肉蛋类商品零售价格指数。

3. 某企业职工人数和工资水平资料统计见表 10-7。

表 10-7　某企业职工人数和工资水平资料

组别	人数		工资水平/元	
	基期 f_0	报告期 f_1	基期 x_0	报告期 x_1
技术人员	50	60	3 500	5 200
普通职工	180	250	2 450	3 860

根据资料,从相对数和绝对数两个方面分析工人结构变化及各组职工工资水平变动对总平均工资的影响。

4. 某企业四种产品销售价格及销售额资料统计见表 10-8。

表 10-8　某企业四种产品销售价格及销售额资料

产品名称	销售价格		报告期销售额/万元
	基期 p_0	报告期 p_1	
甲	420 元/件	500 元/件	150
乙	1 560 元/台	1 680 元/台	280
丙	800 元/米	950 元/米	120
丁	620 元/吨	600 元/吨	340

根据表中资料编制四种产品个体价格指数和价格总指数,并分析由于销售价格的变动对销售额的影响。

5. 某企业生产三种产品,其产量和单位产品成本资料统计见表 10-9。

表 10-9　某企业三种产品产量和单位产品成本资料

品名	产量		单位产品成本/元	
	基期 q_0	报告期 q_1	基期 z_0	报告期 z_1
甲	5 200 吨	6 000 吨	240	245
乙	3 000 件	2 500 件	150	146
丙	2 500 担	3 400 担	96	96

根据上表资料,分别从相对数和绝对数两个方面通过计算分析产品产量和单位产品成本变动对企业总成本的影响。

6. 某连锁超市 2020 年商品销售总额为 35 800 万元,2022 年商品销售总额为 59 572 万元,并且已知两年间商品价格上涨了 6%。试分别从相对数和绝对数两个方面通过计算分析该连锁超市商品销售量和销售价格变动对销售总额的影响。

7. 某市 2022 年社会商品零售总额为 2 820 亿元,比上一年增长 17.6%,剔除零售物价上涨因素,实际增长 12.8%。

（1）依据所给资料编制零售价格指数。

（2）分别从相对数和绝对数两个方面通过计算分析商品零售量和零售价格变动对社会商品零售总额的影响。

8. 某商场 2021—2022 年三种商品的销售情况统计见表 10-10。

表 10-10 某商场 2021—2022 年三种商品的销售情况

品名	2022 年销售量比 2021 年增长的百分比/%	销售额/万元	
		2021 年	2022 年
甲	12	1 850	2 040
乙	6	1 600	1 880
丙	10	5 200	6 420

（1）编制三种商品销售量总指数。

（2）分别从绝对数和相对数两个方面通过计算分析销售量和销售价格变动对销售额的影响。